風呂敷包

ポッタリひとつで海を越えて

在日コリアンの生活誌

昭和のくらし博物館館長
小泉和子
［編著］

合同出版

李相祚（イ・サンジョ）さんの実家（三重県桑名市）の居間にずっと飾ってあった槿の刺繍。あふれんばかりに咲いた槿の花を絹布に刺繍し、朝鮮半島を描いている。（写真：『暮しの手帖』第４世紀16号より）

槿（むくげ）が咲けば

神奈川県　小島　すみ

夏がくると、庭の槿が咲く
白や藤いろの花は一日でしぼむので
日本でははかない花とされているが
どう致しまして――、翌る日にはまた次のつぼみが開き、
　成長の速い樹は上へ上へとのびてゆく。
敗戦後、学童疎開のおともで私は足柄山麓にいたが、
　朝鮮の人たちが独立のよろこびにもえて引揚げるとき
「故国（くに）へ帰ればこんなもの着るものか！」と
当時は貴重品だった純綿の浴衣を惜しげもなく
　投げ出した婦（おんな）を忘れない。
学校では正しい歴史を学ばなかった私たちは、
　槿が朝鮮の国花とも知らなかった。
チマ、チョゴリに着換えたあの人たちが、
　いまどこにいるのか知るよしもない。
高校のてっぺんまで日毎に咲きつぐ槿を見上げて、
　民族のこころを偲（しの）ぶのみである。

この詩は『しんぶん赤旗』「読者の文芸」（2009年7月28日）
に掲載されたもの。小島すみさんは当時90歳。

目次

はじめに　14

第1章
在日の人々はなぜ、海を渡ったのか

1 在日朝鮮人とは　18
2 生きる手だてを求めて ― 一九一〇～三〇年代　20
3 戦時下の労働力として ― 一九三〇年代後半～一九四五年　23
column 徴用と結婚（在日一世の聞き書きから）　24
4 解放後のくらし ― 一九四五年以降　29

第2章
ある在日朝鮮人家族の歴史 ― 三重県桑名市の李秀渕一家

column 聞き書き ― 日本で生きて　具且恵（クチャヘ）さん　52

第3章
住まい ― 東京・川崎の集住地区とその実態

1 朝鮮半島の伝統的な住まい　65
2 在日朝鮮人の住まい　66
column パンダチ（箪笥）　88
column オンドル・電気毛布のある住まい　89

第4章
食生活 ― ふるさとの味を求めて

1 在日朝鮮人の食生活　95
column 冷麺　118

2 マッコルリ・タッペギ（どぶろく）
——生計を支えたもの 124
3 どぶろくの受難
——どぶろく戦争 138

第5章
衣生活——日本化の強制の中で
1 朝鮮半島の服飾事情 150
2 在日朝鮮人の衣生活 156

第6章
出産
——無我夢中で乗り切った大仕事
1 朝鮮半島の伝統的な出産 177
2 在日朝鮮人の出産 184

第7章
婚礼・葬礼・祭祀（チェサ）
——故郷の風習にできるだけ近づけて
1 婚礼 208
column 東床礼（トンサンレ） 218
2 葬礼 224
3 祭祀 234

第8章
娯楽
——歌とチャンゴで心和むひととき
1 朝鮮半島の娯楽 246
2 在日朝鮮人の娯楽 256

第9章 教育——母国語と尊厳を取り戻すために
1 戦間期の在日朝鮮人二世 268
2 国語講習所から朝鮮学校へ 270
3 都立となった朝鮮学校 276
4 再び朝鮮学校として 284

第10章 職業——アイデアと工夫でサバイバル
1 在日朝鮮人の職業 291
2 限られた職種 292
column 朝鮮セイタ（背板） 312

あとがき 316
参考文献 317

◉本書は二〇〇九年九月五日から二〇一〇年八月まで、昭和のくらし博物館で開催した企画展「在日のくらし——ポッタリ（風呂敷包）ひとつで海を越えて——」の図録を補筆改定したものです。

〔凡例〕
・執筆分担は各文末に記名しています。
・本書は日本が朝鮮を植民地とした時代を中心に取り上げています。
・本書に記載の社名や商品名などは、各社の商標または登録商標です。
・本書では原文引用や歴史的用語として差別的とされる表記を使用している箇所があります。
・本書では西暦を用います。ただし、引用文や聞き書きについては和暦を用いる場合があります。

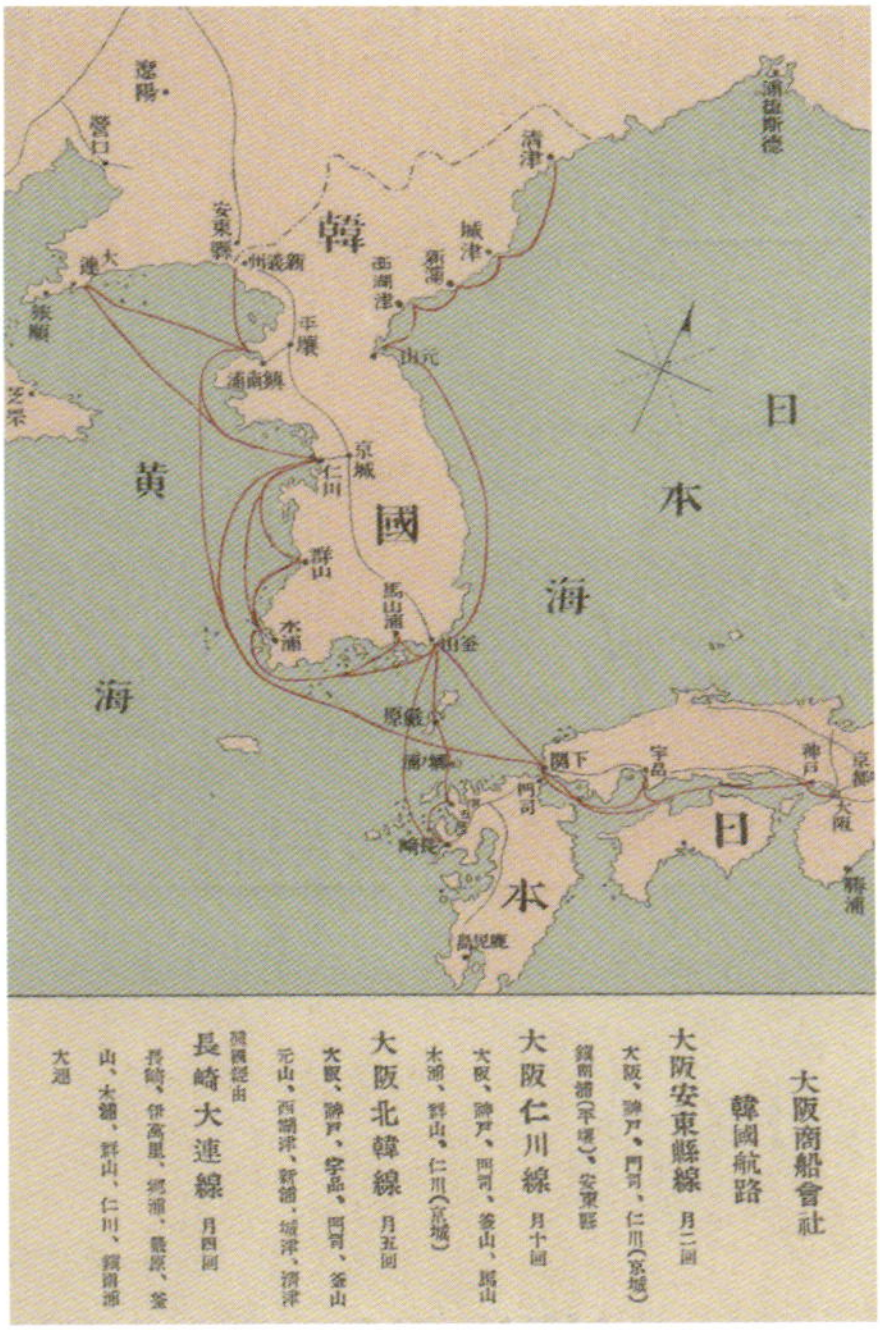

1-2　大阪商船会社の韓国航路図。大阪安東縣線が月2回、大阪仁川線が月10回、大阪北韓線が月5回、長崎大連線が月4回運航している

1-1　関釜連絡船の記念品。1905年9月、山陽汽船による関釜連絡船（釜山-下関間）が就航。朝鮮へは済州-大阪間、麗水-下関間、釜山-博多間などさまざまな航路がつくられた

1-3　済州島の港で大阪へ向かう人々を見送る村の人たち

1-4　佐渡の徴用工。1939年に始まった労務動員から1945年まで、延べ72万人以上が朝鮮から日本国内や南樺太などに連れてこられた（朴順伊氏提供）

1-5　多くの朝鮮人労働者が全国の炭鉱や土木工事現場で苛酷な労働に従事した。写真は建築資材として使われた、多摩川の砂利の採取作業

1-6　在日朝鮮人の保護、指導の名のもとに「内鮮一体」を目指した組織「協和会」では、日本式礼儀作法講習会も行われた。写真は秋田県協和会主催の婦人講習会の様子

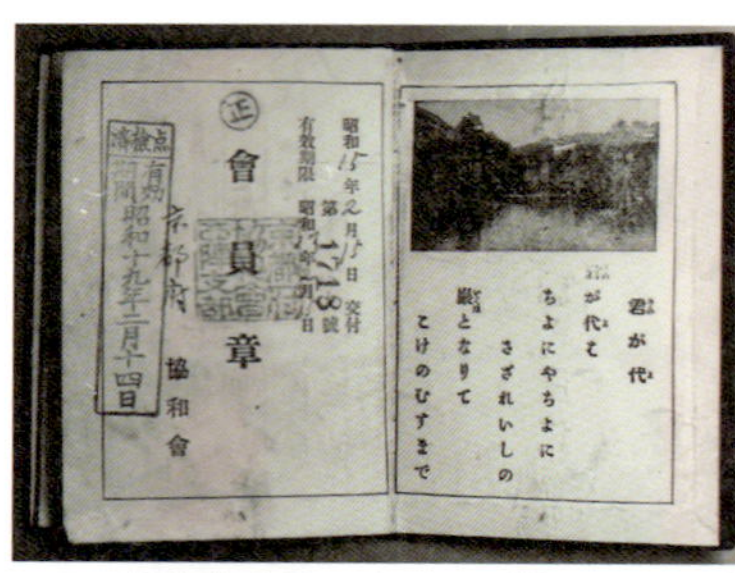

1-7　協和会会員のすべてが持つことを義務付けられた協和会手帳。巻頭に「君が代」が掲載されている（山田貴夫氏提供）

2 ある在日朝鮮人家族の歴史——三重県桑名市の李秀渕一家

2-1　1924年に慶尚北道の善山から渡日し、三重県桑名を本拠地に解放前は主として鋳物労働者として働いた李秀渕の家族の写真。1945年の解放後は独立して鋳物工場を経営し、四男一女を育てた。1955年、経営する廣本鋳造所の前で

2-2　李相祚氏の母が端切れをつなぎ合わせて作ったポシャギ（風呂敷）。中央につまみがついており、お膳かけ（パップジェ）として使われた

3 住まい——東京・川崎の集住地区とその実態

3-2　1930年代、多摩川の砂利採取をしながらくらす在日朝鮮人の人々。中央は共同の井戸

3-1　在日韓人歴史資料館に復元されている1930年代の住居。土間に大きな竈が設けられ（中央）、炊事や、洗濯物を煮洗いするのにも使ったほか、オンドル（床暖房）の焚口も兼ねている

3-3　朝鮮半島でも使用されているヨガン（おまる）。便所の少ない日本の集住地区での不便なくらしのなかでも役立った

4 食生活——ふるさとの味を求めて

4-3　茹でた豚足

4-2　朝鮮の伝統的な発酵食品、キムチ。漬け込みは一家総出の作業だった

4-1　ワカメのスープ。女性がお産をすると必ず飲むのが習慣だった。誕生日にも飲んだ

4-5　在日家庭で使われていた食器類。朝鮮では食事には箸（チョッカラ）と匙（スッカラ）を使い、飯は匙で食べる

4-4　ミョンテ（明太）、イシモチ、太刀魚、ニシンなどの魚もよく食べる。写真は棒鱈のコチュジャン和え

4-6　1930年代の神戸市の朝鮮市場

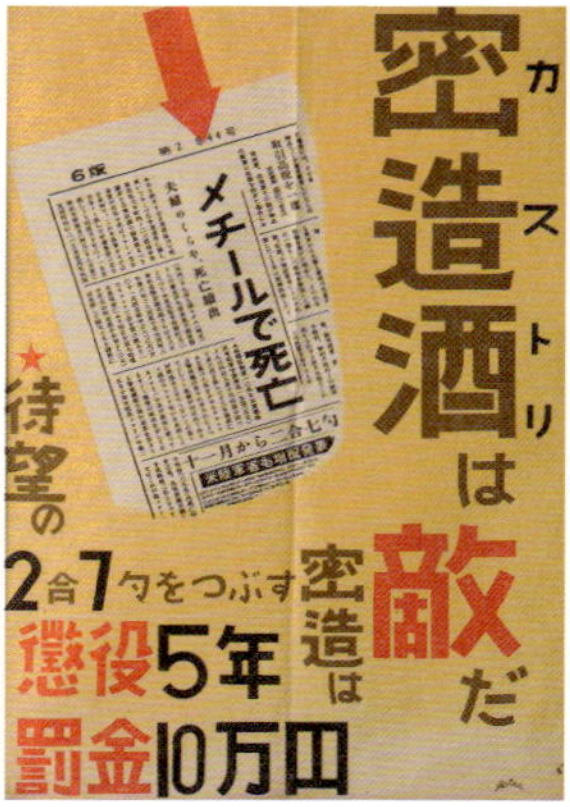

4-7　どぶろく造りは戦後の在日朝鮮人家庭の生計を支えたが、許可なく造ることは酒税法違反として摘発された。写真は1948年のポスターで、高額な罰金が課されている

4-8　どぶろくの摘発。在日朝鮮人集落には警察官と税務署員が頻繁に摘発に訪れ、家々のどぶろくの甕を押収した

4-9　台所で食事の準備をする女性。対馬、1969年5月

5 衣生活――日本化の強制の中で

5-1　洗濯ものを平たい石の上にのせ、洗濯棒で叩いて汚れを落とす「叩き洗い」（朝鮮風俗絵葉書より）。在日家庭でも行われた

5-2　縫い物の上手な女性は、家族の衣類を縫うだけでなく、その腕でくらしも支えた。このミシンの持ち主も、大金を工面してミシンを求め、子どもたちを育てた

5-4　砧打ちの道具。洗い上げた衣類は畳んで砧台にのせ、棒で叩いて仕上げた

5-3　朝鮮写真絵はがきに見る「砧打ち（パドゥミ）」。糊付けされた洗濯物を生乾きのうちに取り込み、アイロン代わりに砧打ちをした

5-5　朝鮮の民族服にはポケットがないため、チュモニと呼ばれる巾着を帯や衣服の紐にぶら下げた

6-3　朝鮮の誕生祝。子どもが１歳になると初誕生祝をし、子どもに華やかな着物を着せ、祝い料理を作って親せきや知人をもてなした

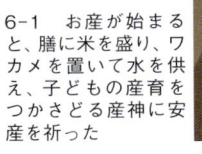

6-1　お産が始まると、膳に米を盛り、ワカメを置いて水を供え、子どもの産育をつかさどる産神に安産を祈った

6-2　赤ん坊が生まれると、家族は家の戸口に禁縄（クムジュル）を張り、不浄なものの侵入を防いだ（金糸〔クムジュル〕、忠清南道、1997年）

7 婚礼・葬礼・祭祀（チェサ）——故郷の風習にできるだけ近づけて

7-1　2023年元日、ある在日コリアン2世の家庭で行われた祭祀。１世の両親の写真を並べ、海産物や肉、チヂミ、果物などを供える。故郷は慶尚北道。前日から女性たちが料理の準備をし、祭祀には2世から４世までが参加した

8 娯楽——歌とチャンゴで心和むひととき

8-1　戦後の民族活動などは、みなからの寄付でまかなわれた。正月には、農楽隊（プンムル）が家々を回り、祝いながら寄付を集めた

9 教育——母国語と尊厳を取り戻すために

9-1　解放後、日本各地の朝鮮人たちが住む長屋や近くの工場、学校の一角に「国語講習所」の看板が掲げられ、朝鮮語が教えられた。写真は1945年当時の大阪の国語講習所

9-2　在日朝鮮人学校では、日本語を使う教科書を朝鮮語に切り替えた。1954年

10-1　神戸、大阪、東京の一部地域では「ヘップ」と呼ばれるケミカルシューズの製造が盛んで、在日朝鮮人たちはその主な担い手であった。写真は東京・足立、1973年3月

10-3　愼順姺さんが始めた東京・江東区の焼肉店「福ふく」。今は子どもたちが引き継いでいる

10-4　肉を切るには部位に精通していなくてはいけない。職人技といわれる（「福ふく」にて）

10-2　リヤカー一つで確実に現金を手にすることができる職業として、多くの朝鮮人がくず鉄商に就いた。写真は古鉄を集めてリヤカーを引く女性　東京・足立1967年7月

口絵写真の出典　▶1-1,6、3-1、4-5,7、5-2　在日韓人歴史資料館提供　▶1-2、5-3、6-3　山本俊介氏（元高麗美術館研究員、京都市）所蔵、国際日本文化研究センター提供　▶1-3　辛基秀 編著『映像が語る「日韓併合」史：1875 年－1945 年』労働経済社、1987年　▶1-4,7、8-1　川崎在日コリアン生活文化資料館サイト http://www.halmoni-haraboji.net/　▶1-5、3-2　『コレクション・モダン都市文化 第 15 巻 エロ・グロ・ナンセンス』ゆまに書房、2005 年　▶2-1　李相祚氏提供　▶2-2『暮しの手帖』第 4 世紀 16 号　▶3-3、6-2　韓国国立民俗博物館　▶4-1 ～ 4　Yonghi Kang のフェイスブックより　▶4-9、10-1,2　金裕 『同胞』　▶4-6,8、9-2　毎日新聞社　▶5-1,5　長井亜弓氏提供　▶5-4　PIXTA　▶9-1 『大阪民族教育 60 年誌』学校法人大阪朝鮮学園、2005 年　▶10-3,4 2023 年 10 月 23 日、金淑子氏撮影

はじめに

本書は二〇〇九年九月五日から二〇一〇年八月まで、昭和のくらし博物館で開催した企画展「在日のくらし—ポッタリ（風呂敷包）ひとつで海を越えて—」の図録を補筆改定したものです。

このとき企画展として在日朝鮮人のくらしを取り上げたのは、あるとき、昭和のくらし博物館に在日二世の李相祚（イサンジョ）さんがいらして、ポシャギ（風呂敷）の展覧会をやらせてもらえないかといわれたことからです。そして見せられたのが、お母さんが朝鮮から海を渡って日本にやってきたときに持ってこられたという薄絹の端布で作ったポシャギだったのです。使い古された生成り色のポシャギにはしみじみとした生活感がにじみでていて心打たれました。

しかし昭和のくらし博物館では、博物館が企画する展覧会以外は行っていません。でも相祚さんといろいろと話をしているうちに、博物館の企画展としてポシャギだけでなく、もっと広く、在日朝鮮人のくらし全般についての展示ができないだろうかということになったのです。

考えてみれば、昭和という時代、日本には多くの朝鮮人がくらしていたのに、私たち日本人は身近にいた隣人のことをほとんど知らずにいたということです。統治国である日本で生活しなければならなかった在日の人々が、どんな苦難の中を生きていたか、このことについて思い及ぶことがなかったのです。何という無知であり、傲慢だったか、言葉がありません。

その日本人である私たちが在日の人々について何かを取り上げるということは重い課題であることは

たしかです。また何を、どのようにやったにしても多くの問題が残ることだと思います。まして昭和のくらし博物館の力ではできることも知れています。在日の方々の反発を招くかもしれませんし、見当違いだと叱られるかもしれません。それでも「くらし」という、人間が生きていくうえでは共通の問題を手がかりにして勉強していったら、何か得られるのではないかと考えたのです。そこでそのことを相祚さんに提案したところ、賛成してくれましたので、企画展のメンバーで勉強会を始めることにしました。勉強会は二〇〇七年から在日韓人歴史資料館や川崎市ふれあい館、川崎トラジの会の皆様ほか多くの方々のご協力をいただきながら、衣食住を中心に聞き取りを主にして少しずつ進めてきました。

しかし衣食住といっても広く深いものです。したがって、勉強できたことはほんのわずかにすぎません。でもそれだけでも、私たちにとっては知らないことばかりで驚きの連続でした。特に驚いたのは、協和会に見られるような生活の隅々にまで及んでいた支配の構造ということでした。実に野蛮です。知らなかったとはいえ日本人としては慚愧に堪えません。これに対して私たちができること、またしなければいけないことは日本が国家として今後同じことをするのを決して許さないということしかないと強く思いました。

しかしそうした中にあったにもかかわらず、決してくじけることなく、忍耐強く、しかもユーモアを失わずに生き抜いてきた人々のバイタリティと強靱さには驚嘆すると同時に心から感動しました。

こうしたことがどこまでこの展覧会で表現できたか、心許ない限りでしたが、幸い、在日の方々にも好意を持って受け入れていただくことができ、いくつかの新聞にも紹介されました。日本人も大きな関心を持って「私たちはほんとに何も知らなかったんですね」とみなさんが熱心に見てくださり、特に高麗博物館の樋口雄一館長からはあたたかい展示評を頂戴しました（『歴史学研究』No.877）。

＊＊＊

それから十数年です。その間、「冬のソナタ」に始まる熱狂的な韓流ブーム、その一方、在日コリアンに対するヘイトスピーチと、日本社会の韓国や在日に対する感情は極端なまでに大きく揺れ動きました。「慰安婦」問題、戦時中の徴用問題と植民地時代の大きな問題も取り残したままです。

そうしたなかでも、日本人のくらしの中には食物から芸能をはじめとして韓国文化が根強く浸透し、なくてはならないものとして定着しています。そこで今度は韓国文化、特に在日の方たちによって育まれた韓国の文化をより深く理解することで、在日の方々についても正しく理解することができるのではないか、そう考えて日本人のくらしに溶け込んだ韓国の文化に焦点をあてた展示を企画して調査に取り掛かりました。ところが、そのとたんにコロナ禍が始まってしまったのです。いつまで経ってもコロナ禍はおさまりません。その間にメンバーで亡くなる人が出たり、事情があったりで勉強会ができなくなってしまいました。このとき法政大学の高柳（たかやなぎ）俊男先生が、企画展の際の図録を本として出版したらどうかと勧めてくださり、さいわい合同出版が出してくださることになったのです。苦難の中、くじけることなく自国の文化を守り通し、解放後、いろいろな分野で大きく発展させた在日の方々にあらためて心からの尊敬を申し上げます。

昭和のくらし博物館館長　小泉和子

第1章

在日の人々はなぜ、海を渡ったのか

昭和という時代を考えるとき、決して忘れてはいけないのが、在日朝鮮人の存在である。在日朝鮮人とは、日本帝国主義の朝鮮植民地支配の結果、日本への渡航や移住を余儀なくされたり、戦時下の労働力として国民徴用令などで動員され、戦後はアメリカ、ソ連による南北朝鮮の分割占領と朝鮮戦争によって在留を余儀なくされた人々、およびその子孫のことである。一九四五年八月の解放以前の在日朝鮮人の職業は、土木労働者、工場労働者が主だった。解放後、日本に在留した朝鮮人の多くは、軍需産業の停止と海外からの大量の日本人の引き揚げにより、産業労働の職場から閉め出され、一部の人たちはやむを得ず、戦後の混乱期にヤミ商いで生計を支えた。ヤミ商いの取り締まりが厳しくなり、そうした生活手段も失うと、パチンコやくず鉄商、飲食業といった零細企業を営む人もいたが、大半は日雇労働者として苦しい生活を送った。女性たちはそうしたなか、どぶろく造りやホルモン焼きなど、あらゆる仕事をして昼夜なく働き、衣食住でも工夫を重ねて、家族のくらしを支えたのである。

日本政府は在日朝鮮人に納税の義務を課しながらも、一九四七年には外国人登録令により登録証の常時携帯を義務づけ、戦後整備されていく社会保障制度から排除した。社会保障制度の国籍条項が一応撤廃されるのは、一九八二年の難民条約発効の時期まで待たねばならず、その後も多くの在日一世が無年金のまま放置されるなど、未だに問題点が残されている。

1 在日朝鮮人とは

(1) 渡日の理由

在日朝鮮人とは、日本帝国主義による朝鮮の植民地支配のため、余儀なく日本への渡航や移住をせざるを得なかったり、戦時下の労働力として国民徴用令などで連れて来られたあげく、戦後はアメリカ、ソ連による南北朝鮮の分割占領と朝鮮戦争によって在留せざるを得なくなった人々、およびその子孫のことである。

江戸時代から明治前期にかけて、日本にくらす朝鮮人は、ほとんどいなかった。日露戦争の始まった一九〇四年の日本の統計によれば、わずか二三三人。しかもその大半は留学生か亡命政治家で、一般の商人や労働者はごくわずかだった。

ところが大韓帝国が日本に併合され、植民地化された一九一〇年以降、日本に渡る朝鮮人が徐々に増え、特に昭和に入ると、増加の一途をたどった。そうして、日本が敗戦した一九四五年には、約二三〇万人もの朝鮮人が日本でくらしていた。

朝鮮の人々が海を渡った理由は、時期により異なる。

一九一〇～三〇年代までは、植民地化した朝鮮全土に対し日本が実施した「土地調査事業」などの政策により、多くの農民が土地を奪われて食べていけなくなり、生活の手だてを求めて、日本に働きにやって来た。男性の多くは炭鉱や鉱山、土木建築、工場、港湾運輸、農場などで働き、厳しい差別を受けながらも、その労働力で日本の産業の発展を支えた。

一九三七年に日本の中国侵略が本格化すると、一九三八年に国家総動員法、一九三九年に国民徴用令が公布され、朝鮮人は戦時下の労働力、兵力として、「徴用」という形で日本に連れてこられた。大蔵省管理局『日本人の海外活動に関する歴史調査』（一九四七年）によれば、その数は一九四五年八月までに延べ七二万人以上で、他の目的で渡日した人も合わせて、一九三九年に約九〇万人だった在留人口は、一九四五年には約二三〇万人に達した。

図１－１　在日朝鮮人人口の推移

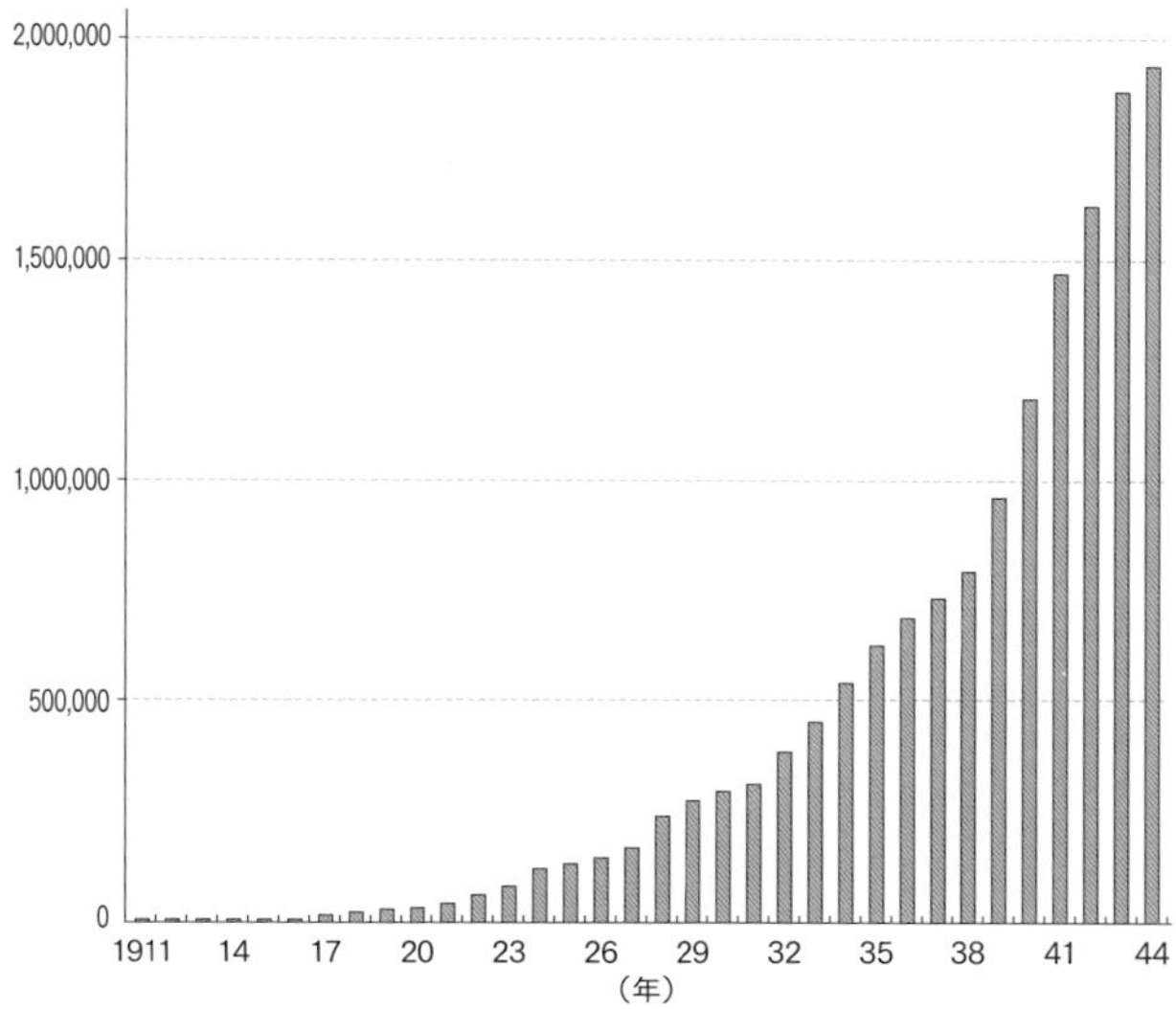

『歴史教科書 在日コリアンの歴史』明石書店（2006年）をもとに作成

(2) 解放後

一九四五年八月の解放以前の在日朝鮮人の職業は、土木労働者、工場労働者が主だった。解放後、日本に在留した朝鮮人の多くは、軍需産業の停止と、海外から日本人が大量に引き揚げてきたことにより、産業労働の職場から閉め出された。そうしたなか、戦後の混乱期、一部の人たちはやむを得ずヤミ商いで生計を支えた。

ヤミ商売の取り締まりが厳しくなり、そうした生活手段も失うと、パチンコやくず鉄商、飲食業といった零細企業を営む人もいたが、大半は日雇労働者として苦しい生活を送った。そうしたなかで家族のくらしを支えたのは、どぶろく造りやホルモン焼きなど、あらゆる仕事をして昼夜なく働き、衣食住でも工夫を重ねてやりくりをして、どっこいたくましく生き抜いてきた女性たちだった。

ともに昭和史を築き、現代も日本でくらす在日の人々は、昭和という時代をどのように生き、くらしてきたのだろうか。衣食住や冠婚葬祭という「くらしの視点」から、その歴史、生きざまを探る前に、まずは大きな流れを見ていきたい。

2 生きる手だてを求めて
──一九一〇～三〇年代

(1) 朝鮮の植民地化

一八八四年の日清戦争を機に、朝鮮王朝は一八八七年、「大韓帝国」と名を変えて、列強に対し独立した帝国であることを主張した。そんななかやはり満州・朝鮮に進出しようとするロシアと日本との間で一九〇四年二月に日露戦争が始まった。一九〇五年夏、戦争は日本の勝利で終わり、同年九月には日露講和条約（ポーツマス条約）が調印され、日本は事実上、「大韓帝国」に対する支配権を得る。その後、一九〇五年の乙巳（ウルサ）条約によって「大韓帝国」は日本の保護国とされ、一九一〇年八月、日韓併合条約の締結によって、完全に日本の植民地とされた。これにより「大韓帝国」の名は消え、朝鮮と称し、それまでの韓国総督府に代わって朝鮮総督府が置かれ、陸軍大将・寺内正毅（まさたけ）が初代総督に就任した。いわゆる「韓国併合」である。

朝鮮半島を植民地化するや、日本は全土に「土地調査事業」を行った。この事業は朝鮮総督府の財源としての土地税を確保し、土地の所有権、価格、地形などの調査および測量事業を行い、それによって近代的・地主的土地所有制を育成しようとしたものだった。

土地調査事業は一九一〇年三月に始まり、一九一八年一一月まで八年の歳月をかけて、朝鮮の土地すべてに対して行われた。土地調査事業によって捻出された国有地は、朝鮮総督府により、東洋拓殖株式会社（東拓）をはじめとして日本の会社などに安く払い下げられた。これは実質的に、当時の朝鮮人による土地所有のあり方がまだ私有地となっていないことを利用し、土地の所有権は誰にあるかを調べるという名目で行われた、乱暴な土地収奪であった。

次いで行われた「産米増殖計画」（一九二〇～一九三四年）は、植民地政策最大の経済政策だった。これは、米騒動（一九一八年）に見られるような日本国内の米不足を解消するため、植民地朝鮮の米穀生産を引き上げることを目的に実施された農地「改良」事業である。この計画の実施により、朝鮮からの対日米穀輸出が急増するが、朝鮮国内での一人当たり米消費量はむしろ減少し、日本人を中心とする巨大地主の土地支配が強化された。劣悪な条件による小作にすらありつけない農民は、都市に出て流浪民になるか、流浪農民（火田民）として山野をさまようか、国外に出るかしか生きる道はなかった。

すなわち、この時期に朝鮮国民の約八割を占めていた農民の多くは、土地調査事業により土地を失い、産米増殖計画によって借金がかさんで没落して食べていけなくなり、生活の手だてを求めて日本や中国東北部に働きに行かざるを得なくなったのである。

在日朝鮮人が多く住んでいた大阪において、大阪府学務部社会課が一九三四年、一万八三五世帯に対し行った調査「在阪朝鮮人の生活状態」によると、来日理由は農業の不振が五五・六％、生活難一七・二％、金儲け一四・七％、求職二・二％となっている。また、来阪理由は求職四九・二％、金儲け一三・一％、生活難一二・六％、労働一〇・七％、商業経営、就学、職工希望などが挙げられている。この調査結果から、在日朝鮮人の多くは朝鮮国内での生活が維持できず、その活路を日本に見出そうとしたのだということがうかがえる。朝鮮と日本の間には雇用機会、賃金の格差があった。朝鮮国内よりも日本のほうが産業が発展していて雇用機会が多く、また、朝鮮国内に比べて比較的高い賃金水準にあった。このことは、朝鮮人を日本に移動させるひとつの大きな要因となった。とはいえ、朝鮮人に与えられる賃金は、日本人の約半額であった。

(2) 関東大震災と朝鮮人労働者の動員

朝鮮半島各地で繰り広げられていた日本の支配に反対する朝鮮人の運動は、一九一〇年の韓国併合後、朝鮮民衆のますます高まる反日感情とともに広範に、強まっていった。一九一九年には「三・一運動」と呼ばれる挙族運動が全国各地で数カ月にわたり繰り広げられ、朴殷植（パクウンシク）『韓国独立運動之血史』によると、延べ二〇二万三〇九八人（朝鮮の全人口一六七八万八四〇〇人）が参加し、日本の暴力的な弾圧によって七五〇六人が死亡した。

「三・一運動」の突破口となったのは、日本に留学していた朝鮮人学生たちが東京で発表した「二・八独立宣言」だった。韓国併合当時から日本にいる朝鮮人は警察が監視する「治安対象者」だったが、一九二一年七月二八日には、警視庁特別高等課（特高）に「内鮮高等係」（俗に「鮮人係」などと呼ばれた）が設置され、後に全国に広まるなど監視が強化された。さらに一九二三年五月一日のメーデーに在日朝鮮人労働者が多数参加し、六月には第一次共産党事件（一九二二年に結成された日本共産党の有力な党員が翌二三年六月に大量検挙・投獄され、解党の一歩手前に至った事件）が起きたことで、特高の在日朝鮮人に対する警戒は一層強まった。

関東大震災が起こったのはそんな矢先だった。一九二三年九月一日午前一一時五八分三二秒、この地震は、死者・行方不明者一〇万四六一九人、全壊建物一二万八〇〇〇棟、全焼建物四四万七〇〇〇棟という未曾有の大災害をもたらした。

関東大震災直後、関東一帯に「朝鮮人が暴動を起こす」「井戸に毒を入れた」「放火した」というデマが広まった。軍隊と日本人民衆はこれに対抗するためとして「自警団」を結成、朝鮮人を手当たり次第に虐殺した。その数は六〇〇〇人にも及ぶと言われている。

大量虐殺のニュースに、三・一運動の再現や国際世論の非難を恐れた当時の朝鮮総督・斎藤実(まこと)は、すぐに東京を訪れ、対策を協議し、大阪に立ち寄って「朝鮮人の保護」を指示した。これによって一九二四年五月「大阪内鮮協和会」が、続いて「神奈川県内鮮協会」、「兵庫県内鮮協会」が設立され、山口県でも官庁・警察が主導して「朝鮮人保護救済事業」が行われるようになった。しかし「虐殺されたのはまさに〝朝鮮人〟であるからで、同化し〝日本人〟になれば問題は解決する」との考えによるこれら団体の「内鮮融和」活動は、一九二七年の金融恐慌に続く経済恐慌による資金難と朝鮮人の抵抗、民族差別からくる日本社会の拒絶によって一度は挫折に追いやられた。

一方、朝鮮本土では、農民が土地を失い、日本に生活の手段を求めざるを得ない状況がますます深刻化していた。同時に関東地方では、震災の復興事業に従事する労働者が求められていた。在日朝鮮人は、震災後に日本社会を騒がせた謝罪という仮面をかぶせられ、復興事業に動員された。

3 戦時下の労働力として
――一九三〇年代後半〜一九四五年

(1) 労務動員計画

一九三一年、日本は満州事変を起こし、中国への侵略を本格化させた。翌年には満州国が建設され、一九三七年には日中戦争が勃発した。一九三八年には国家総動員法が施行され、一九三九年七月に労務動員計画が発表された。この計画に基づき、同年度に八万五〇〇〇人の朝鮮人を労務者として日本に送り込む計画が作成された(一九四二〜四五年度は「国民動員計画」として実施された)。

集団的な動員は一九三九年九月からの募集方式、

一九四二年一月からの官斡旋方式、一九四四年九月からの徴用方式の三段階だったが、「募集」や「斡旋」といっても朝鮮の人々が自らの意志によって決めたわけではなく、いずれも国家権力による強制に変わりはなかった。「動員の実情」について、一九四四年に朝鮮各地で「朝鮮民情動向」を調査した内務省嘱託の小暮泰用は、内務省官吏局長あての『復命書』で次のように報告している。

「徴用は別として、其の他如何なる方式に依るも、出動は全く拉致同様な状態である。其れは、若し事前に於て之を知らせば、皆逃亡するからである。そこで、夜襲、誘出、其の他各種の方策を講じて、人質的掠奪拉致の事例が多くなるのである」

その結果、大蔵省管理局の『日本人の海外活動に関する歴史調査』によれば、一九四五年八月までの間に日本国内へ動員された朝鮮人の数は、延べ七二万人以上にものぼった。朝鮮から日本国内・南樺太・南洋群島に動員された人々のうち、ほぼ半数は

column

徴用と結婚（在日一世の聞き書きから）

ちょうど日本の戦争がシナだ、満州だ、あちこちで始まっていて、みんな徴用に引っ張られたりして……。うちからちょっと離れたところでも五、六人連れて行かれたの。もう一八過ぎればほとんど徴用みたいに連れていかれちゃうの。誰々、歳はいくつ、家族が何人と全部役所にのっているじゃん。その村に役所から通知がくれば強制的に行かずにはいられなかったんじゃん。私たちの年齢ではそういう思いした人多いと思うよ。歳が若くても嫁にやるのは、結婚させれば強制的に引っ張っていかないから。父親が「娘を徴用にやれば、遠いところに連れて行かれてなにされるかわからないから、それよりは歳が若くてももらって

炭坑に、残りは鉱山・土木建築・工場・港湾運輸・農場へと送り込まれた。

炭坑の労働は危険できつく、食事も満足なものではなかったので、寮から逃走する者が続出した。会社はこれを防ぐ意味からも、賃金の大半を預貯金や送金にして現金を手渡さず、抵抗する朝鮮人に対し暴力を加えるなどして、厳しい労務管理を行った。

こうした朝鮮人の戦時動員は植民地統治という他民族支配のもと、日本帝国主義の侵略戦争の拡大に朝鮮人をむりやり利用したということである。朝鮮人の多くの若者が、日本軍の兵士あるいは軍属として中国や南方の戦線へ、また「集団移入労務者」「女子挺身隊」として内地、樺太、南洋群島の軍需工場、炭坑、土木工事現場へと大量に送り込まれた。そしてそこから家族離散、死亡、負傷、行方不明、未帰還、遺骨放置、賃金・貯金の未払いなどの被害が大規模に生じた。このことが一九四五年の解放後、戦後補償問題として提起されることになっていく。

くれる人がいれば嫁にやるのがよいだろう」と、そういう頭で若いときに結婚させたと思うの。昔私らの時代の結婚は、親同士で決めて、写真一枚だけで、本人は何もわからないまま親の言うなりに。そういう時代だったもの。

（一九二三年生まれ、女性）

〔川崎在日コリアン生活文化資料館より〕

column

(2) 皇民化政策と協和会

一九三一年に始まった中国侵略戦争を機に日本政府は、日本・朝鮮を問わず挙国一致体制の確立を目指した。一方、日本国内への朝鮮人の渡航は増加し、日本国内の失業問題が深刻化していた。そんななか、日本政府は一九三三〜四年に在日朝鮮人への対応策を検討。一九三四年四月、まず朝鮮人の最も多かった大阪で、警察幹部を中心とする「大阪府内鮮融和事業調査会」を設置し、その実行機関として一度は挫折した「協和会」を再生させることにした。その後「協和会」は在日朝鮮人の多い府県の大半に設置され、一九三九年には全国の都道府県を統合した中央協和会が結成された。その目的は、在日朝鮮人の保護、指導の名のもとに「内鮮一体」を目指した、朝鮮人の皇民化だった。

日本は在日朝鮮人の行動、思想を監視し、民族的な文化を一切抹殺し、弾圧した。神社参拝や日本語講習会の受講、朝鮮服の禁止、勤労奉仕などを義務づけた。また、女性に対し、和裁や和食、そして和服の着付けの講習会を繰り返し行った。男性の朝鮮人労働者の場合、その労働生活において日常的に朝鮮服を着ることは少なかったが、女性の場合は朝鮮服のチョゴリとチマを着ている人が多く、これが皇民化を妨げる要因だと決めつけられたからである。

日本式礼儀作法講習会もよく行われた。これは、家庭での作法、日常の挨拶、日本のひなまつりなどの習慣、習俗に至るまで、日本人の生活習慣をそのまま朝鮮人に教化しようとしたものだ。あるハルモニは後に「正座をさせられるのが、なにより苦痛だった」と語っている。

日本に移入された朝鮮人は、配属された事業所ごとの協和会に形式上、強制加入させられ、生活を統制された。また、顔写真付きの協和会会員章(協和会手帳)の所持が義務づけられて、逃亡者の防止と摘発に利用された。協和会手帳には顔写真が貼られ、

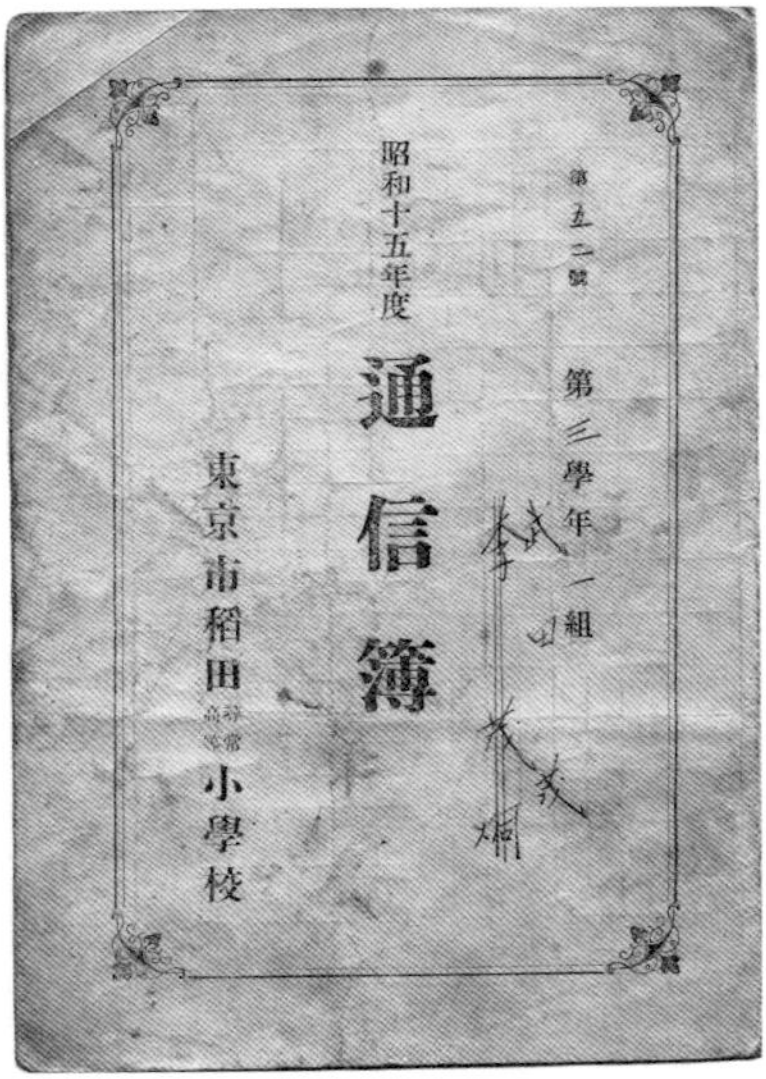

創始改名で本名が消され、日本人名が記された通信簿（在日韓人歴史資料館提供）

本籍地、日本国内の住所、職業などが記載されており、本人確認の手段となっていた。そのほか、「君が代」「皇国臣民ノ誓詞」「会員章所持者心得」などが掲載。このような手帳の存在は、朝鮮人は日本人とされていたにもかかわらず、治安対象になっていたということの証明といえる。逃亡防止のための監視とノルマ達成のための労務管理は、非常に厳しいものだった。

一九四〇年には朝鮮人に日本式の「姓名」への改名を強制する「創始改名」も実施された。

こうした協和会体制は、一九四五年八月一五日、日本の敗戦まで続いた。

(3) 〝朝鮮人集落〟の形成

一九一〇年以降、微増し続けた在日朝鮮人は、やがて同郷、同業などの人々が集まり〝朝鮮人集落〟を形成する。樋口雄一『日本の朝鮮・韓国人』によれば、在日朝鮮人社会が成立したといえるのは総数が一万人を超えた時点、あるいは朝鮮人集住地域が形成され、それらが一定の広がりを持った時点、すなわち一九一七年以降であったという。

集住地はまず、職場の近くに形成されていった。大阪・兵庫・東京・京都などの工業地帯の大都市や、朝鮮に近く炭坑地帯がある福岡・山口に在日朝鮮人が集まった。彼らの最初の主な仕事は坑夫・土工・職工に代表される肉体労働だった。製糸・紡績工場には朝鮮人女工が募集されて渡ってきた。賃金は同じ仕事に就く日本人に比べて五〜七割という低さだった。

住宅の確保も大変なことだった。渡航した朝鮮人に対して、日本企業や政府は住宅を確保しなかった。炭坑、工事現場、工場などでは「飯場（はんば）」などの共同住居施設は設置したが、住宅にはまるで無関心だった。飯場とは鉱山・土木・建築工事などの現場近くに設けられた、労働者の宿泊所のことである。収入の低い在日朝鮮人は住居費の支出が困難であったうえ、日本人の家主が朝鮮人には家を貸さないという民族的差別もあった。

そこで朝鮮人たちは大都市のスラム（不良住宅密集地区）に入り込んでいったり、炭坑・工場地帯・土木工事現場の周辺の低湿地、河川敷などにバラックを建てて集住し、朝鮮人集落を形成していったのである。その大半は水道、下水、電気などの設備がなく、不便な生活を余儀なくされた。トイレも地区全体で一、二カ所しかなく、衛生的にも問題があった。

しかし、朝鮮人集落には官憲を除いた一般の日本人が入り込むことは少なく、朝鮮人だけの集団が形成されていたため、それぞれの故郷と同じ習慣で生活することができた。唐辛子やニンニクをはじめとした朝鮮料理の食材や朝鮮食堂、朝鮮服地などの店があり、仕事を斡旋してもらうこともできた。誰の目を気にすることもなく朝鮮語で話すことができる集住地区は、在日朝鮮人にとって唯一、心の休まる場所であった。

集住地区では、生活改善や相互扶助を目的とするさまざまな団体（同郷会、親睦会など）ができ、多様な活動が行われた。一九二四年には各地域の朝鮮人労働団体を統合して「在日本朝鮮労働総同盟」が結成された。消費生活協同組合や、昼間働いている子どものための夜学もできた。朝鮮語の新聞や雑誌も多数刊行された。日本における差別の厳しい環境のなかで、朝鮮農村のくらしから受け継いだ民族的な伝統を守りながら生活していたのが、朝鮮人の集住地区だった。

4 解放後のくらし

――一九四五年以降

(1) 民族解放、しかし……

一九四五年八月一五日。日本の敗戦は朝鮮人にとって、植民地支配からの「解放」だった。戦争後期、強制的に日本に連れてこられ、労働に従事させられていた人々の多くは単身であり、日本に生活の基盤もなかったため、家族の待つ故郷への帰国を目指す人々が下関や博多に殺到した。しかし、敗戦後の混乱のなか、日本政府の朝鮮人への送還体制はしばらく整わず、港や駅の周辺では船を待つ人々が万単位で滞留する日々が続いた。そのような状態のなかでも、自力で調達した船や日本の帰還船に乗り、約一三〇万人が祖国を目指した。

ところが、アメリカとソ連の分断占領下の朝鮮では社会的な混乱が続いており、帰国者を受け入れるだけの態勢が整ってはいなかった。そうした状況が伝わり、故郷に生活基盤を持たない人、小さい子どもを抱えた人がしばらく帰国を見合わせた。また、一度帰国したものの、朝鮮では食べていけないと判断し、日本に戻ってくる人もいた。持ち帰り財産の制限や一九五〇年六月二五日の朝鮮戦争の勃発へとつながった不安定な社会情勢、すでに祖国での生活基盤を失ってしまっているなどの理由により、解放後も約七〇万人が日本に留まった。

年	できごと
1949	10.19　朝鮮学校閉鎖令発令
	12.3　外国人登録令改定：外国人登録証の常時携帯義務、切替制度を導入
1950	6.25　朝鮮戦争勃発（～ 1953 年 7 月 27 日 板門店で休戦協定正式調印）
1952	4.28　サンフランシスコ講和条約発効：在日朝鮮人日本国籍喪失、外国人登録法施行
1955	4.28　外国人登録法にもとづく指紋押捺制度開始
	5.25　在日本朝鮮人総連合会（総連）結成
1959	12.14　北朝鮮の清津へ向け第一次「帰国船」が新潟港を出港
1965	6.22　日韓基本条約調印　在日韓国人の法的地位が決まる
1966	1.17　在日韓国人の協定永住申請、受付開始
	4.1　協定永住権取得者に国民健康保険法適用
1968	4.17　東京都知事、朝鮮大学校を各種学校として認可
1972	7.4　南北共同声明　朝鮮半島の平和的な統一にむけた原則に合意
1979	6.21　日本が国際人権規約を批准　国内在住の外国人にも自国民と同等の待遇を与える義務を負う（内外人平等主義の原則）
1982	1.1　国民年金、児童手当の国籍条項を撤廃
1985	1.1　改正国籍法施行　父系血統主義から父母両系血統主義に変更
1986	4.1　国民健康保険法の国籍条項撤廃
1991	1.30　日朝国交正常化交渉開始（以降 2002 年まで 12 回開催）
	11.1　「かつて日本国籍を有していた外国人」を「特別永住者」と認める入管特例法を施行
1993	1.8　外国人登録法改正により永住者と特別永住者の指紋押捺を免除
2000	6 月　初の南北首脳会談（その後 2007 年、2018 年 4、5、9 月に開催）
2002	9.17　日朝首脳会談を開催、日朝平壌宣言調印
2006	5.17　民団と朝連が和解に向けた 6 項目合意の共同声明を発表（しかし北朝鮮のミサイル発射（7 月 5 日）を理由に民団が「共同声明」の白紙撤回を発表）
2012	4.11　韓国国会議員選挙に在日韓国人を含む韓国の海外永住者が初めて参加
	7.9　外国人登録法廃止　永住者、特別永住者の住民票を作成し外国人登録証明書から在留カードと特別永住者証明書に移行

在日韓人歴史資料館ウェブサイト「在日100年年表」をもとに作成

付表　在日コリアンのあゆみ

	年	できごと
【解放前】	1905	11.17　乙巳条約：韓国、日本の保護国とされる
		12.21　日本、韓国統監府設置（初代統監に伊藤博文）
	1910	8.22　韓国併合：日本が朝鮮を植民地化
		8.29　朝鮮総督府設置（初代総督に寺内正毅）
		9.3　朝鮮半島全土に対し、土地調査事業開始（～1918年12月）　これにより土地を失った自小作農の離農現象、渡日が始まる
	1914	7.28　第一次世界大戦（～1918年11月11日）　戦争景気により、廉価な労働力として朝鮮人の移入要求高まる
	1920	12月　産米増殖計画開始（～1934年）：自小作農の没落、流移民続出
	1921	7.28　警視庁特別高等課に「内鮮高等係」設置（のちに全国に設置。在日朝鮮人が治安対象となる）
	1923	9.1　関東大震災：関東一帯に「朝鮮人が暴動を起こす」と流言が広まる
	1937	7.7　日中戦争勃発（～1945年）
	1938	4.1　国家総動員法公布
	1939	7.8　国民徴用令公布：同月「労務動員計画」が作成され、朝鮮人の動員が始まった
		9.3　第二次世界大戦勃発（～1945年）
	1940	2.11　「皇民化政策」を開始。その一環として、創氏改名、神社参拝、朝鮮語の追放、和服の奨励と民族服の排除などが強要された
	1941	12.8　太平洋戦争勃発（～1945年）
	1942	5.8　朝鮮人に対する徴兵制導入を閣議決定（1944年より実施）
	1943	6.25　学徒兵制実施：朝鮮人学生にも適用
	1944	9月　「徴用」が朝鮮にも適用：日本、満州などへの労務動員が開始
	1945	8.15　日本敗戦、朝鮮解放
【解放後】		10.15　在日本朝鮮人連盟（朝連）結成
		12月　在日朝鮮人の参政権停止
	1946	10.13　在日本朝鮮居留民団（民団）結成
		12.15　日本政府が在日朝鮮人の帰国計画輸送中止を発表
	1947	5.2　外国人登録令公布、即日施行（翌日、日本国憲法施行）
	1948	大韓民国（8月15日）、朝鮮民主主義人民共和国（9月9日）が樹立

(2) 新たなる苦難の道のり

解放後のくらしは、新たなる苦難の道のりでもあった。敗戦による軍需産業の停止、海外からの大量の日本人の引き揚げにより、ほとんどの朝鮮人は職を失い、在日の人々はたちまち生活難に陥ってしまった。

在日一世の女性たちには、読み書きができない人が大勢いた。儒教思想に基づく男尊女卑の考えが強かった朝鮮半島、とりわけ農村部の女子は学校に行かせてもらえず、幼いころから子守奉公や親の手伝いをさせられていたからである。そのため、自分の名前を日本語やハングルで書けない女性がたくさんいた。しかし結婚後、夫が職を失い、子どもを育てながら生活を支えなければならないとなったとき、彼女たちの手には農村のくらしで培ったどぶろく造りなどのノウハウや生活の知恵があった。読み書きができないため、就ける仕事は肉体労働がほとんどだったが、在日の女性たちは自分たちの持つ生活の知恵も収入の糧の一つとし、家事や子育てをしながら昼夜を問わず働いて生活を支えた。

日本政府は在日朝鮮人に日本の法令に従うことを要求し、納税の義務を課しながらも、一九四五年一二月には参政権を停止、一九四七年には外国人登録令を発して外国人登録を行い、登録証を常に持ち歩くことを義務づけた。国民健康保険、国民年金、公営住宅入居など、国民生活の安定のために戦後整備されていく社会保障制度にはすべて国籍条項を設け、在日の人々をこうした制度から排除した。社会保障制度の国籍条項が撤廃されるのは、一九八二年の難民条約発効の時期まで待たねばならず、その後も多くの在日一世が無年金のまま放置されるなど、未だ問題点が多く残されている。

〔小泉和子〕

第2章

ある在日朝鮮人家族の歴史——三重県桑名市の李秀淵一家

これは在日朝鮮人、李秀淵（イスヨン）とその家族の歴史である。

李秀淵は一九二四年に慶尚北道（キョンサンブクト）の大邱（テグ）から渡日し、日本で結婚した。三重県桑名市にくらし、解放前は主として鋳物労働者として働いた。一九四五年の解放後は独立して鋳物工場を経営し、四男一女を育てた。これは李秀淵一家の歴史を次女・李相祚（イサンジョ）が調べたものである。しかしすでに李秀淵も妻の朴先丹（パクソンダン）も、また長男も次男も亡くなってしまい、当時のことを知る人もいなくなってしまったため、わかる範囲で年代記風にまとめている。

(1) 善山（ソンサン）に生まれる

李秀渕の生い立ち

李秀渕は朝鮮が日本の植民地へと向かう一九〇七年、慶尚北道の大邱に近い善山で貧農（小作）の四男二女の次男として生まれた。幼名は小岩（ソアン）といった。これは母親が裏山の岩に祈って最初の子を授かったため、「岩」という字を入れたのだという。成人後は秀渕という名前を使っていた。

乳児のころ、小岩をおぶった姉が糸引き車（ムルレ）にあたって転倒し、その弾みで左腕が脱臼してしまった。ところが貧しさゆえ、医者にも見せず、よちよち歩き出すまで障害がわからなかったという。親は障害を持つ子の将来を案じ、貧しい中でも中学まで教育を受けさせた。しかし植民地下で私立の学校は閉鎖されてしまった。このためその後二年間は書堂（ソダン）（日本でいう寺子屋）に通い、漢文、通鑑などを学んだ。また、新設の信聖私立中学に行ったが、この学校もすぐ経営難に陥り、廃校となってしまった。

秀渕は勉強を続けることが困難になったため一七歳の春、地方郵便所にて書記見習いとして勤務しだした。だが三カ月間で四円五〇銭しか給料をもらえず、当時としては一カ月の食費にもならなかったため、すぐに退職した。あちこち職探しをして、慶尚北道土木道路尚州（サンジュ）出張所で給仕として働き始めた。だがここでも生活の見通しが立たず、四カ月でやめてしまった。その前に父親は善山でのくらしが厳しいため大邱に生活の場を移しており、農業での一家のくらしに希望が持てない状態だった。秀渕は家族の心遣いによりある程度の教育を受けたものの、朝鮮での仕事探しはあきらめ、日本に渡る決心をした。

一九二四年、一七歳の秋、釜山（プサン）を経て下関へと連絡船で渡った。あたたかい父母のもとを離れて見知らぬ異国に行く寂しさ、心細さ、不安、このときのことはずっと後になっても思い出したという。

⑵ 海を渡って

三重県桑名市での出発

日本に渡った李秀渕は、知り合いをたよって三重県の桑名におもむく。桑名は古くから鋳造の町であった。特に第一次世界大戦が好況をもたらし、秀渕の渡日する少し前の一九二一年ごろには二三カ所の工場があったと記録されている。一九二二年一〇月、桑名朝鮮人共済組合が結成されたとの記録がある。この地方一帯は農村地帯で、鋳造工場で働く労働者の多くは農家の人だった。このため農繁期になると人手が足らず、工場は休業することも度々あった。このように鋳物業には、朝鮮人が仕事にありつける隙間があったことから、桑名には関東大震災で一命をとりとめ逃れてきた人や、軍威（クヌイ）郡、義城（ウィソン）郡など慶尚北道の人々がたくさん集まってきた。

秀渕は、桑名の木工所で二〇日間働き、その後、大阪に出て金物屋で職を得た。大阪では二年間ほど働いたようである。

一九二六年、一九歳のとき、忠清（チョンチュン）北道（プクト）清州（チョンジュ）出身の朴先丹と結婚する。先丹は一九一一年生まれで、幼いころに大邱の商家に養女に出された。秀渕の母親が見に行って「手がぽっちゃりしていた」ので手先が器用だと思って決めたという。若いときは目が大きいのでヌングルタイ（どんぐり眼）と渾名されていたそうである。生理もきていない一五歳であった。秀渕は大邱に帰って結婚式を挙げたが、まだ日本で生活を立てられる状況でなかったため、せっかく結婚したが、妻となった先丹は大邱に留まらせざるを得なかった。先丹は婚家での生活を始めるが、ミシンを月賦で買ってチョゴリを仕立てる内職をした。ミシンの月賦は秀渕が日本から仕送りした。当時ミシンは高額で村に一台あるかないかという高級品だったが、秀渕は故郷での生計を考慮してミシン購入に同意したらしい。

一方桑名に戻った秀渕は、加藤鋳造、辻内、岡徳鋳造、中央度量衡株式会社、大橋鋳造などいろいろな工場で働いた。愛知県西尾でも働いたという。当時の父親について、長男・相均（サンギュン）は次のように言っている。

「いまの桑名駅前にあった大橋鋳造では、炭を入れて使うアフリカ向けのアイロンを作っていた。そこにお父さんは朝四時か五時に出勤し、夕日が落ちた後も七時から九時まで働いた。休みの日曜日も自分の道具の手入れや仕事の段取りのため、工場に出向いて時間を過ごした」

当時鋳物師と呼ばれた労働者の手当ては出来高払いという決まりになっていたため、仕事にありついたとしても収入は低く、不安定さがいつもつきまとった。仕事はとてもきつく、熱い鉄の溶けた〝湯〟を浴びて死んでいく同胞を目の当たりにする体験もした。また、朝鮮での教育しか受けていなかったので、いつまでこうしたきつく、危険な肉体労働を続けなければならないのかと不安だった。しかし、本来真面目な気質の秀渕は、家族を養わなければならないとの使命感を胸に、桜の棒で殴られながらの見習い期間も、技術を身に付ければなんとかなるとの思いで、長い間辛抱した。仕送りするために預金通帳も作った。

この時期はまだ創氏改名以前だったが、「チョーセンジン」と言われ差別もあったので、秀渕は「小西重雄」と名乗り、周りから「小西のおっちゃん」と呼ばれていた。

日本での新婚生活

一九三一年、秀渕が二四歳になったときにようやく妻・朴先丹を呼び寄せることができた。あまりに長い別居生活のため、事情を知らない人が他の女性を紹介しようとしたことがあったという。

先丹は自分一人で抱きかかえられる大きな風呂敷包みに、内職で得た端切れと針刺し、下着にポソン（韓服用の靴下）、着替えのチョゴリを入れて着のみ着のまま故郷を後にした。夫の住所を握りしめ、「ポッタリ（風呂敷包）一つで海を越え」たのであった。ほとんど家財道具といわれるものがないなかで、町はずれの金家の家屋に一部屋を借り、借りてきた一組の布団で新生活が始まった。

ここでも先丹はチマ・チョゴリを仕立てる内職をしたようである。当時、桑名には朝鮮人が大勢いて、チマ・チョゴリの需要があった。手縫いだったかミシンを使ったのかは定かではないが、渡日前の数年、ミシンでチョゴリの仕立てをして収入を得ていた経験から考えると、日本でも月賦でミシンを買って仕事をしていた可能性が高い。ともあれチョゴリ縫いの内職をしていたことは後々「私も他人の仕事をした」「一人前に働いた経験がある」ということを度々言葉にしていたことからもたしかである。先丹は同胞たちの中では縫い物上手と言われていた。

一九三一年には秀渕の弟の英秀（ヨンス）が兄を頼って渡日した。英秀は大邱の普通学校を卒業後、当地の風月堂と勝又商店の店員として働いたが、給料が安かったため、方向転換をはかったのである。渡日した当初は勉強をしたかったが、願い叶わず、桑名の鋳物工場で働いた。

一緒にくらし始めて一年目の一九三二年、長男・相均（日本名　正一）が生まれる。秀渕二五歳、先丹二一歳だった。このときのことを先丹は「一二月の寒い朝でした。急に産気づき、むしろの上での難儀な初産でした。水道も凍っていましたが、金家のお年寄りのおかげで産湯に入れることができました」と言っている。相均は丸々と太ってよく育った。夏には、あせもで頭がただれ、天花粉で化膿を止めたり、髪の毛をばっさり切った。

一九三三年、先丹は長男の相均を連れて義父の還暦を祝いに大邱まで行く。子どもを連れての大邱への旅すがら、子どものオムツは、船の床に広げたり、自分のおなかに巻いて乾かした。身長が一四〇センチしかない母親のもとでかわいく育つ乳飲み子を見

次々と親族が渡日してくる（右の５人が李秀渕一家、他は姉・先岩の長女、次女・一家、弟・英秀一家、妹・貴岩一家）1942年ごろ。桑名三丁掛の石家の前で

大邱から兄・厚渕が来日（後列右から秀渕と相祚、先丹、相均、兄厚渕、前は相信、相宇、相烈）1948年

た人たちが、「かわいい」「かわいい」と褒めたそうである。そのたびに先丹は、「チョサン　トクテギムニダ（조상 덕택입니다：先祖のおかげです）」と答えた。

一九三四年、次男・相憲（サンホン）が産まれるが翌年死亡。ついで一九三七年、長女・明姫（ミョンヒ）が生まれるが、また翌年死亡してしまった。「当時としては、幼くして死ぬことは多々あったのであきらめるしかなかった」と先丹は振り返っているが、夫婦にとって子どもを亡くした哀しみは大きかった。

一九三七年、秀渕は一時、故郷の大邱に帰国した。故郷で鋳物業によって生計を立てられないかと試みたらしい。しかし思い通りにはいかなかったようだ。桑名の製品は薄物家庭用品が多く、朝鮮との技術差が障害となったようだ。そこで鋳物ではなく、小さな機械を使って軍手を作ったという。だがそれも思わしくなかったのであろう、また桑名に戻り鋳物工場の労働者として働いた。

一九三九年の創氏改名により四〇年以降李家では廣本という姓を使うようになる。

一九四〇年、三男・相烈（サンヨル）（日本名　正雄）、四二年、四男・相信（サンシン）（日本名　正信）が生まれる。

一九四一年に太平洋戦争が始まると軍事色が日一日と濃くなり、鋳物業は資材不足、工場の合併、失業者の増加など、不安定な状況が続く。やがて戦争が激しくなり、鋳物工場は仕事がまったくできなくなったため、やむなく一九四四年には長野で長靴作りの仕事をした。

一九四五年七月、桑名は二度の大空襲をうける。二月から数回B29に攻撃されたときは、先丹は蓮の花が咲く沼地に子ども連れでたびたび逃げ込んだという。家屋も焼け落ちたため、また知り合いの金家で間借りをさせてもらった。「元気盛りの子どもたちは、狭い家での生活で喧嘩が絶えず、互いをひっかいたりひっかかれたり大変でした。戦時中の子育ては過酷でした」と先丹は語った。

(3) 植民地からの解放

解放の喜び

桑名空襲から一カ月後、日本は戦争に負け、朝鮮は日本の植民地から解放された。このときのことを李秀渕は次のように記憶している。

一九四五年八月一五日、秀渕が三八歳を迎えた夏、日本に出稼ぎに来て二〇年の年月が経っていた。七回もB29の空襲を受け、桑名の中心部は大きな被害を受け、家屋もつぶされ、ふたたび同胞の家を借りて住まなくてはならなかった。くらしは大変だったが、祖国の解放は人生ではじめて味わった喜びの日で、友人たちとともに記念写真を撮り、毎日の食事に使う匙（スッカラ）も新調し、『一九四五年八月解放記念』と刻んだ。家族の集まる場には朝鮮半島の花である槿（むくげ）を刺繍でかたどった『朝鮮地図（八道江山）』をかかげた。遺された写真や物は、植民地から解放されたという喜びが秀渕にとって忘れられぬ意義深い日であったことを物語っている。

同年九月には、五男・相宇が生まれる。このときは食料もなく、秀渕の友人たちが八方に手を尽くし、スープを作って食べさせた。このスープは猫を麻袋で捕まえ調理したものだった。しかしこのことは本人には秘密にしたという。解放後に生まれた子には通名（日本名）はつけず、一族の決まりに従って朝鮮名をきちんとつけた（五男・相宇、次女・相祚、三女・相禧）。

しかし日本全体が壊滅したため仕事もなく、生活は苦しく、一九四五～四六年は、箒の行商、アイスクリームの行商、名古屋のキャラメル工場の下請けの飴作りをするなど、なんでもできることをして家族の生活を支えた。

その一方で桑名の堤原には同胞が大勢住んでいたので民族学校を作り、数人の先生が一四〇名ほどの子どもたちに朝鮮の言葉であるハングル、歌、歴史などを昼と夜に分けて教えた。一九四五年一〇月に在日本朝鮮人聯盟（朝聯）の組織ができると、責任者である金泰休が学校の校長になり、秀渕も学校の管理運営に携わった。

学校建設は日本各地で盛んになり一九四六年一〇月には初等学校五二五校、青年学校一〇校まで増えたが、日本政府によって一九四九年九月八日には学校の推進母体だった朝聯が強制的に解散させられ、一九四八、四九年に「朝鮮人学校閉鎖令」が出された結果、四九年には三五〇弱の朝鮮学校が非合法の存在になってしまった。三重県では桑名朝聯小学校（児童一〇二人）、四日市橋北分校（児童二〇二人、現在の四日市朝鮮初中級学校）など五校が四九年に閉鎖され、相信は警察が桑名の学校に入ってきた様子を目撃している。また、学校が閉鎖される前に、桑名の学校運営に関わっていた秀渕は逮捕を恐れて逃亡していたため、先丹は生まれたばかりの次女・相祚をおぶって夫を探し回っていたそうだ。

学校閉鎖後も、家庭ではハングル表を壁に貼り付け、生活の節目節目には朝鮮語で話すことを習慣づけようと、大人たちは努力していた。一九五〇年、閉鎖された校舎のそばで授業は継続、校舎を取り戻し「四日市朝鮮小学校」として「自主学校」の形で民族教育は続けられた。一九六六年には各種学校として三重県から認可を受け、学校運営が続けられたが、自治体の補助金も少なく、主に朝鮮人の寄付によって維持された。

「お金のある人はお金を、知識のある人は知識を、力ある人は力を！」と励まし合い、助け合って生きていくという朝鮮人の伝統的風習が大きな力を発揮したのである。

鋳物業で独立

解放後、桑名では鋳物の工場を立ち上げた同胞が二〇人ほどいたという。鋳物師は「五年で一人前になる」と言われていたが、植民地時代から一〇年、二〇年の経験を積んだ人たちが多くいたのだ。

一九四七年、李秀渕が四〇歳のとき、桑名市でアルミ鋳造業を始めた。三桑商工業協同組合の準備段階の資料（一九四七年）を見ると、鋳物業に従事する四五人の在日朝鮮人の名前を確認できる。協和鋳造所の佐藤豊成さんによると、当時、桑名市内の工場は、全従業員のうち約三分の一が朝鮮人だったという。鋳物業は戦後、鍋や釜などの生活面で軍需産業に代わる新たな需要が生まれていた。その働き手はおもに朝鮮人と地元の農家の人々だったという。朝鮮人がいなくては、鋳物屋は成り立たなかったと佐藤さんは話していた。

一九四八年に次女・相祚が生まれた。秀渕四一歳、先丹が三七歳のときであった。同年、秀渕は先に弟が経営していた工場を買い取り、廣本鋳造所を始める。「廣本」という日本名は本貫の「廣州」からとったものだ。初期には愛知県西尾で習った薄物鋳造で風呂釜のような製品を作ったものの、うまくいかず、以後五〇年間は、桑名の土地に合ったガス器具、

台所で食事する朴先丹（左）と耳の不自由な従業員、1950年代

朝鮮総連桑名支部で（右から10人目が李秀渕）1955年

地域の同胞女性たちの集まり（左端が朴先丹）1950年代

マンホールの蓋などの家庭用品を中心に鋳物の製造販売を行った。

この年、朝鮮半島で朝鮮民主主義人民共和国（以下、共和国）と大韓民国が成立、不幸にも祖国は南北に分断されることになった。そしてついに一九五〇年六月には朝鮮戦争が勃発する。

一九五一年、李家では長男・相均が晴れて日本大学工学部に入学した。

一九五二年、山手通りの工場を一部改築して住まいにする。三女・相禧が生まれる。弱い子で八方手を尽くしたが、その甲斐もなく一歳で亡くなった。朝鮮の親は元来、親より先に死ぬ子は親不孝者とし、葬儀には参加しない。相祚は、「早朝長男が下の子たちを叱って起こし、兄弟といとこたち数人でリヤカーに乗せ福島の焼場に行きました。異様な雰囲気の中で泣き出してしまいました」と語った。

一九五五年、長男が日本大学を卒業し、秀渕の工場を継ぐことになった。このころになると日本全体の生活が安定しだして家庭用品の需要が増え、工場は発展していった。当時の製品として風呂釜、足置き行火（あんか）、エレベーターの錘（おもり）、井戸の滑車、マンホールの蓋、だるまストーブ、すき焼き鍋、ジンギスカン鍋、ガス器具、焼肉の網、たこ焼き器、イカ焼きの鉄板などがある。

一九五六年、三桑商工協同組合が共和国の朝鮮貿易会社にミシン二台を寄付している。

一九五八年、三男・相烈が千葉工業大学に入学する。五九年に前述の三重県工業協同組合から民団系の同胞が脱退し始める。

一九六〇年頃、仕事はますます発展し、工場を拡張、第一工場、第二工場を設立した。この時期が廣本鋳造所の最盛期だった。この頃は、安い夜間電力もフル活用しながら昼夜を通して工場を稼動させた。これは他の鋳物工場も同様だった。

朝の四時頃、弁当箱下げて、
家を出て行く親父の姿。
服はボロボロ、地下足袋はいて、
後姿の頭は一〇〇ワット

これは当時、鋳物工場で働く労働者をからかって子どもたちの間で歌われていた歌である。文部省唱歌「スキー」の歌のメロディーで歌った。以降、李家の概歴は次の通り。

一九六一年　四男・相信が日本大学獣医学科入学。
一九六四年　五男・相宇が日本大学芸術学部入学。
一九六六年　次女・相祚が朝鮮大学校入学。
一九七〇年代に入ると、中国から安い製品が入ってきたため、工場の仕事が減り始める。
一九七四年　五男・相宇が子どもたちを連れて共和国に渡る。
一九七八年　秀渕は商工人代表で共和国を訪問。
一九八〇年代、鋳物製造業が衰退、工場を縮小。

一九九四年　次男・相烈が死亡（享年五四歳）。
一九九七年　ついに工場を閉め鋳物業をたたむ（当時秀渕九〇歳）。
一九九八年　長男・相均が死亡（享年六五歳）。
一九九九年　秀渕が死亡（享年九二歳）。後に残った先丹も夫が死んだ三年後の二〇〇二年に九一歳で亡くなる。

秀渕は生前、地域の同胞社会で活躍をしたが、その中で主要なものは次の通りである。

在日朝鮮人聯盟桑名支部役員（一九四五年一〇月～一九四九年一〇月）
在日朝鮮人聯盟学校管理組合長（一九四八年一〇月～一九四九年九月）
三桑商工協同組合理事長（一九五一年三月～一九五三年四月）
朝銀三重信用組合理事長（一九六〇年七月～一九六八年五月）

以上が秀渕の一生である。次男、長女、三女と三人の子どもを幼くして亡くしたことが物語るように心労の多い生活であった。しかし一七歳のとき、裸一貫で渡日して工場経営者となり、地域社会では重要な役職につき、四男一女を育てあげ、大学教育を授け、夫婦とも九〇歳を越えるまで天寿を全うした。

(4) 家族のため、同胞のため

家族

生前李秀渕が言っていた唯一の心残りは、祖国解放後一度も故郷の善山に帰れず、父母の墓参りをできなかったことである。父母に向かって自分は自分一人だけのために生きたのではなくて、家族のため、同胞社会のために生きたということを報告したかったと、娘婿の張炳泰（チャンビョンテ）（一九四二～二〇一八年）に言っていた。この生きざまには、南北に分散した家族親族のために、また同胞社会のために多くの仕事を尽くした彼のすべてが表れている。

朝鮮は日本統治下はもちろん、解放後も朝鮮戦争、南北分断と大国によって不当な状況を強いられてきた。こうした国の歴史に個人や家族もまた翻弄され続けてきたのである。秀渕の家族も例外ではなかった。

まず秀渕の生家の家族である。秀渕は姉、兄、弟二人、妹の六人姉弟であった。姉の先岩（ソンアン）は故郷の大邱で嫁に行ったが、子は娘ばかりだった。男性が尊敬される朝鮮では肩身が狭いことであった。気苦労の多い姉を気づかい、秀渕は戦後、姉をその娘たちとともに、三回ほど日本に呼んでいる。兄の厚渕（フヨン）は戦前大邱の高木木工所で働いていたが、一九四八年渡日、その折に秀渕が買って持たせた自転車や雑貨類を元手に、大邱のソムン市場でクモンカゲ（小さな店）を始めた。上の弟の祉渕（チヨン）は朝鮮戦争で生死不明になってしまった。下の弟の英秀は、戦後、鋳物製造業を始めたが、一九六〇年子どもたちの教育を目的に共和国へ家族で移り、四人の子どもには希望通り全員大学まで教育を受けさせることができた。妹の貴岩（キアン）は戦時中桑名に来て長女を産んだが、解放後、大邱に戻った。しかし夫が四三歳で死亡。長男はベトナム戦争に従軍させられた。

次に先丹の生家であるが、先丹は女三人の長女だったという。生家はかなり貧しかったようである。貧農の家に育ち、口減らしで大邱に養女に送られたと家族は聞いていた。「学びたい」という気持ちを抑えられず、お使いのとき、学校をたびたびのぞいていたという話を相祚も聞いている。一九四〇年ころ、幼い長男・相均を親戚にあずけ、赤ん坊の次男・相烈を連れて里帰りしたことがある。日本に戻ってからこのときのことを大人が話す様子から、相均はその厳しい生活状況を察したという。そのせいか、先丹は生家の話をしなかった。四男の相信が母に生家のことを聞こうとしたら、相均は「聞くな！」と怒鳴ったという。

ただ先丹自身は幼いころの正月の思い出として、チプシン（わらじ）に赤い布を巻いてもらったことを話していた。これは、昔は赤い布がいかに貴重だったかを物語るものである。この点はアイヌ民族も同様だった。アイヌの切り伏せ模様に一センチ四方くらいの赤い布が彩りにパッチワークされているが、これは貴重な赤い布を唯一の彩りとして大事に活かしているのである。日本内地でも貧しい山村などでは同様で、赤など色つきの布は端切れでも滅多に手に入る物でなかったため、晴れ着の草履の鼻緒に色の付いた布を編み込むのがせめてのおしゃれだったのである。先丹が正月に履くわらじに赤い布を巻いてもらったのもそういうことだったと思われる。よほどうれしかったので先丹も覚えていたのであろう。

先丹は貧乏のつらさについて「何もないくらしがどんなものか、金のないくらしがどんなものか」と常々言っていた。その生家とは朝鮮戦争の後、音信不通になってしまった。噂では中国東北部に行ったともいわれる。

先丹は小学校にも通えなかったので文字が書けなかったが、夫がカタカナとハングルを教えた。四〇歳になって小学校の校庭で自転車乗りの練習をして乗れるようになった。勉強が好きでコミュニティの新聞から朝鮮語を書き写したり、読んだりしていた。

ともあれこのように秀渕にしても先丹にしても、植民地と戦争で多くの身内が不明だったり、ばらばらになってしまった。

その意味では秀渕の子どもたちの人生も決して平坦ではなかった。

子どもたちの人生

長男・相均は日本大学工学部を卒業して家業を継ぎ、高度成長の波に乗って事業を発展させ、李家の二代目として鋳物業を支えた。彼は父が築いた家業を父親とともに維持、発展させることを当然のこととして受け止め、二代目として奮闘したのである。相均は、三重県で唯一残った四日市朝鮮初中級学校の体育館建設を発案し、その建設に尽力した。

三男の相烈は、千葉工業大学在学中、朝鮮語を学ぶ過程で民族や愛国に目覚め、在日朝鮮人留学生の世話をする専従活動家となった。彼が大学生活を送った六〇年代を前後する時期、在日朝鮮人学生の多くは朝鮮の社会主義に期待を寄せ、軍事独裁が続く韓国での民主化運動に自らの存在を重ねあわせ、祖国統一のために日本でできることが何かを考え、行動していた。相烈もその一人であった。専従活動を経て、七〇年代には家業の廣本鋳造所に身を置くことになる。七〇年代、オイルショック後に鋳物業が衰退していくなか、分けられた古い工場跡地でスイミングスクール経営を始めた。地域の子どもたちにとって「知・徳・体」が大事だという考えからだった。

四男の相信は東京でのくらしを終えて、三男より早く三重県に戻り親族の工場で働いた。家族経営の限界を打ちやぶるために独立し度々起業したものの、経営はいつも厳しいものであった。

五男の相宇は、大学を終えた後は当然のこととして家業を手伝った。そのころの鋳物業は衰退気味で、与えられた単純作業に明け暮れる日々だった。そんな中、相宇は人生の大きな決断を心に決めていた。祖国・朝鮮民主主義人民共和国への帰国だった。一九五九年から始まった帰国運動はそのころ下火になっていたものの、社会主義への憧れ、何より共和国で映画製作に携わる夢を果たしたかったのである。当時、日本の映画界で朝鮮人の活躍はほんの一握りだった。また、利益を追求する企業活動になじめない性格もあった。日々の単純作業は将来への展望を持てず、身につけた映画への知識を活かしたいと思っていたはずだ。民族運動に熱心だった三男の影響もあり、日本の高校在学中に本名宣言した彼は、地域の同胞青年のための文化活動にも熱心に取り組んでいた。一九七四年、相宇は映画の機材一式を持って幼い子どもを連れ共和国へ旅立った。帰国した相宇は、黄海道（ファンヘド）のテレビ工場で副支配人として働き、テレビ製作に携わった。

廣本鋳造所の前で親族、子どもや孫たちとともに、1986年

次女・相祚は一人朝鮮学校に進んだ。一九四九年の「朝鮮学校閉鎖令」で四日市を残して三重県の朝鮮学校もすべて閉鎖され、多くの児童・生徒たちは日本学校で日本名を名乗り、日本人のように過ごさねばならなかった。日本の小学校に通っていた相祚は、「朝鮮学校ボロ学校」とその存在を知ってはいた。最寄りの総聯支部で朝鮮語を学ぶ過程で居心地のよさを感じ、また帰国運動の盛り上がりもあって数年かけて中学校からやっと念願の朝鮮学校で学ぶようになった。

朝鮮大学校を卒業後、民族学校などでハングル講師をして、一九七一年に朝鮮大学校教員だった張（チャン）炳泰（ピョンテ）との結婚を機に上京。七八年から九六年まで夫の勤め先でもある朝鮮大学校職員として働き、その後五年ほど実家を行き来しながら父母の遠距離介護をした。

兄弟が歩んだ道は、朝鮮半島における南北の分断、日本に根強く残る朝鮮人差別の影響から自由ではなかった。

同胞のために

李秀渕の兄は韓国、弟の一人は朝鮮戦争で行方不明、もう一人の弟は共和国、甥はベトナム戦に従軍、自分の子どもも長男、三男、次女は日本、五男は共和国、妻・先丹の方も実家は中国東北部とばらばらである。朝鮮半島の悲劇が個人の家族にそのまま反映されている。李家のような家族離散の現実は在日同胞に共通している。このため鋳物業に従事した秀渕は、自分の家族ばかりでなく、同胞のためにも力を尽くすことを惜しまなかった。在日朝鮮人の子どもたちのために学校を作り、地域の同胞たちとともに立ち上げた商工会と信用組合を通して多くの同胞を援助した。日本政府からの援助を受けられない在日コリアンにとって、力を合わせなければ一歩も進められなかったのである。同郷の人たちと一緒に慶尚道にある児童養護施設にも寄付した。

秀渕自身の生活は実に質素だった。食べ物は腹八分目、出されたものはきれいに食べる、晩酌は日本酒二合ときめて、五〇年間家族で外出しても外で食事をしない、昼食を外で取らなくてはならないときは安価な焼きそば、立ち食いのカレー、出張先の会社の社員食堂もよく使った。規則正しい生活をして、威張らず、淡々としていた。

成功しても自分の家というものに執着せず、社宅に住んでいた。あまりタクシーにも乗らなかった。

秀渕は同情深く、親のいない人が一番不孝だと思っていた。会社には同胞が当然多く働いていたし、南方で戦死した同胞の息子、聴覚障害のある女性を従業員として雇い、家が定まらない人を住まわせたり、独り身の人を食事に呼んだり、共にくらすこともあった。工場も会社組織にし、厚生年金にも早く加入するなど、社員の福利厚生にも気を使っていた。

秀渕は「鋳物」という文字通り「堅い商売」をしたのである。商売に成功したのもこうした人柄と生活態度が信頼されていたためであろう。

晩年、先丹が数回「成功者」とされる秀渕に向かって、「家の一軒も持たずに終わるのか」と責めたことがあった。そのとき、秀渕は、「ナヌン　イルボネ　コンノ　オルテ　ポッタリ　ハナ　カジゴワッタ（나는 일본에 건너 올때 보따리 하나 가지고 왔다：わしは日本へ渡ってくるとき、風呂敷包一つできた）」とつぶやいていた。

くらしのなかで一世たちの口からは、「モッコサラヤジ（먹고 살아야지：食べていかねば）」「トワ　ジュオヤジ（도와주어야지：助けてやらなければ）」「ペウォヤジ（배워야지：（植民地になった歴史を）学ばなければ）」「ピョンジスラ（편지쓰라：手紙を書きなさい）」「クンボヌル　アラヤハンダ（근본을 알아야 한다：根っこを知らなければいけない（日本人とは違うのだ））」などの言葉をよく聞いた。先丹の口癖は「ペウゴジプタ（배우고집다：学びたい、慶尚道の方言）」「アカウォラ（아까워라：もったいない（ものに対しても、若死にする人に対しても））」「トヌロ　チョボラ（돈으로 쳐보라：お金に換算してみなさい）」で、両親が共通して言っていたのは「トンイルテミョン（통일되면：祖国が統一されれば）」だった。

三重県では一九八三年に県内に在住する六五歳以上の一世のための同胞交友会が結成されたが、以下の文は結成から数年後の交流会で秀渕が読み上げた挨拶文である。

> 今日、新緑美しい五月、湯の山名勝に集まられた皆様に交友会代表として心からのご挨拶を申し上げます。植民地時代、生きる道を求めて故郷を去った少年が、今や白髪の老齢を迎えてしまいました。解放された祖国は外勢により分断され、未だ統一を実現できずにいます。我々

李秀渕90歳の祝い。桑名セントラルホテルで（前列中央左が秀渕、その右が朴先丹）1996年

老いてはいますが、統一実現のため、家族子孫のため、自身の健康のため、お互いに努力しましょう。

李秀渕

簡潔ながら秀渕の心情が溢れた文章である。会員は一四名ほどで一九九四年まで秀渕は会長を務めた。

また秀渕は一九八六年に「廣州李家現代血統直属名鑑」を自らで編んで親族に配っていた。家系図である。その緒言には次のように書かれている。

われわれ廣州人三代の歴史を記録したものである。各地に散在する親戚一族のうち、五寸（五親等）から、従兄弟、兄弟についての資料を作成した。将来、近い親戚の人たちの生死と去来については、すべて分かるようにと作成したものであるから、参考に利用しなさい。

一九八六年四月一〇日

日本国居住　李秀渕

いかに秀渕が家族や親族を大事に思っていたかわかる。長男でもない彼がこのような家系図を編んだのも、異国に生きる家族・親族のつながりを何より重視していたからであろう。まさに同胞のため、家族のために生きた一生だったと言ってよい。自身では父母の墓に参ることができなかったかもしれないが、一生懸命「家族のため、同胞社会のために生きた」ことは、泉下の人となった多くの同胞や家族によってすでに父母にしっかりと報告されていることであろう。

〔李相祚・小泉和子〕

column

聞き書き――日本で生きて

具且恵(クチャヘ)さん

日時 二〇一二年五月一五日
場所 具且恵さん宅
聞き手 朴実・梁説
プロフィール◉一九二五年に生まれたと兄から聞いている。慶尚南道晋州(キョンサンナムドチンジュ)の周辺の晋陽郡(チンヤングン)の出身。九歳のときに家族とともに、晋陽から大阪に来る。子ども時代に学校に通ったことはなく、日本に来たときから働きに出る。一二、三歳のころ京都の東九条に移住。京都染工で働く。一九四二年に結婚。夫とともに兵庫の明延(あけのべ)鉱山に疎開。長男の一歳の誕生日から一〇日目に夫が死亡。東九条に戻り、終戦(解放)後は闇米で生計を立てる。現在は西九条で、息子夫婦とくらす。(聞き取り時八七歳)

子ども時代

生まれた年はね、ほんまのことはようわからん。兄がおったから、兄に大正一四(一九二五)年やってことだけ聞いてるけど、何も知り

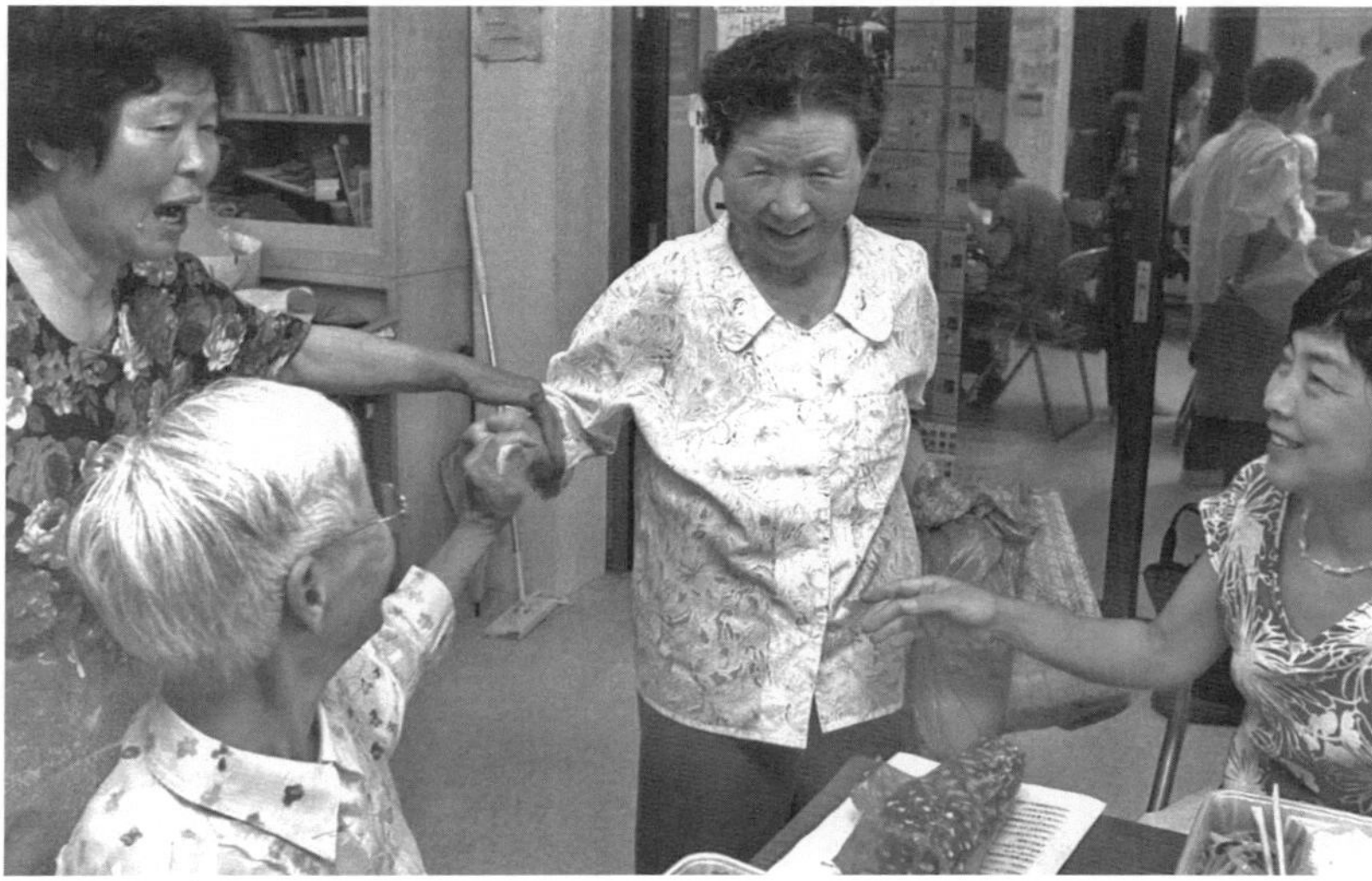

具且恵さん（写真中央）

ません。学校の門くぐったのは、郁文(いくぶん)（郁文中学校夜間学級）がはじめて。子ども時分は学校には行ってません。生まれは慶尚南道ですけど、昔はね、晋州って言うてましたんや。あのころは、晋州いうたら知らん人がない。うちは晋州という町には行ったことがない。晋州の周辺にある田舎に住んでました。

　うちは、九つで日本に来ました。先にお父さんが来てたと思います。最初は大阪の今里です。大阪に来たとき、二階建ての家やったわ。その家に、うちの家族と兄夫婦が入って、下の階には具(ク)家の親戚がおりました。下の階には三家族が住んで、二階の八畳の一間をカーテンみたいに仕切って、兄夫婦とうちの家族とで住みました。お父さんは夏になると物干しの上で寝てましたわ、寝るところがないからね。朝鮮人は家を汚すいうて、貸してくれへん。朝鮮人が通っ

column

たら、日本人の子どもらが私らに石を投げたりしよる。日本に来てすぐに、日本の服なんかは買う余裕もなかったから、朝鮮の服を見たらそんなんしよる。あのころは、今みたいなことあらへん。朝鮮人は獣みたいな扱いやった。仕事に行っても、朝鮮人は日本人のしない汚い汚い仕事をさせられる。それでも朝鮮人は食べていかんならんから、仕事せんならん。今では考えられへんと思うけどな。

弟は大阪にいた時分にはしかで亡くなった。それで、お母さんが弟が死んだところにいるのがかなん（つらいと）いうて、京都に来はった。そいで、私らがみんな京都に来ました。一二歳くらいに京都に来たと思います。うちの親戚のおばさんが、長屋の、通り庭で部屋が三つあるところに住んではって、そこの一間で、親戚のおばさんがミシンを持って、お裁縫をしてはってん。それで、昔カフェというのがあったんやけど、今のバーみたいなもんやけど、そこで朝鮮の女の人も働くわけ。そうしたら衣装がいるから、親戚のおばさんは、その衣装専門に縫うたはった。そのおばさんに一人息子がおって、夜間の高校やったと思うけど、息子が学校を出たらそのおばさん、息子と韓国に帰らはった。それは、大東亜戦争の前の話やで。まだ韓国は日本の植民地やったけど、息子が日本で高校を出たから、何か仕事ができたんとちゃうかな。そのおばさんを頼って、京都に来たわけ。

あのころはみんなバラック建てでした。それで同胞が紙くずやらボロを拾いに行く人があるねんけどね。朝からボロ拾いに行く人は朝ごはんなんか作ってられへんやろ。それで、今もある三山（みやま）さんのおばあさんが、店の前でサツマイモを蒸してなあ。みんなそれを買って仕事に行ってなあ。

確か、みんなが京都に来る前に、お母さんが親戚のおばさんのところに先に行っていて、それからみんなが京都に来るようになった。行くところもなくて、最初、小山アパートを借りて住みました。それから、兄が一軒家を借りることができたので、そこに移りました。小山アパートはねえ、共同便所やし、炊事場もね、庭に一斗缶を竈（かまど）にして並べて、各々ご飯を炊くねん。嫌やった。今もあの辺を通ったら思い出します。いろいろあって、お墓の路地のところに住むようになります。

うちは九つから働いてます。服につけるチャックがあるでしょ、あれを問屋から注文受けてきて、学校に行けへん同胞の子どもらが、その仕事をする。子どもの方が手が小さくて器用にできるから、子どもがみんなそれをしましたよ。

京都に来てからは、京都染工に行きましたけど、歳をだまして行きました。あそこは小学校出てなかったら使ってくれへん。私はいくつで行ったかわからんけど、一三歳（数え歳）になる前に行きました。あそこには朝鮮の男の人もようけ入って来はったし、私が入ってから、朝鮮のおばさんもようけ入ってきはりました。いっぺんねえ、「朝鮮人は朝鮮の服を着るな」ってあったんよ。それで、朝鮮のおばさんはみんな朝鮮服を着て、来てたわけ。あのときで、みんなええおばあちゃんやからなあ。それで朝鮮服、白やら黒やらね、チマやらチョゴリやら着て仕事してたわけや。

ほんで、会社で朝鮮服を着てこんといてくれって、朝鮮人は使うなってことやわね。戦争前の話やわなあ。それで、おばさんやら辞めはったわ。急に着物着ろ言われてもわからへんやん。

column

買う金もないし、着方もわからへんし。会社が染色会社やったから、私は会社で生地や反物を買うて、知ってる人に縫うてもうて、ほんで行ってたわ。モンペじゃないよ、着物よ。モンペは戦争が始まってからやからね。着物は今でも自分で着れるよ。帯はへこ帯やけどな。

あの頃は着物を着なかったら雇ってくれへん。朝鮮の服着るな、朝鮮語しゃべるな言うてな。「朝鮮の人」なんて言わへんで。「あんたチョーセンか?」そんなんや。昔は東九条に浜口染工、京都染工、田中染工、太洋染工、いろいろありましたね。

結婚、明延での生活

結婚はたぶん一九四二年にしたと思います。そのころは大人同士でね、どこそこの息子、どこそこの娘いうて、年寄りが縁談の話を持ってきますねん。主人は韓国で学校を出て、二一歳でここ来たさかい、日本の教育を受けてるけど、朝鮮訛りがけっこうあったわな。主人のおじいさんが、東九条で薬局してましたし、お兄さんもおりましたし、年配の人は、主人の家いうたら、知らん人おらんと思います。あのころはみんな生きるのに精一杯で苦労しました。東九条のオモニハッキョ（東九条市民文庫・マダンセンター）のあるあたりの人はほとんどみんな四条まで紙くず拾いに行ってました。そこに紙くず問屋があったんよ。

結婚したとき、姑さんは韓国におらはったし、お父さんと兄弟がおったなあ。うちの人は学校出てから二一歳くらいで日本に来たんちゃう。結婚したのは二四歳かなあ。私は一八歳でした。あの時分は一七、八歳になったら、同胞の家は、みんな片付けはるねん。結婚して最初は宇賀辺町、親の家が広いからそこにおったわ。で、徴用が怖い言うて、明延鉱山の方まで疎開に行って、そこで主人が亡くなった。あのころ、鉱山で働いてたら、徴用にとらへんのよ。それで明延に行きました。私は何も知らんと行ったけど、行ったら、韓国から徴用で引っ張ってきて、鉱山の中のトンネルの中の仕事をさせるねん。うちの人はその仕事はしてない。うちの人は溶接する仕事をしてはった。工場の方にまわったから、まだよかったんよ。

京都からもようけ来たはりました。不思議とこっちにいる同胞同士はすぐに仲良うなって、仕事の後風呂行ったりね。お金はかかりましたけど、会社の風呂があってね、男の人はそうやって集まったはりました。そやけど、向こう（朝鮮半島）から来た人とはそうはならへん。かわいそうでした。向こうではそこそこ立派な家の人でも、トンネルに入ってね。エレベーターで降りて行くんですよ。怖かったと思います。

うちの人は鉄工所の方に勤めてたので、まだましやった。あのころ、鍋とかフライパンとかない時代でね、それを、いくつか作ってきて、それを田舎に持って行って、米と替えて来はる。もちろん、会社に内緒で作るねんで。そのおかげで食べるものには不自由しなかったわ。家はねえ、八畳くらいの部屋に押し入れが二つあって、そういう家をあてがってくれはった。家は広い。でも、雪は降るしなあ、一〇月には雪が降るし、私は嫌やった、あんなところ。二番目の兄は、ちょっときて逃げるように帰ったわ、わしはこんなところ住めへん言うてな。ものすごい山の中でね。てっぺんとてっぺんに竿掛けられるようなところ。ほんで、山のてっぺんに家が建ってる。同胞はみじめやった。差別は大

column

きいしね。九条からも来てたし、上(かみ)（京都では北を「上」と呼ぶ）に住んでた人もおったし、中京区から来てる人もおりました。斡旋する人がいるんよ。そういう人は、仕事せんでもご飯食べれてたよ。

鉱山には韓国から引っ張って来られた人がようけいはった。うちらとちょっと違う。あの人ら逃走したら困るから、ものすごく警備しはる。強制連行いうんかなあ、自由に動けへん。私らとしゃべることもできひん。私らは自由に鉱山に行ったから、ちょっと違った。でも、自由に行けても、自由に帰れへん。鉱山に籍があるからな。そやけど、うちは主人がそこで死んださかいに自由に帰れたんよ、男がおらんさかいな。明延に行くとき、自分の兄さんも徴用を逃れるために、一緒に行ったんやけど、行ってみたら、そこは人間の住むところと違うと感じたんやろな。主人が死んでうちが帰ってくるとき、内緒で兄さんの荷物もほとんど持って帰ってきた。そうして、兄さんは鉱山から逃げてな、捕まったらえらいもんなんやけど、それでも逃げてな。こっちに着いたら荷物を取りに来ました。

主人は息子が生まれて一年と一〇日目で死にましに。それからくらしていくのがたいへんでした。いろいろありすぎて、言われしません。

私の父は「具(ク)」家なんやけど、その具を守るがために、解放後、先に韓国に帰らはった。お父さんとお母さんは歳が離れてたから、お母さんにしてみたら、お父さん一人で、どうやって生活するのってなるやん。それでお母さんが帰らはった。うちはまだ若かったから何もわからんかったけど、お母さんはたまらんかったと思うわ。うちが子ども一人連れて、主人が亡くなってこっちにいて、兄弟はおるけど、誰も食わしてくれへんやん。お母さんが帰ってね、それでそのまま両親の死に目にも会えず、行くこともできひん、帰ることもできひん。あの時分、日本との関係で、韓国と行き来することができひんかったからね。私は聞いてへんけど、向こうに帰って朝鮮戦争があったからね、あっちはあっちで、いろいろあったと思いますわ。

うちの兄がね、私が子どもを連れてみじめな格好してるの見て、「お前は何があっても、その子を育てなあかん」っていうてね。私のことを心配してくれた。それで九条にいたウェサムチョン（母方の叔父）がその路地の家の権利を買ってくれたんです。その後、その叔父さんは韓国に帰ってしまって、今も感謝してます。

子育てしながら

主人が死んで、戦後は闇米しました。闇米で生活を立てたなあ。二〇年くらいしてたんちゃう。八条口のところで、朝鮮人みんな、米を闇でしたはった。食管法が廃止されても、まだやってましたわ。

東海道線、東山トンネルを渡ってきたら、疎水と鴨川があるやん。鴨川のところの何メートルかの橋のところでな、そこから電車から米を落とすねん。私も一回だけ、兄嫁さんが迎えに来てくれたときに、上から落としたんよ。それ以外は、息子も学校やし、駅でやられたらやり損やけど、どうしょうもないから駅まで持ってきます。うちも、一回捕まって、ブタ箱入ったことあるよ。それからは、駅に警察が張ってたら、持って降りひん。汽車の中で放って出るねん、私だけやなくて、みんなね。駅に行かんことには、張ってるかどうかわからへんし、朝から張ってても、どの汽車にするかわからしませ

column

column

んやん。そしたら、仲間やら、売って帰る人やら、闇米運ぶもん同士が、膳所か石山かどこかその辺で、上りと下りがすれ違うところで、「京都これやぞー！（手錠はめられるジェスチャー）」って、教えてくれる。

　あのころは日本人も朝鮮人もそれで生活してた。安土もな、ようけうちの同胞がおったんや。北鮮帰った人がようけいはるねん。篠原もな。近江八幡は少ないけど、野洲にもおったし、守山にもおった。能登川も多い。河瀬はあんまりいない。篠原は同胞が駅前にようけ住んでました。そういう人らは、もっと田舎から闇米買ってきてな、京都からうちらが買いに行くやん。うちがそれを買ってきて、それをまたおろすやん。

　滋賀県の篠原には、そうやって商売して住んだはった同胞が多いよ。近江八幡は同胞だけと違って日本人も朝鮮人もみんなやわ。守山、安土、野洲、能登川とかもそうやった。その辺はな、チェジュサラミ（済州島(チェジュド)の人）が多いの。なんでかいうたら、昔、能登川に油を作る会社かなんかがあったらしいねん。それで戦争時分、徴用かなんかで引っ張って来たんちゃうかなって思う。そこに社宅があって、その社宅の人がみんな京都やら大阪に売り込みに来るやん。ようけあったわ。チェジュサラミだけでなくて、陸地（朝鮮本土）の人もようけいはったわ、能登川にはね。百姓してる人もいたしなあ。安土にも同胞で百姓してる人いはったしね。私は運び専門で、二〇年ほどやったよ。うちの息子、買い出しに行ったことはないけど、仕事が休みのときに、出町の方まで運んでくれることあったよ。駅に迎えにも来てくれたしね。

　ブタ箱に入ったんは、六、七時間やったと覚えてます。日本の人もいるし、日本の人は田舎から売り込みに来てた。私含めて、七条署の大きな部屋に一〇人くらい入れられた思うわ。昔は水道局のところに民団（在日本大韓民国民団）があって、兄が民団の人連れてきてくれて、ほんで出れた。あれいっぺんだけやね。その後は、京都駅で警察が張ってたら、米を放って出るわけ。捕まったらブタ箱に放りこまれるから、持って出ない。一回、タバコを持ってきてね、私、タバコも運んでましたんや。あのとき、ひっかかったら、ものすごく怖いときですねん。

タバコいうのはな、配給がちょびっとしか出ないわけ。そしたら、うちの同胞は、やってる飯場でユウレイ（配給物資などを多く得られるように、雇用した人数を水増しすること）をつくるわけやねん。そしたらユウレイ分ようけ配給があるやろ。そういうタバコが流れてきて、それを私が京都駅裏の闇市で売ってた。そしたら、買った人がそのタバコの葉を巻いて、別のところで売る。一度、タバコが入った箱、一〇箱ぐらい持ってたかなあ。あれ、捕まったら大変なことになるの。それで、米と違うから警察の人が袋をポイとたたいて、それで通れってなったんよ。それで逃れたけど、あのときのこと、今でも忘れへんわ。あれ、引っかかったらたいへんなことになってた。

京都駅も今と全然違う。昔は大阪から闇米買いにくるやろ、みんな駅の通路で商売してました。時間合わせてね、向こうで何時何分に乗ったら、京都に何時何分に着くからいうて、時間合わせて、駅で売買してました。多いときは一〇俵も積むし、そういうときは駅の中で売れるだけ売ってしまうし、少ないときは一、二俵かなあ。うち、得意先が大徳寺と出町とあったさ

column

かい。自転車に米四斗積んで、大徳寺はかしわ屋さんがやってたし、出町にも運んだ。そこは知ってる人に紹介してもらった。朝、そこに米をおろして、ほんでまた戻ってきてそのまま米を買いに行くわけ。私は卸ばっかりで、小売りはしてない。一俵いうたら、六〇キログラムぐらいやわ。若いしできたんやろなあ。同胞同士支え合って、なんとか生きて来たんとちゃう。

私は息子を大学にやるつもりやったけど、本人が行きたない言うから行かせへんかったけど、それでも高校にはやりました。あの時分、なかなか高校でも行けへんかったんです。それもレベルの高いところにはね、公立とかやと枠があるからね。

故郷のこと

息子が結婚してから、息子と二人で主人の故郷に行きました。嫁も一緒に行くべきやったんやけど、あのとき嫁は身持ちやったんで、二人で行きました。主人の方の成田（成（ソン））家にしたら、まさか来てくれるとは夢にも思わへんから、びっくりしてました。私の故郷にも親の墓があるから行きましたけど、行っても誰も知ったものがおらんからね。親の墓参りして、そこで一晩泊って、親戚の人がよくしてくれたけど、近い親戚がおらんからね。うちのお父さんの家系は三代兄弟なしの一人息子で通ってるからね。そういうのは難しい話ですね。

郁文中学とオモニハッキョ

一九七七年に郁文中学に行きました。そやけど、全然あかん。何も頭に入ってへん。孫やらに聞いたりして、郁文行くまでに、小学校四年の教科書はどうにかこうにか読めましたんや。

ほんで、郁文にはじめて行ったときに、先生に、いくつか本読まされて、それで「わかりました」って言わはってね。それで私は六年の教科書から勉強したんです。数学とか全然わからへん。九九とか嫁に書いてもらって覚えようとしたけど、結局数学の時間は全部白紙で出してたんとちゃうかなあ。試験がありますねん。わからへんところは白紙で出しましたわ。書くのは今も難しい。なんとか三年間行きました。卒業証書もらいましたけど、看板だけです。郁文出て、オモニハッキョに行くようになったんです。私が郁文行ってるときに、もうオモニハッキョはできてましてん。

今は名前も忘れてしまったけど、オモニハッキョの先生にお礼がしたい。ほんまに一生懸命してくれはった。昼は働いたり学校に行ったり、それで週に一回、私らに教えてくれはって。今でも心から感謝してます。イルボンサラム（日本人）の先生方の、あんな真似できひんなあって、ほんまありがたいです。

オモニハッキョのつながりで、蒔田さんの紹介で、私は同志社大学の横にあるバザールカフェに行くようになりましてん。なんにもわからずに行って、週に一回、三、四年行ったかなあ。料理はね、そこで覚えたんですよ。

孫やらみんなが元気で育ってくれたこと、それが一番うれしい。みんな所帯ももって、それがほんまにありがたい。あとは、自分が病気にならんと周りに迷惑かけへんかったら、ええなあと思ってます。

『東九条の語り部たち—14人の聞き取り報告』京都市地域・多文化交流ネットワークサロン編集・発行、二〇一二年七月一日、pp.49－61をもとに編集部で一部修正を加えました。

column

第3章

住まい――東京・川崎の集住地区とその実態

一九一〇年以後、日本による植民地化で土地を奪われた多くの人々が生きるための糧を求めて日本へ渡った。ところが、日本では差別や偏見が激しく、家を借りることも困難な状況だったため、飯場(はんば)でくらしたり、自分たちで家を建てたりして集まって住むようになった。こうして集住地区が形成された。当時、渡航するには日本での身元引受人が必要だった。その多くは先に渡航した親戚や知人だったため、集住地区には血縁地縁の者が集まり、故郷のくらしが営まれた。しかし、集住地区の多くは河川敷や埋立地、湿地といった場所に形成され、家は長屋や手製のバラックだった。水道や下水や電気もなく、便所も地区に一、二カ所しかないなど不便で衛生的に問題のある生活を余儀なくされた。

戦後はこうした民族差別に、国籍による法的差別が加わった。在日朝鮮人は外国人とみなされ、国籍を剥奪された。その後、さまざまな社会保障が整備されていく過程で、「日本国籍に限る」という一文が設けられ、日本国籍を持たない在日朝鮮人はその対象から除外された。公営住宅の入居、住宅金融公庫や銀行の融資制度ができたときも同様だった。一九六〇年代ころから地域的に公営住宅入居が許可されるなど改善が進み、一九八二年に難民条約を批准したことで、全国的に入居が許可されるようになるなど大きく改善された。

1 朝鮮半島の伝統的な住まい

一九一〇年以降、日本へ渡った朝鮮人の多くは朝鮮総督府の土地政策によって田畑を奪われた農民たちであった。彼らは日本政府の同化政策によって食事や衣服など日本の生活様式を強要されたが、そのようななかでも慣れ親しんだ故郷の生活様式をできるかぎり残しながらくらしを営んだ。

そこで、在日朝鮮人の住まいをみる前に、まず、彼らの故郷の住まいはどのようなものであったかみてみよう。

朝鮮半島の一般的な農家は、茅葺屋根をのせた平屋建ての住宅である（図3－1）。台所と居室からなる母屋と納屋、牛小屋、便所が別棟になっており、これらがマダンと呼ばれる中庭を囲むように並ぶ。台所は土間になっており、居室側に大きな釜を二つかけられる竈が設けられている。居室側に竈があるのは火を焚いたときに出る煙を居室の床下へ通して床を暖めるためである。この床暖房の設備を「オンドル」といい、床がオンドルになっている部屋をオンドル房（パン）（オンドル部屋）という。オンドルはキムチやどぶろくを造るときに発酵を促したり、洗濯物を乾かすときにこの上に広げたり、衣服のしわをのばすときに少し湿らせた衣服をこの上に置いて棒で叩いたりと、朝鮮半島でのくらしに欠かすことのできないものである。オンドル房の床下には、煙の熱を蓄えるための石を並べ、その上に土を敷き、床面には油紙を張る。壁には白い紙を何重にも厚く張り重ねる。房の出入口は頭を下げてくぐらなければならないほど低く小さく作られている。部屋の広さも一般的な農家では一室三～四畳半ほどで小さい。朝鮮半島の厳しい冬に備えたつくりになっており、夏の暑さに備えた日本の住宅に比べると、閉鎖的な空間である。このほか、室内からは部屋同士の行き来

図3-1　朝鮮の農家平面図（筆者作成）と外観（全羅南道、19世紀　韓志晩撮影）

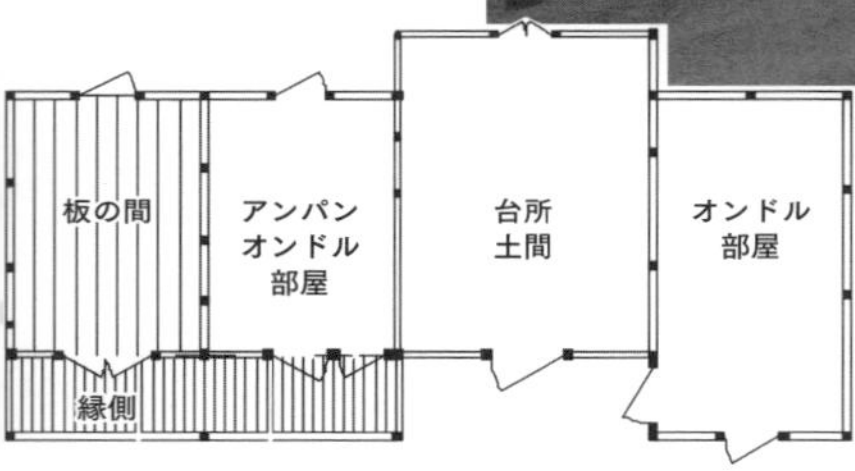

土間の両側の部屋はオンドル部屋になっていることが多い。アンパンは女性の部屋、もう一つのオンドル部屋は男性や子どもの部屋にする。板の間には穀物や先祖の位牌などを置く

ができず、一度縁側に出て、再び縁側から隣の部屋に入らなければならないことや、儒教の影響が強いため、二部屋以上ある場合は男と女の居室や棟が分かれていることも朝鮮半島の住まいの大きな特徴である。住まいの北側にはキムチや味噌などの甕を置く場所を設けることが多い。下足を脱いで床に上がったり、床に直接布団を敷いたり、床に座って食事をしたりと、椅子を使わず、床に直に座って日常生活を行う床座（ゆかざ）であることなど、日本の生活様式と共通する部分もある。

2 在日朝鮮人の住まい

こうした住居にくらしていた朝鮮の人々は日本に渡ってからどのような住生活を営んだか、東京を中心に解放前と解放後に分けてみてみよう。

(1) 解放前（一九一〇～一九四五年）

朝鮮人集住地区の発生とその要因

朝鮮の人々が海を渡った理由が時期によって異なるように、日本で彼らが従事した仕事もまた時期により異なる。彼らは仕事場の近辺に集まって住むことが多かったため、集住地区の発生要因も彼らの仕事の移り変わりに伴う。

東京およびその周辺の場合、一八八〇年代後半から進展した資本主義と日清戦争の勝利で得た多額の賠償金を背景に近代産業が大きく発展し、東京湾岸に紡績や精密工業などの工場が立ち並ぶようになった。一九一〇年代に朝鮮半島から日本へ渡航した人々はこうした工場の工員や荷担ぎといった仕事に従事した。その多くは故郷に家族を残してきた単身の男性たちであった。彼らは工場や作業場などに設けられた飯場といわれる共同住居施設や長屋に寝泊まりしながら仕事を転々とした。そのため、このころはまだ家族や親類、地縁者が集まって住むような大規模な集住地区は生まれていなかった。

一九二〇～二一年にかけて日本への渡航条件が緩和され、翌二二年に条件が撤廃されると渡航者が急増する。朝鮮での厳しい植民地政策に困窮しきっていた農民たちが生活の糧をもとめて次々と日本へ渡ったのである。

このころ、日本はすでに世界有数の工業国として近代産業が隆盛し、第一次世界大戦に参戦していた連合国からの軍需品の注文によって大戦景気に沸いていた。さらに、これにより資本を蓄えた政府や企業が新しい道路や鉄道などのインフラ整備、鉱山の開発などを盛んに行っていた。このようななかで、日本人よりも人件費の安い朝鮮人たちは、工場や工事に必要な労働力として求められた。こうした仕事に就いた在日朝鮮の人々は勤務する工場や土木作業現場、港などの周りに集まって住むようになる。これにより、集住地区があちこちにできた。当時、日本へ渡航するには日本での受け入れ先が必要であったため、多くの渡航者は血縁者や地縁者を頼って海を渡った。このため、集住地区には自然に血縁、地縁の者が集まって住むようになった。ここでは日本人の目を気にすることなく朝鮮語を使ったり、チョゴリを着たり、キムチを漬けたりすることができ、故郷と同じ習慣で生活を営むことができた。

一九二三年、関東大震災によって東京やその周辺地域は大きな被害に見舞われる。この混乱に乗じて軍や警察や自警団が朝鮮人の虐殺を行い、多くの在日朝鮮人が犠牲となった。ところが、その恐怖がまだ覚めやらない時期に朝鮮半島からの渡航者が増える。故郷に戻っても、結局仕事がなく、食べていけないという状況に変わりはなかったため、一度帰郷しても再び日本へ戻ってくる者が少なくなかったからである。震災後は復興工事の労働力が求められたため、こうした仕事に従事した者も多かった。復興工事では震災による防災意識が高まり、不燃材としてコンクリートの需要が高まった。これに必要な砂利が求められるようになり、多くの朝鮮人が多摩川で砂利拾いに従事するようになる。多摩川河川敷の朝鮮人集落はこのころにできたといわれている。

日中戦争が本格化すると、在日朝鮮人もいよいよ戦争にかり出されるようになり、一九三九年以降になると戦争のために働かされるようになる。しかし、日本政府や企業が彼らの住まいを用意することはなかった。そのため、軍需工場や軍施設の工事現場周辺に朝鮮人労働者の急ごしらえのバラックが建ち並ぶという状況が各地でみられるようになった。

彼らがくらした集住地区とはどのようなものであったか。これを知る資料としては、一九三四年九月から翌二月にかけて東京府学務部社会課が行った東京市内の集住地区についての調査報告と、一九三七年に発行された雑誌『改造』に掲載された張赫宙（チャンヒョクチュ）氏のルポがある。

東京府学務部社会課による調査は府内に在住する

朝鮮人を管理する目的で府当局がその状況を把握するために行ったものである。その報告は、「在京朝鮮人労働者の現状」としてまとめられ、『東京市・府社会調査報告書 大正一一年~昭和一八年』に所収されている。調査の内容は、朝鮮人労働者の渡航状況、来往期間、雇用状況、生活実情(住居と住宅、収入、公私救助、年齢、配偶、教育、就学状況、宗教、保健衛生、趣味嗜好、選挙権の有無)などである。このうち、住居と住宅に関しては、「家屋様式及借家自家調」、「室数及人員調」、「畳数及人員調」、「独身者住居状況」、「家賃調」という項目別に報告されている。また、調査時の集落分布図と集落の写真と略図が口絵に掲載されている。これにより当時の集住地区の様子を統計的に知ることができる。

張赫宙氏のルポは「朝鮮人聚落を行く」というタイトルで掲載されており、張氏が東京の朝鮮人集住地区を取材し、それを記録したものである。その文面からは当時の集住地区の実態が手に取るようにわかる。

東京府調査にみる集住地区の実態

まず、東京府学務部社会課による調査報告の口絵に掲載された集落分布図「東京府管下朝鮮人分布図」(一九三四年三月 東京市の区域改変後)をみてみる(図3-2)。

これは、東京府の行政区内に住む朝鮮人の数をまとめたものである。あくまで統計的なもので、その数は確かでないが、ある程度の状況がわかる。図中、各区名の下に記されている黒点の数は一つにつき約二〇〇人の朝鮮人人口を示している。これにしたがって、各区の人口をまとめたものが表3-1である。

最も人口が多いのは、深川区の四〇〇〇人である。深川は東京市が東京オリンピックと東京万博の誘致に失敗した翌年(一九四一年)、「環境整備」を目的として簡素なバラックを建設し、旧深川区内に不法住宅を構えていた朝鮮人約一〇〇〇人を中心に強制

図3－2　東京府管下朝鮮人分布図

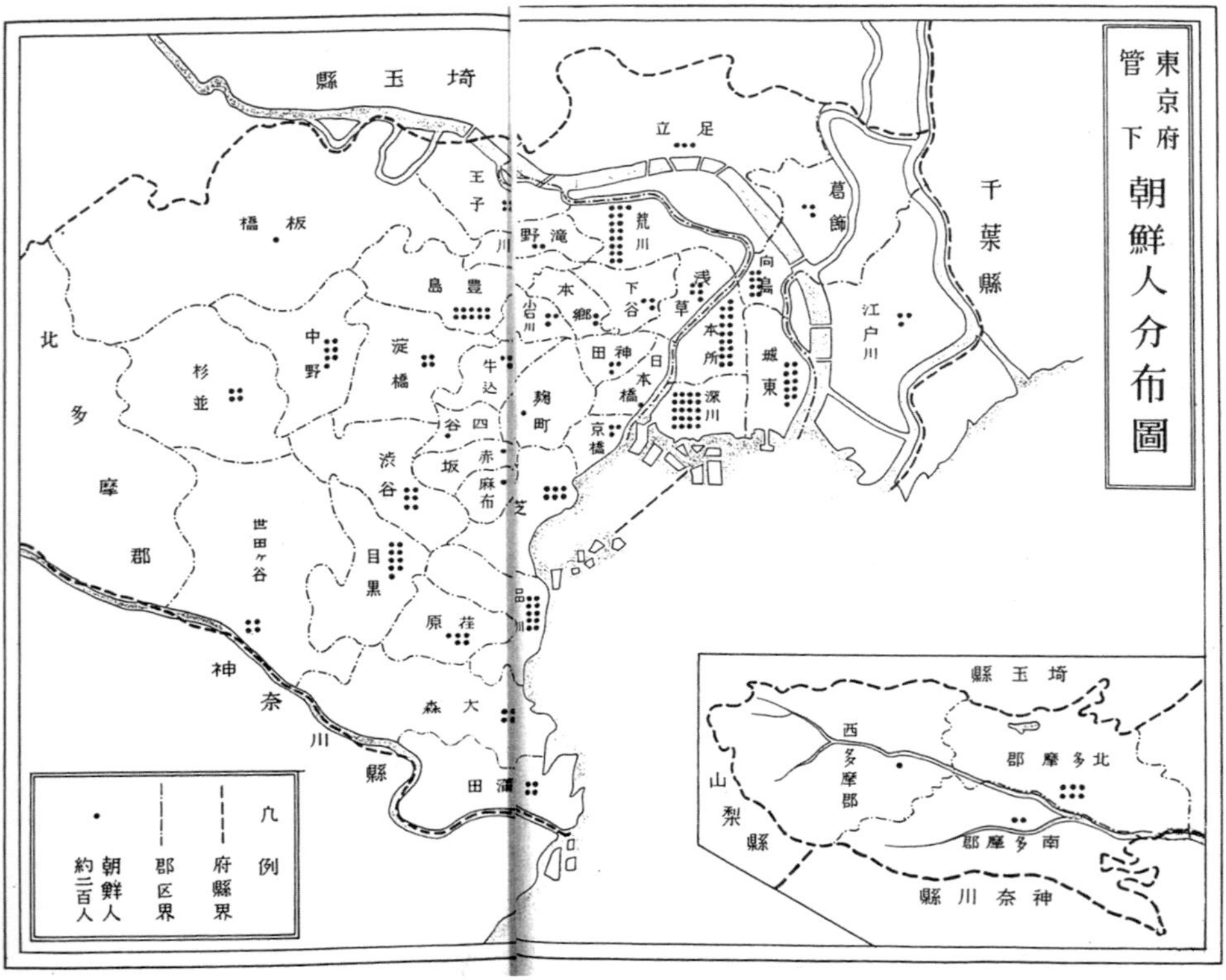

表3－1　各区の朝鮮人人口

人口（人）	4000	3400	2200	2000	1800	1600	1400	1200
区	深川	本所	城東	品川	目黒	向島	中野 北多摩郡	芝
人口（人）	1000	800		600		400	200	
区	浅草 豊島 荏原	王子 淀橋 杉並	世田谷 大森 蒲田	葛飾 江戸川 足立 下谷	小石川 京橋 神田 牛込	本郷 滝野川 南多摩郡	板橋 日本橋 麹町 四谷	赤坂 麻布 西多摩郡

的に移住させ収容したことが始まりだといわれている。

次に人口の多い本所区は三四〇〇人である。ここは明治時代に工業地帯化した場所で、特に、紡績、精密工業、石鹸（せっけん）、製靴業が盛んであった。大正期には、輸出向けの玩具製造やゴム工業などが発展した。こうした工場に従事する朝鮮人労働者が工場の周辺に集まって住むようになったことが始まりであった。城東区、品川区、向島区でも同様に工場周辺に集住地区が形成された。

そのほかの地域は道路、鉄道、ダムなどの工事現場周辺に集住するようになったところや、都会の密集地区、いわゆるスラムに住むようになり、形成されたところが多い。

次に、集住地区の写真とその略図をみる。報告書に掲載されている集住地区は次の六カ所である（掲載順）。

①豊島区日之出町
②芝区芝浦月見町（塩水港製糖貯炭場）
③深川区塩崎町
④芝区芝浦高浜町埋立地
⑤芝区芝浦月見町（市有地）
⑥東京府調布町上石原国領

写真に添えられた略図中に左記のような記号が書かれているが、これについての凡例は掲載されていないため、正確にはわからない。

略図中の記号には次のようなものがある。

(井)　㊌　W　N　H

このうち、(井)は井戸、㊌は水道、Wは便所であるとわかる。NとHは不確かだが、Nは共同の煮炊き場、Hは飯場ではないかと推測した。飯場とは、主に日雇いの単身労働者が寝泊まりする共同住居施設である。工場などの仕事場に設けられたが、このほかに、仕事の斡旋をする同胞が集住地区内で経営するものもあったことから、ここではHを飯場と推測した。

①豊島区日之出町（図3－3）

大震災直後、被災者の応急施設として建築した仮設住宅で、日本人被災者が出たあとに朝鮮人労働者たちが住むようになった場所である。東京府下における屈指の不良住宅地区（スラム）であった。

ここには五八戸の住宅がある。もとは仮設住宅であったため、各戸に便所が設置されていることが特徴である。井戸、水道はともに二カ所、Nは五カ所、Hは三カ所設置されている。

②芝区芝浦月見町（塩水港製糖貯炭場、図3－4）

塩水港製糖会社の石炭置場に建てられた朝鮮人労働者の集住地区である。ここに住む人々には、付近の工場に通う常用労働者が多い。ここには自分たち

豊島区日之出町

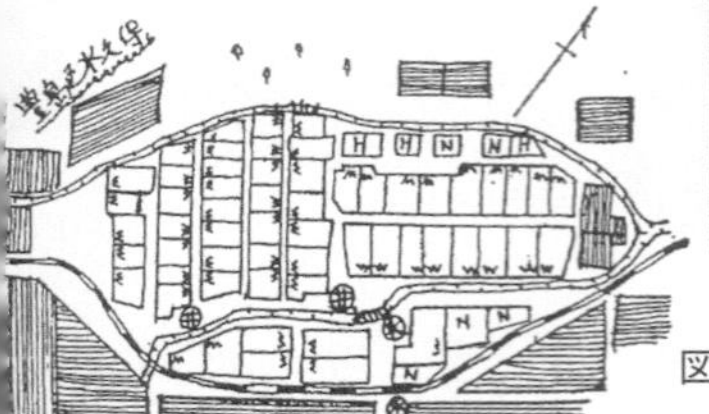

図3－3　豊島区日之出町の集住地区配置図
図左上に「豊島区水久保」とある

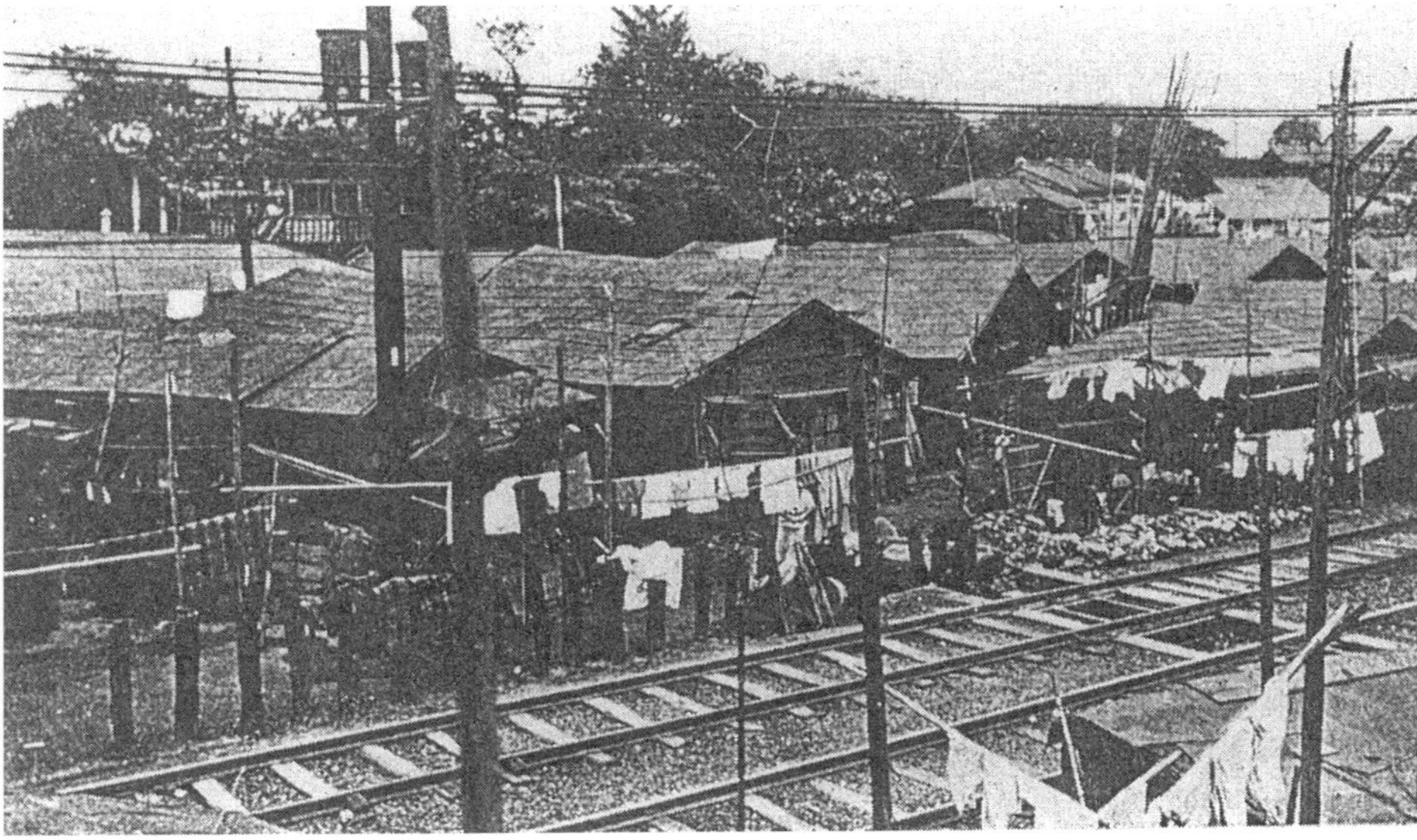

豊島区日之出町

の手で建てた手製のバラックが並ぶ。総数は二八戸である。しかし、これだけの集団で便所が二穴しかなく、地区内には水道もない。隣地にある水道まで水をくみに行かなければならなかったという。

③深川区塩崎町（図3-5）

震災後、藤倉電線株式会社と水路をはさんで向かい側にある材木置場にバラックを建てて住み始めた場所である。東京府の調査時には六六戸もの住まいが立ち並んでいたが、ここも便所は一カ所のみ。調査した役人が「便所の少ないのに一驚を要するものである」と報告するほど状況の悪い場所であった。

④芝区芝浦高浜町埋立地（図3-6）

芝区芝浦高浜町埋立地の中央部に、東京市より一部分の地所を借り受けて、自分たちで住居を建てて住み始めた場所である。調査当時は、俗称天照園と称していた。グラウンドとゴルフ場が隣接している。

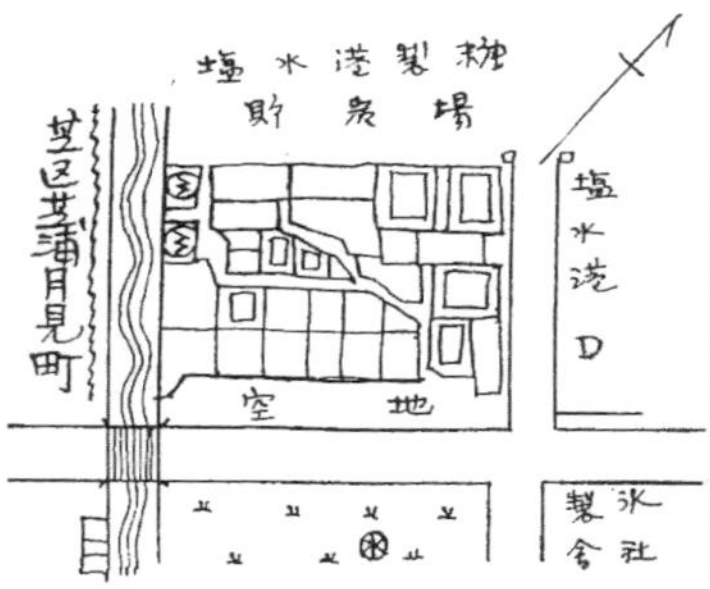

図3－4
芝区芝浦月見町
（塩水港製糖
貯炭場）

芝区芝浦月見町（塩水港製糖貯炭場）

図3－5　深川区塩崎町の集住地区配置図
図右側に「深川区塩崎町」とある

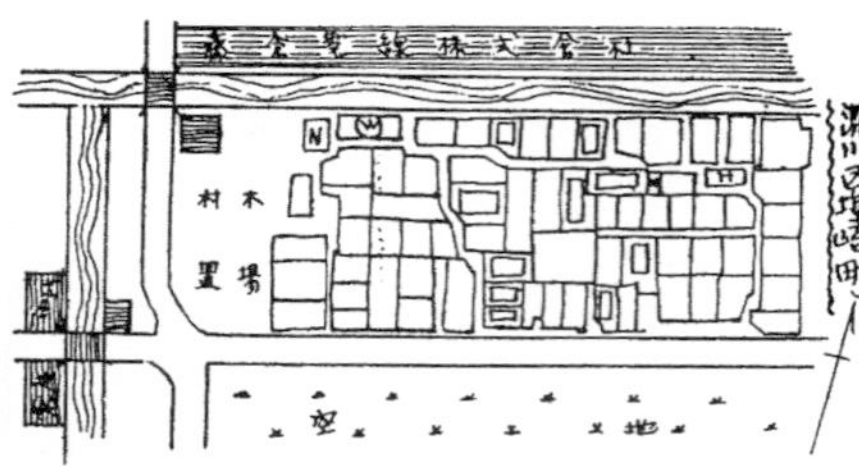

深川塩崎町

写真には何軒か二階建ての建物がみられることから住宅難のほどがうかがえる場所である。

全六〇戸に対して、便所は二カ所、水道は一カ所、N三カ所。その他、炊事場、事務所、などが並ぶ。

⑤芝区芝浦月見町（市有地、図3－7）

市有地を無断借用して、拾い集めた材料や工事場の使用後の材木を買い集めて自分たちでバラックを建てることから始まった場所である。全四〇戸に対して便所はやはり共用一穴で、水道は一丁余りを往復し、電気は無料拝借という世帯が大部分であった。

⑥東京府調布町上石原国領（図3－8）

集住地区の中で最も朝鮮色の濃厚な集落である。やはり自分たちの手で建てた住居が並ぶが、ここは、77ページの写真のような純朝鮮式の住まいが建てられ、朝鮮式の生活を営んでいるのが特色である。

在住者は主として多摩川の砂利掘りを業とする者

図3－6　芝区芝浦高浜町埋立地の集住地区配置図
図上側に「芝区芝浦埋立地」とある

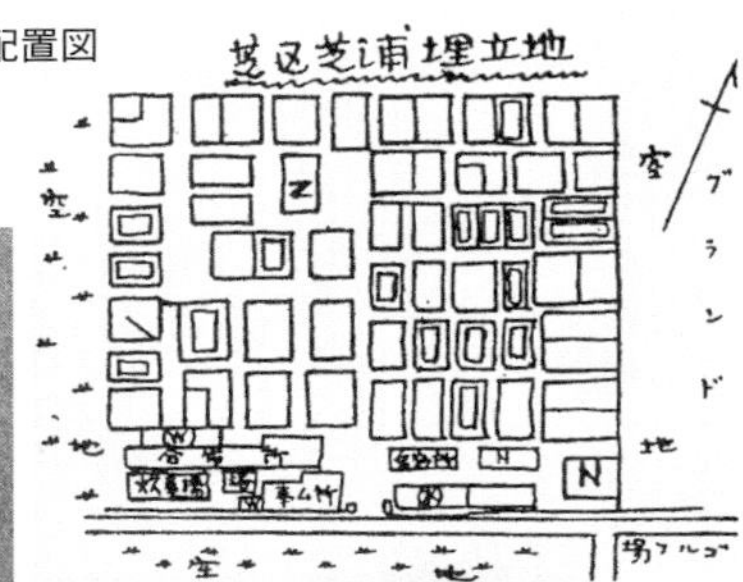

芝区芝浦高浜町埋立地

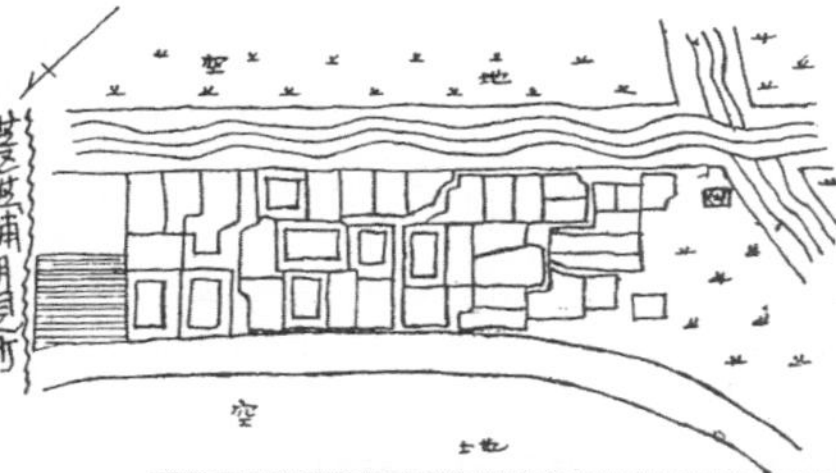

図3－7　芝区芝浦月見町の集住地区配置図
図左側に「芝区芝浦月見町」とある

芝区芝浦月見町（市有地）

が多く、その他は日雇い仕事に従事する者である。全三五戸に対して、便所二カ所、井戸二カ所、N二カ所、H五カ所が設けられている。

以上が、東京府学務部社会課による集住地区調査の内容である。

地方では、主に炭鉱やダム建設に従事する朝鮮人の集住地区が形成されたが、東京やその周辺では、工場や道路、鉄道などの建設現場周辺に形成されることが多かったことがわかる。

人口が多い本所区、城東区、品川区、向島区はいずれも工業地帯で、明治後期以降、紡績、精密工業、ゴム工業などの近代産業の工場が立ち並ぶ場所であった。こうした工場に従事する人々のほか、日雇いで荷担ぎをする人々が周辺にくらした。

建設現場周辺については、一九二〇年代から三〇年代にかけて丸ビルや国会議事堂をはじめとする高層建築、勝鬨橋や永代橋などの架橋工事、羽田飛行場建設、浅草―渋谷間地下鉄工事、山手、中央、

東京府調布町上石原国領

東京府調布町上石原国領

図3－8　東京府調布町上石原国領の集住地区配置図
図下に「調布町上石原」とある

京浜線拡張工事、都市部から放射状に走る京王、東横（東京横浜電鉄：現・東急）、東武、西武、小田急など私鉄拡張工事、京浜国道、甲州街道、青梅街道などの道路拡張工事など、都市部の主要なインフラ工事が盛んになるに伴って、その近辺に作業員や家族が集まって住むようになった。そのため、東京の集住地区はこうした道路や鉄道に沿って比較的都心に近い場所に形成された。

関東大震災後もこのような状況が続くが、このころ、土木工事や建設工事に多くの砂利が必要とされるようになったため、砂利を採取する朝鮮人たちが多摩川の下流から上流地域にかけて集住地区を形成するようになった。

集住地区と住居の設備

①井戸・水道・便所　次に、集住地区内の実態を設備の面からみてみよう。まず、井戸と水道と便所についてみる。

豊島区日之出町では全五八戸に対して、井戸と水道がそれぞれ二カ所、芝区芝浦月見町（塩水港製糖貯炭場）は全二八戸に対して井戸、水道ともなし、同町市有地は全四〇戸に対して井戸、水道ともなし、芝区芝浦高浜町は全六〇戸に対して水道が一カ所、調布町は全三五戸に対して井戸が二カ所であった。

井戸・水道がある場合でも約二〇戸以上で一つの水道、あるいは、井戸を共同で使わなければならない状況であったことがわかる。さらには月見町（市有地）のように四〇戸以上の住居が集まる大規模な地区であるにもかかわらず、井戸も水道もなく、一丁ほど離れた水道まで水を汲みに行かなければならない場所もあった。生活に不可欠な水を得ることも難しい環境であったことがわかる。

便所についても同様であった。集住地区の便所は、豊島区日之出町は全戸に各一カ所、芝区芝浦月見町（塩水港製糖貯炭場）は全二八戸に対して二穴、同町市有地は全四〇戸に対して一カ所、深川区塩崎町は全六六戸に対して一カ所、芝区芝浦高浜町は全六〇戸に対して二カ所、調布町は全三五戸に対して二カ所であった。日之出町の場合は、もともと震災被災者用の仮設住居だったため、各戸に便所が一つずつ設置されていたが、その他の地域は地区内の戸数にかかわらず、地区の隅に一〜二カ所設置されただけであった。

　このようななかでヨガン（おまる・口絵3－3参照）は必需品であった。ヨガンには、陶器製のものや朝鮮の食器のような金属（真鍮）製のものがあるが、李相祚（イサンジョ）さんの話では、そのようなものも入手できなかった解放直後は空き缶や空き瓶などを代用した人もいたという。筆者は、韓国南部、全羅南道の農家で使用されているヨガンを見たことがある。そこでは、夜、部屋の外にヨガンを置いて使用し、翌朝、敷地内にある便所に捨てにいくと聞いた。これを溜めて畑の堆肥にするのである。故郷ではこのように使用されていたヨガンが日本での不便なくらしの中で大いに役立ったのである。

②煮炊き場　次に共同の煮炊き場についてみる。東京府が報告している集住地区の配置図をみると、Nと記された施設が日之出町は五カ所、芝浦高浜町は三カ所、調布町は二カ所に設けられており、いずれも住居から少し離れたところや地区の一隅に置かれていることがわかる。これは密集した住居に竈の火が移るのを防ぐためと考えられる。在日韓人歴史資料館に復元されている住まい（口絵3－1参照）には韓国の農村にみられるような大きな竈が設けられ、そこに大小の釜が備えられている。小さい釜はご飯などの煮炊きをし、大きな釜は煮炊きの他に洗濯に使うという。朝鮮では白色が尊重され、男女とも白い衣服が一般的であった。これを真っ白に洗い上げるために、洗濯物を煮沸洗濯し、砧で叩く。現在の韓国でも煮沸洗濯のできる洗濯機が販売されているほど煮沸洗濯は一般的であるという。このため、

大きな竈と釜は、彼らのくらしには欠かせないものとして日本の住まいにも置かれたと考えられるが、家の中に作ることができた人は多くはなかったのではないだろうか。とりわけ、東京およびその近辺の密集地帯では一戸あたりの面積が小さかったため住居内に竈を設けることは難しかった。そこで、地区に数カ所、共同の炊事場を作り、そこで煮炊きや洗濯をしたのである。

川崎市池上町には、近隣の高齢者が共同炊事場だったと証言する場所が残っている（二〇〇九年当時）。トタンが架けられた木造のカーポートのようになっているが、かつて、この屋根の下には竈があり、地区に住む人々が煮炊きをしたり、洗濯をしたりして使っていたという。

③オンドル　最後に、オンドルについてみてみる。オンドルは朝鮮の住まいには欠かすことのできないものである。家の構造もオンドルを設けるためのつくりになっている。オンドルの仕組みも単純であるため、日本に移り住んだ人の中にもこれを作った人たちがいた。川崎市桜本でのハルモニ（おばあさん）たちへの聞き取りでも、実際にオンドルを作ったという方や、結婚した家（福島）にオンドルがあったとか、叔父の家（対馬）にオンドルがあったという方がいた。東京府の調査時に撮影された集住地区の写真でも床下から煙突が出ている家が見られることや、調布町の集落に建てられた朝鮮式の家はその造りも朝鮮の農家そのもののように見えることから、オンドルが設けられていた可能性が高いと考えられる。

張赫宙氏のルポにみる集住地区

次に、張赫宙の「朝鮮人聚落を行く」（『改造』収録）に取り上げられた集住地区をみていく。ここで取り上げられている地区は、芝浦の月見町、同海岸通、深川の浜園町と千駄町、瀧野川、多摩川の集落である。

芝浦月見町については、次のように書いている。

「元、ここは製糖會社の石炭置場だつたところだが、附近の工場に通ふ朝鮮人勞働者が誰に許可を得た譯でもなく、丸棒と板切れとブリキの破片とで手製の小屋をつくり勝手に住まふやうになつて出來た部落である。踏めばがら〱と崩れさうな小屋だが、中には二階建てもあり物干臺もあつて、逐次高層化していくのをみると、人口は年々殖えて行くのに違ひない」

工場で働く労働者たちがその付近の空地などに端材やブリキなどでバラックを作り、

「附近の三つの密集部落の總人口が約六百人だときいて、この穴倉のやうな狹いところにそのやうな多人數の人間が一體どうやつて住んでゐるのか考へただけでもぞつとする」

「服裝は一見朝鮮内の農村婦人のそれと少しも違はないやうに見えるが、しかし、仔細に點檢すると、脚には下駄をはき裳衣やその下の内衣は日本布でつくつたのが目立つ。

私は彼女たちの傍に歩み寄って、部落の中へはいりたいが、どこからはいって行けばよいかをきいた。

私はその少し前から部落への入り口をそれとなく探つてゐたのだが、家と家の境はむろん、路地や入り口をみつけることすら出來なかつたからだつた。（中略）開いた小さな穴から中を覗くと、アンペラ（蓆）やぐしょ〱に汚れた疊が敷かれて、子供や大人達が赤や白の朝鮮布や黒つぽい日本布の布團にくるまつて寝てゐる部屋もあつた」

芝浦の海岸通にあった三河屋アパートと呼ばれる人夫小屋の住宅については、次のように書いている。

「このアパートの下は倉庫である。倉庫の上の天井裏に底をつけ壁で仕切つて出來たのが八つの部屋である」

深川の浜園町については、次のように書いている。

「濱園町に足をふみ入れると私達は天照園バラッ

ク、或は赤心團バラックを見ることが出來る。名だけをきくとどんなに美しいところだらうと早合點しさうになる。だが、ここでも私達は月見町のバラックと全く同様の密集部落（引用ママ）に顔をしかめるだけである。
こゝも塵埃捨場の上に勞働者の手製のバラックが密集してゐる」

多摩川の河川敷に形成された集住地区については、次のように書いている。

「兩岸の堤には生々（ういうい）しい若草が緑に萠え出てゐて、春光に輝く河原の砂礫は際立つて白く映えてゐるやうだ。（中略）黒い裳衣に白い上衣（チョグリ）のは女だ。上下とも白いのは男である。よくみると子供もゐる。金網様のもので砂を篩（ふる）ひ落し、小礫、大礫を選り分けるのに彼等は夢中である。附近の鐵橋（てっきょう）に轟く電車が遠のくと、砂利の擦れ合ふ音が間をおいてきこえるだけである。西の方の山々の新緑があたりの靜けさに程よい背景をなしてゐるやうにさへ見える。だが、彼等の一人一人に近よつて行くと微に洩れる歌がきこえる。農婦達の草摘歌が哀歌だ。

このやうな風景を多摩川の流域一帯で吾々は見受けることが出來る。

彼等の手に選（よ）りとられた砂利は市内の富豪の庭園に、公園に、更にコンクリート工事の原料にと運び去られて行く。

この砂利掘は、しかし、私の鄕里の大邸附近の河川でも毎日のやうに見られる風景ではある。山を見ない市内からこの邊へ出て來た私は近くの山々を見、河原を歩き、婦達の砂利掘をみて、恰（あたか）も私が鄕里の河川に立つてゐるかのやうな錯覺をおぼえるのだつた。

この錯覺は、私が砂利掘人夫達の住居に踏み入つたとき一層その度を増すのだつた。田圃のあちらこちらに點在してゐる彼等の住居は家の構造が朝鮮内の農家と寸分違はないものだ。しかも、貧農の家屋そつくりではないか。部屋の前には縁側があり、横には廣い名所（台所の誤りか）がある。庭には汲上ポンプがあり、空樽やバケツや甕が散在してゐる。娘が弟か姪か赤坊の子守りをしてゐる。會話は全くの朝鮮語だ。朝鮮漬物も唐辛子味噌もある」

戦前から多摩川に沿ってこうした砂利掘りを生業とする集落が点々とあった。

昭和のくらし博物館がある下丸子近辺も、かつてはこうした朝鮮人の集住地区が多い地域の一つであった。多摩川の下流からたどってみると、矢口の渡しのあたりと、現在は町名が残っていないが、田園調布の南側に調布町という町があった。そこからさらにさかのぼって、丸子橋、新丸子、沼部には一九八〇年代ころにはまだ集住地区が残っていた。その対岸の神奈川県側には、高津村にやはり砂利掘りをしている人々が大勢くらしていた。もうすこし上流にさかのぼると、二子玉川、二子橋にも集住地区があったという。

この辺りに住んでいた在日朝鮮人たちは、砂利採取と同時に道路建設や鉄道線路敷設の工事に従事した。環状八号線や東急線などは彼らの労働力によるところが大きい。

入居差別・住宅問題

以上で見てきたように、在日朝鮮人の集住地区は都市の不良住宅密集地区や工場、工事現場の近辺に形成され、その多くは、水道、下水、電気などの設備がなく、便所も地区全体で一、二カ所しかなく、衛生的にも問題があった。ルポの取材をした張赫宙が訪れた集住地区に驚いていたように、同じ在日朝鮮人でも、こうした住宅にくらす人ばかりではなかったのだが、環境の悪い住宅に住まざるを得なかった人々は単に貧しかったためにそのような生活を余儀なくされたわけではなかった。その背景には民族差別による入居拒否といった大きな問題が横たわっていたのである。こうした状況がいかに深刻だったか、当時の東京府が次のように報告していることからもうかがえる。

「朝鮮人労働者によって、最も不便を感じ、生活上最大の脅威を受けているのは、住居の問題、就中住宅賃貸の問題である。我国に於て、朝鮮人労働者が、住宅使用方法の粗雑や、借家難から源を発した数々の家主の対立的感情及び、家賃の滞納、引越料の要求等々の不祥事が累積して朝鮮人には家を貸さぬ、又た貸すなの傾向が濃厚となり、之が賃貸関係をめぐって数々の悲喜劇が演じられ、引いて、内鮮人融和問題にまで影響を及ぼすに至っている」

また、『社会福利』一九三七年九月号に掲載された「住宅問題と朝鮮人」という記事からも住宅に関わる問題が多かったことがうかがえる。

「（略）このほかに住宅にからむ紛争は並べきれぬほどであるが、要するにこれは、朝鮮人に住宅を貸さぬ一般的傾向からこのような新現象が発生したものである。（略）」

(2) 解放後（一九四五年～）

一九四五年、日本の敗戦は、在日朝鮮人の人々にとっては、日本の植民地支配からの「解放」であった。

戦争後期に連れてこられ、労働させられていた人たちは、その多くが単身であり、生活の基盤もないため、家族のいる祖国へと帰国していった。その一方で、長く日本にくらしていた人たちは、簡単には日本を離れることができなかった。

また、しばらくは、日本政府の朝鮮人の人々の送還体制も整わず、博多や下関などの港付近に滞留せざるを得なかった。

さらに、帰国に際して、手荷物や所持金が制限されたり、米ソの分割占領下となった祖国の社会情勢が混乱していたりして、故郷に生活基盤をもたない人々の中には、帰国を見合わせる者も多かった。

新たな集住地区の形成

解放後は労務動員された軍需工場の近辺や、朝鮮半島への航路があった港の近辺、闇市の近辺などに新たな集住地区が生まれた。その環境の悪さは、戦前のものと大差なかった。

敗戦によって外地から引き揚げてきた日本人たちにより、在日朝鮮人たちは工場などの働き先を失った。そのため、どぶろく造りやくず鉄集めなどを始めるが、こうした作業を家で行うため、「家で勝手なことをやる」「朝鮮人に家を貸すと大変なことになる。汚くされ、何人もいろんな人が出入りする」といって、大家に立ち退きを求められることが少なくなかった。しかし、食べていくためには、そうした仕事をやめるわけにはいかなかった。彼らは、追い出されない住居を求めて、沼地や河川敷といった場所にバラックを建てて住むようになった。ところが、今度は「不法占拠」として、再び立ち退きを迫られるなど、解放後もなお根強い差別によって、彼らは住まいを手に入れるのに大変に苦労した。

川崎市のおおひん地区の場合、軍需工場の閉鎖で空き家になった社宅などに朝鮮人が住み込み、そのうち、朝鮮に帰国した人の空き家に引揚者の日本人や他地域からの朝鮮人が入るなど、混住が進んだ。ここでは、日本人も朝鮮人もどぶろく造りやくず鉄集めなどの生活で助け合ったという。

池上町の場合は、軍需工場の敷地内に形成された集住地区であるが、地域内に水道が一カ所しかないという住環境は川崎市内で最も厳しい地域だった。その上、工場の煤煙(ばいえん)もひどく、ここに住んでいた多くの在日朝鮮人がその公害に現在も悩まされている。

国籍剥奪と法的差別

このように、在日朝鮮人の人々がくらす住宅環境が解放後も一向に改善されなかった背景には、彼らの国籍についての大きな問題があった。

一九四五年、日本の敗戦によって日本の植民地支配から解放されたが、同年、彼らの選挙権が停止された。さらに、一九四七年には、「日本国憲法」、「外国人登録令」が公布施行され、これまで、日本人として同化を強制された彼らは、突然、一方的に外国人とみなされることになった。その後も、外国人として、在日朝鮮人に対する制限を設ける法令が次々と作られた。

一九四五年　選挙権停止
一九四七年　外国人登録令
一九五一年　出入国管理令施行
※在日韓国朝鮮人は適用外
一九五二年　付民事局長通達　在留に関する暫定的措置、外国人登録法公布、施行　一方的に日本国籍喪失宣言
※指紋登録制度導入
一九六五年　協定永住制度施行

このように、日本政府によって一方的に日本国籍を奪われた彼らは、一律に外国人登録することを求められ、登録証を携帯することを義務付けられた。

その後、様々な社会保障が整備されていく過程で、「日本国籍に限る」という一文が設けられ、日本国籍を持たない在日朝鮮人はその対象から除外された。

国民健康保険や国民年金など、国民のために整備された社会保障制度には、すべてこの国籍条項が設けられ、日本にくらす朝鮮人たちは法的な差別を受けることになったのである。

住宅金融公庫や銀行の融資、公営住宅の制度ができたときも同様だった。

一九五〇年に始まった住宅金融公庫は新しく家を建てる国民に、公庫が融資するという制度である。これは現在も続いている制度であるが、返済可能かどうかの審査が厳しく、日本人でも低所得のサラリーマンは、希望の融資額が受けられないくらいであった。当時は、間借りやバラック、疎開先にそのま

ま住んだままの人が多かったため、政府が始めた個人住宅への融資には申込者が殺到した。

一九五一年、政府は公営住宅法を制定して、地方公共団体を事業主体とした公営住宅の建設を促進するなど政策を広げていった。それ以前、解放後の早い時期から地方公共団体による公営住宅の建設はかなり熱心に進められ、東京の場合では一九四八年に高輪アパート、一九四九年に戸山が原に鉄筋アパートが建設され、進駐軍の払い下げ資材でバラック造の住宅が建設された。日本人には、住宅を手に入れるためのさまざまな制度が用意されたのである。

しかし、ここでも日本国籍を持たない在日朝鮮人の人々はその対象とされなかったため、多くは貧しいくらしから抜け出せないままであった。一方で、一九五〇年代になると、事業に成功する在日朝鮮人が現れる。彼らも同様に法的差別を受けた立場であったが、商工人同士で信用組合を立ち上げるなどして、自らの力で企業や個人に融資できるようにした。住宅もこのような金融機関から融資を受けて建てられるようになった。こうした彼らの運動によって、状況が改善され始めたのは一九六〇年代になってからである。このころからようやく地域的に公営住宅入居が許可されるようになり、住宅金融公庫法、公営住宅法、住宅都市整備公団法、地方住宅供給公社法に関する国籍条項の解釈変更が実現（一九八〇年）、一九八一年には難民条約を批准したことで、住まいに関する国籍差別も大きく改善された。

以上にみるように、解放後は、民族差別に加えて法的差別が彼らから快適な住まいを手に入れる権利を奪ったが、彼らは自らの力で金融機関や組合を立ち上げ、同胞も融資を受けられるようにし、それだけでなく、不当な差別をする日本政府や社会に対して、運動を続け、念願の社会保障を受けられるまでに至ったのである。

〔前澙由美子〕

column

パンダヂ（箪笥）

在日韓人歴史資料館の展示室に一棹の箪笥が置かれている。形は朝鮮式のパンダヂだが、金具がふっくらしていて日本の箪笥の金具とよく似ている。朝鮮の箪笥の金具は日本のものに比べると薄く、あまりごつごつしていない。

在日韓人歴史資料館によると、このパンダヂは解放直後に大阪で鄭熙玉（チョンヒオク）さんが職人に作らせたものだという。また、解放前の大阪にはこのようなパンダヂを作る職人が数人いたという。

パンダヂについて川崎市のトラヂの会に集まったハルモニ（おばあさん）たちに伺ってみたが、パンダヂを持ってきたり、買ったりできる状況ではなかった、というのが多くの声だった。

〔前潟由美子〕

パンダヂ（在日韓人歴史資料館提供）

column

column

オンドル・電気毛布のある住まい

朝鮮半島の住まいに欠かせないオンドルを在日朝鮮人の人々はどのようにして住まいに取り入れていたのか。在日二世の羅基泰（ラギテ）さん（一九五二年生まれ）に一九五〇〜六〇年代の住まいについて伺った。

オンドルは生活の中心

私は仙台市の苦竹の生まれで、長女は私が物心つく前に嫁いで家を出たため、アボジ（父）とオモニ（母）、一四歳上の長男、一二歳の次男、五歳の三男と、末っ子の私の六人ぐらしだった。五歳まで住んでいた家は、入口を入ると土間があり台所で、左側の部屋がオンドル房（パン）で台所には大きな釜がかけられた竈があった。オンドル房の床は、粘土を均一に塗り固めたような、茶色で表面がつるりとした仕上げだった。この部屋の奥にもう一部屋あり、煙突は奥の方にあったと思う。オンドルに熱がいかない側にも竈を一つ設けていたが、オンドル側の竈には大きな釜をかけ、よくお湯を沸かしていた。料理のほか、オモニが洗濯物を煮て汚れを落とすのにもこの釜の湯を利用した。洗濯の仕上げに砧を打つのもオンドル房でだった。

オンドル房は家の中心の居間で、一家六人が寝起きして食事をとったり、一日のほとんどをこの部屋で過ごした。オモニはどぶろく造りが上手で、近所のおじさんたちが仕事帰りに飲みに立ち寄ったりして近所付き合いの場にもなっていた。どぶろくはオンドルの上に置くと発酵しすぎてしまうから、甕を毛布で巻いてほかの

column

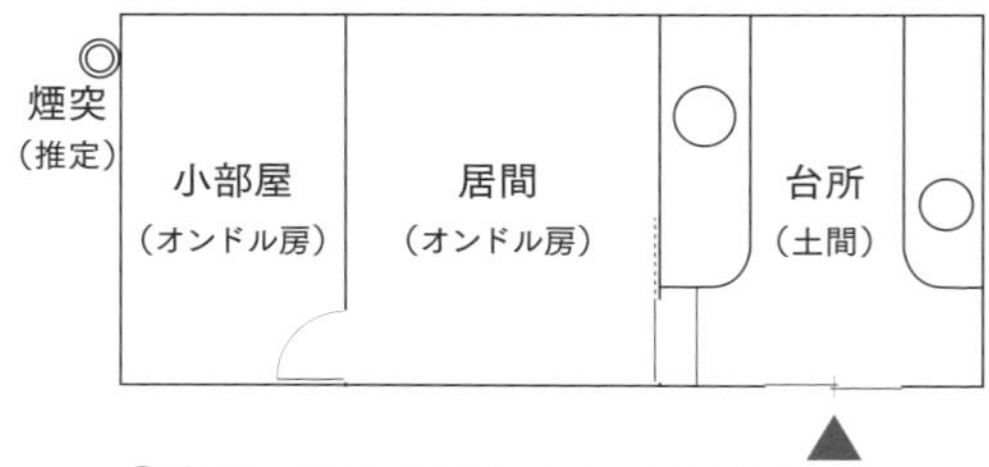

①宮城・仙台の住まい（〜1958年）
平屋・オンドルあり

場所に置いていたようだ。

電気毛布をオンドル代わりに

五歳のころ（一九五八年）に移り住んだ東京・江東区の住まいは平屋で、土間に竈が二つあり、大きめの部屋（居間）と小さい部屋が二つという間取りだったと思う。一九六二年の夏、長男が結婚するため二階建てを新築した。どちらの家もオンドル房はなく、二階建ての家では、冬には一階の居間に電気毛布を敷いた。電気毛布といっても二枚重ねで中に電熱線を巡らせたようなものではなく、固い毛布の端にコンセントのコードが付き、裏側（床に接する面）に剥き出しの細い銅線を迷路のように這わせて絶縁テープで固定した、ごく簡易的なつくりのものだった。両親がたまたま近所の人から電気毛布というものがあると聞き、普段からよく通った浅草の朝鮮商店で手に入れたようだ。「京都商会」「群山商会」があったと思う。当時は、江東区から日暮里駅行の都バスが運行されていて、オモニは塩崎町から浅草によく出掛けていた。

電気毛布は居間に敷き、その上に座ったり歩いたりするので細い銅線はしょっちゅう切れた。

するとアボジが毛布を裏返しにして銅線をなぞって切れた箇所を探し当て、繋ぎ直して上からまた絶縁テープを貼るといった修理を繰り返し、長いこと使っていた。近所ではオンドルのある家はまったく見かけなかったが、このような電気毛布はよく使われていたと思う。

一三、一四歳（一九六〇年代半ば）ころの記憶では、メーカー製の電気カーペットが店で売られているのを見て、オモニや近所のおばさんたちが「私たちの真似だ」と口々に言っていた。その後、住宅火災の恐れからかこの電気毛布を急に使わなくなり、代わりに質の良い電気毛布を購入したり、電気カーペットも早い段階で家に導入していた。

（以上、羅基泰さん）

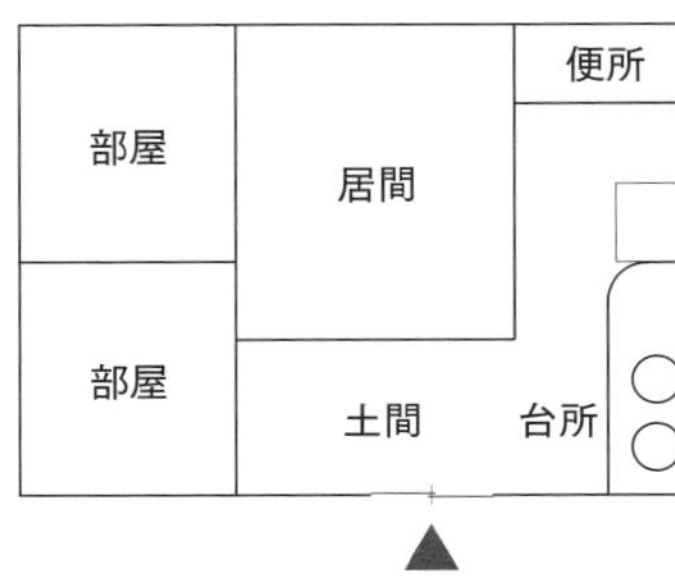

**②東京・江東区の住まい（1958～1962年）
平屋・バラックの古家**

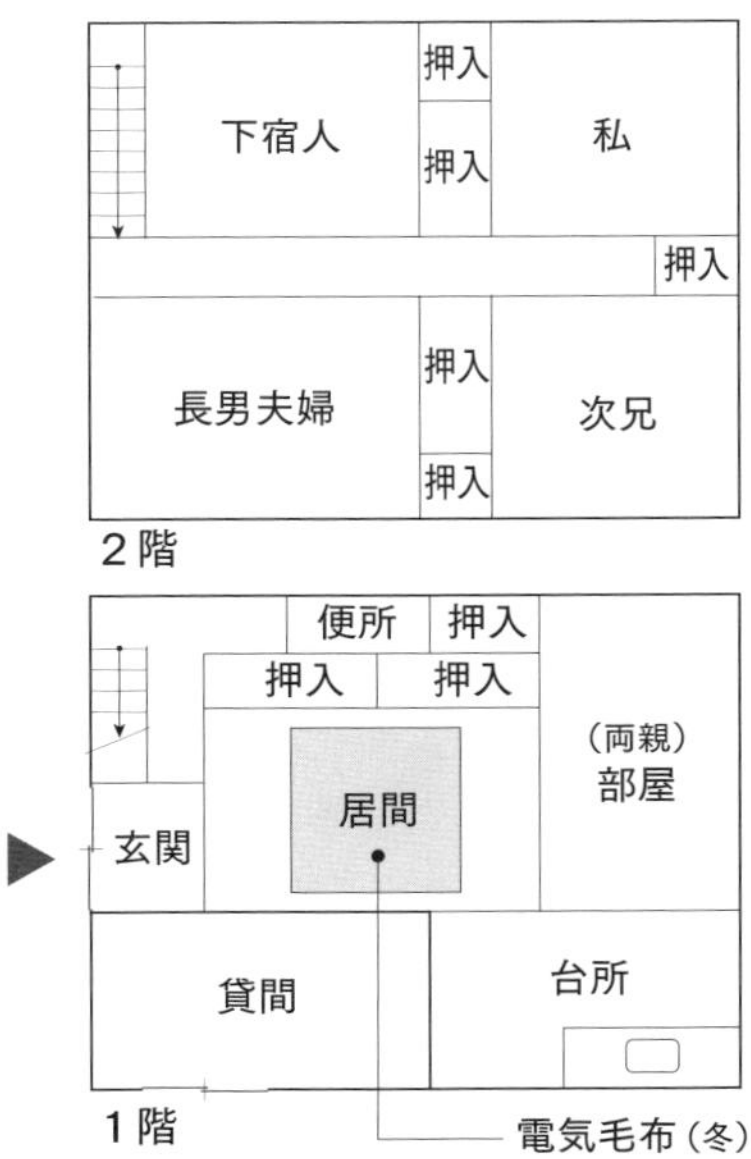

**③東京・江東区の住まい（1962年夏～）
2階建て・新築**

column

column

オンドルを真似た「電気敷布」

電気毛布などの掛・敷物系の暖房器具について、松下電器では一九三四年（昭和九年）に電気敷布を発売している。電気敷布とは敷布団と敷布（シーツ）の間に敷く就寝時の暖房器具である。当時の松下電器の販売店向け機関誌には、「（電気敷布は）電気コタツ代用として寝具内に使用するもので、一度使用すれば朝鮮地方のオンドルと同様、全身的快温が得られる」（＊1）としている。戦後発売の電気毛布（一九五四年〈昭和二九年〉）や電気カーペット（一九六四年〈昭和三九年〉）に先駆け、昭和初期の電気敷布発売時には、松下電器がオンドルの存在を認識していたことがわかる。この時点でオンドル機能を導入した就寝用の暖房器具が開発されていたのである。

消費動向調査の統計によると、電気カーペットの普及率は、初出が一九八八年（昭和六三年）三月の三二・八％で、最終調査の二〇〇四年（平成一六年）三月は六五・二％である（＊2）。羅さんの母たちが「私たちの真似だ」と言った一九六〇年代半ばは、電気カーペットは発売開始のころで、一般家庭にはあまり普及していない時期だった。

一方、東京の上野や浅草の在日朝鮮人向けの商店では、朝鮮半島からの衣料品や食品を含め、大阪の鶴橋から多くの商品が流通していたという。京都出身の在日三世の金淑子（キムスッチャ）さんは、母から鶴橋で電気毛布が売られていると聞いたという。大阪、東京の在日マーケットで売られた電気毛布が、在日コミュニティの独自製品か、メーカー品の電気毛布などを真似て作ったものかは定かではないが、一般に普及するよりも前に、在日朝鮮人たちが電気毛布を床に敷いてオンドルの代用として利用していたことは確かである。

羅基泰さんの両親のように渡日前にオンドル房のある住まいで育った在日一世たちは、来日してもオンドル生活を続けたいと工夫をこらしたのである。

ナショナル電気敷布（昭和9年発売）
提供：パナソニック ホールディングス株式会社

＊1　『松下電器月報』（昭和一一年一月五日発行）に「昨年発売の電気敷布」とあるが、前年一二月印刷のため、昭和九年発売の電気敷布を指す。

＊2　内閣府経済社会総合研究所景気統計部「主要耐久消費財等の普及率（平成一六（二〇〇四）年三月で調査終了した品目）https://www.esri.cao.go.jp/jp/stat/shouhi/shouhi.html#kako による。

〔木下真理〕

column

第4章

食生活――ふるさとの味を求めて

一九一〇年以降日本に渡った多くの朝鮮人労働者は、わからない言葉と異なる環境、厳しい重労働に苦労したが、中でも苦痛だったのが食事だった。日本人が管理する炭坑や紡績工場の宿舎で提供される日本食は、食べ慣れないばかりでなく、彼らの長時間の重労働に見合うカロリーを補うにはほど遠いもので、病気になる者もいたという。その後、日本に渡る朝鮮人の数が増えて朝鮮人が管理する飯場(はんば)（作業員の合宿所）や集住地ができると、そこでは故郷の味を再現した朝鮮料理が食されるようになった。文化の違う日本で、貧しい生活を営みながら、彼らはどのように自分たちの食文化を維持したのだろうか。

1 在日朝鮮人の食生活

(1) 一九三〇年代には「朝鮮市場」も

最初に朝鮮人労働者が日本に渡るようになった一九一〇年代、朝鮮人たちは雇用主によって管理されていたが、一九二〇年代に入ると、日本で働いている朝鮮人が知人や親戚らを呼び寄せるようになり、朝鮮人飯場や朝鮮人向け労働下宿が始まった。日本人雇用主の下で働く朝鮮人は慣れない日本食に苦労したようだが、朝鮮人飯場や朝鮮人向け労働下宿では朝鮮料理が提供されていた。

また一九二〇年代半ばには都市に朝鮮人集住地が出現し、家の厨房を使って主婦が作った簡単な料理を単身労働者に提供するという飲食店も多くみられるようになった。そこでは酒、ビールや麺類、「牛豚などの臓物より製せし食物」を提供していた。一九二五年一月二四日付「大阪毎日新聞」は「桑港(サンフランシスコ)あたりの日本人町を歩いて東京軒、大阪屋などの飲食店を見出すように……京城軒、平壌屋などという朝鮮料理屋が軒を並べている」と伝えている。

一九三〇年代に入ると朝鮮人の多い地域には朝鮮人向けの食料品店ができ、大阪など朝鮮人が多く住む地域には「朝鮮市場」もあった。朝鮮人の消費組合も結成されて、組織的に物資を購入することで、故郷の食材を比較的安く手に入れることができるようになった。

一九三〇年代中ごろから警察当局は朝鮮人向け食料品の販売を行う朝鮮市場や朝鮮人料理、飲食店の取り締まり方針を打ち出し、協和会が朝鮮人女性を対象にした日本食の作り方講習会を開いたりして朝鮮料理を否定的に扱った。しかし、朝鮮人集住地では伝統的な朝鮮料理が基本だった。一方、工場や日本人が営む土木作業所に住み込む朝鮮人は、重労働にもかかわらず麦飯に味噌汁、沢庵という食べ慣れない日本の食事で病気になる者もいた。紡績工場で働いていた朝鮮人女性たちは休みの日に牛や豚の内臓を買ってきて七輪で焼いて食べるのが楽しみであり、それで栄養失調から逃れられたという。

空腹に耐え、空襲にやられて

一九四〇年代に入り、男性が徴用にとられ、生活物資が配給制になると、その日ぐらしで生活基盤のない在日朝鮮人たちの生活はたちまち苦しくなった。物資不足で朝鮮からの食材を手に入れることも難しくなった。空襲から逃れるために疎開するにも地方に頼れる知り合いがいるわけでもなく、行った先で厳しい民族差別に苦しめられることも多かった。

日本語がうまく話せなかった金英治（キムヨンチ）さん（一九二四年生まれ）の母親は、疎開先の茨城県で、間借りする大家に「なんだ、チョーセンか」と蔑まれ、野菜と米をもらう約束で近所の農家の手伝いをしたが野菜しかもらえず、「今日くれば米をやる」という言葉に何度も騙されて泣いて帰ってきたこともあったという。（『東京大空襲・朝鮮人罹災の記録　PARTⅢ』）

空襲で家を失った朝鮮人の中には、頼るあてもなく、トタンと柱を拾ってきて橋の下にバラックを建て、そこで農作物を育て豚を飼ってくらした者たちも少なくなかった。

戦争が終わった後は、軍関連の工場や飯場の仕事を失い、各地にできた闇市で、牛や豚の内臓を焼いたり煮たりした「トンチャン料理」やどぶろくなどを売ったり、地方で買い付けた米や農作物を売ったりして食いつないでいった。

在日朝鮮人の食は、学校などで「ニンニク臭い」「キムチ臭い」と差別されてきた在日二世が中心になったころから、日本食や洋食化の流れを取り入れて変わっていった。

(2) 集住地の朝鮮料理

在日朝鮮人一世たちは人に会うと、「アンニョンハシムニカ（こんにちは）」の後に必ず「パプ　モゴッソヨ？（ご飯は食べた？）」と尋ねた。それが決まりの挨拶だった。そうして円卓を囲んで一緒に食事をする。卓には飯とテンジャンクッ（朝鮮味噌のスープ）、キムチとナムルなどの野菜、時には鶏肉や豚肉、魚が並んだ。家庭では家長の膳だけは別、たとえ同じ卓で食事をしても家長の前にだけは一品多く並べる家庭が多かった。

日本での貧しい生活の中で、彼らはどのように食材を入手して、どのような台所で調理し、どのように食したのだろうか？　朝鮮人集住地で食されていた主な料理を紹介し、それらがどのように食されていたのか、書籍から引用した在日朝鮮人一世への経験談と二世のインタビューを通じて探ってみる。

食器と調味料

飯は竈（かまど）で炊いて、煮物や焼き物には七輪を使った。井戸は共同で、田舎では近くに流れる川の上流の水を料理で使い、洗い物や洗濯に下流の水を使ったりもした。鍋の他に、穀物を挽く石臼がある家も多かった。祭祀（チェサ）や冠婚葬祭などに欠かせない餅を作るためだ。味噌を作ったり、キムチを漬けたりする陶器の大きな甕が並び、食器は、朝鮮で使われていた真鍮製のものと日本で使う茶碗やお椀が混在していた。

朝鮮では食事には箸（チョッカラ）と匙（スッカラ）を使い、飯は匙で食べる。食器に手を添えて食べるが、持ち上げることはない。

醤油は日本で市販されているものを使う家庭が多かったが、味噌は自家製が多かった。「テンジャン（朝鮮味噌）」と呼ばれ、大豆が粗く納豆のような風味がする。スープを作る以外にも青唐辛子など生野菜につけて食べたりした。

ヤンニョムとコチュジャンは万能調味料だった。

ヤンニョムは、唐辛子にニンニク、ショウガなどを混ぜて作る。キムチを漬けるときはもちろん、煮物や焼き物の味付けにも使う。

コチュジャンは唐辛子にもち米や麹などを入れて発酵させたもので、さまざまな料理に使う。麹は作る人もいたが、日本で市販されているものを購入して使う人も多かった。近年は蜂蜜や砂糖を入れることもあるが、当時は、料理に砂糖を使うことはほとんどなかった。

コチュジャンに酢とごま油を加えたものをチョジャンといい、生野菜や刺身をあえて食べたりする。

出汁はいりこでとり、炒め物や味付けにはごま油を使った。これらは日本で市販されているものを使うことが多かった。

料理の名は「チヂミ」を「チョップチ」と呼ぶなど出身地域によってさまざまで、正月のトック（餅の入ったスープ）に餅と一緒にマンドゥ（餃子のようなもの）を入れる家庭があるなど、食卓に並ぶ品目や料理の具材には出身地の地方色が色濃く残っていた。

再現された故郷の味

麦飯とテンジャンクッ、そしてキムチが食事の最もシンプルな組み合わせだった。キムチには大根やキュウリ、季節の青物などの種類があるが、基本は白菜だった。野菜などは自分で作る人もいた。

●野菜　集住地の空き地では、唐辛子やニンニク、サンチュ、ゴマの葉、朝鮮カボチャ、ニラなど日本の八百屋では手に入りにくい野菜が作られた。

唐辛子やニンニクは朝鮮料理にはなくてはならない香辛料で、青唐辛子やサンチュは味噌をつけておかずとして食べたり、サンチュはご飯を包んで食べたりもした。ゴマの葉は醤油や味噌漬けにし、朝鮮カボチャは細く切って炒めて醤油で味付けたり、スープに入れたりした。

集住地の畑では日本の八百屋では手に入りにくいものが作られた。対馬、1969年5月（金裕『同胞』）

豆もやしは長屋の中で栽培された。塩を入れて湯がき、醤油とごま油で味付けるとナムルになり、ゆで汁も醤油で味を整えるとスープになった。

春にはワラビやゼンマイなどを取ってきて灰汁（あく）抜きして干し、保存食にした。食べるときに水で戻し、炒めて醤油で味付けしてナムルにしたり、スープに入れたりした。たんぽぽやセリ、水菜もきれいに洗って醤油とニンニク、ごま油であえると立派なおかずになった。

秋にはドングリやそばの実を挽いてムッ（ゼリー

白菜のキムチ（Yonghi KangのFacebookから）

のようなもの）を作り、ネギやニラ、ニンニク、ごま油を加えた醤油をかけて食べた。

小麦粉が手に入ると、ニラと青唐辛子や塩を振って絞った千切りの人参を混ぜて薄いクレープのように焼いてチヂミを作った。

●肉　鶏を飼っている家が多かった。
鶏肉は蒸して塩をつけて食べたり、腹の部分にもち米を入れてスープにしたり、煮たり焼いたりしてヤンニョムと醤油で味付けて食べた。「ケランチム」と呼ばれる茶碗蒸しも定番の品だった。お湯をはった鍋の中に、卵を溶いて水を加え醤油で味付けてネギをのせたものを入れた器を入れ、蒸して作った。

朝鮮人集住地の中や近くには、豚を飼っている家があった。

肉の部分は蒸してチョジャンを付けたり、キムチと焼いたり、スープに入れたりして食べた。内臓の部分もヤンニョムで煮たり、焼いたりして食べた。


終戦直後の闇市でこれがたくさん売られ、朝鮮人の料理が初めて日本人の口にも入るようになった。

屠畜場が近い朝鮮人集住地に、商品にならない内臓部分を売りに来る人たちがいた。朝鮮では贅沢品だった牛肉の内臓が日本では安価で手に入った。それをスープにしたり、煮たりして食べた。なかでもヤンニョムで揉んで七輪で焼いたものは香ばしく美味で、戦後肉食が普及した日本で、内臓だけではなくロースやカルビを焼くようになると、「焼肉」と呼ばれて日本人にも人気の料理となった。

●海産物　干したミョンテ（明太＝スケトウダラ）は、ほぐしてコチュジャンとあえたり、ヤンニョムで煮たり、スープにしたり、多用された。イシモチや、太刀魚、ニシン、ニベなどの魚も焼いたり煮たりして、塩やヤンニョム、醤油などで味付けして食べた。イカは刺身でチョジャンで食べたり、塩辛にして食べたり、キムチに入れたりもした。ワカメは貴重で、女性がお産をすると必ずワカメのスープを飲むのが習慣だった。また誕生日にもワカメのスープを準備した。肉や魚、卵などを加えることもあった。干したミョンテは朝鮮食品店で、生の魚は日本の鮮魚店で入手した。朝鮮料理の食材や朝鮮人が好む食材を行商人が売りに来る地域もあった。

海苔が手に入ると塩を混ぜたごま油を塗り、七輪であぶった。

●酒　「タッペギ」と呼ばれるどぶろくを造る家が多かった。米を固めにふかして冷ました後に麹を加え、水と一緒に瓶や樽に入れて数日間発酵させ、沈殿した米を木綿の布などで絞って造る。「マッコリ」とも呼ばれるが、朝鮮人集住地などでは慶尚南（キョンサンナム）北道（プクド）や済州島（チェジュド）の方言で「タッペギ」と呼ばれていた。タッペギを蒸留、ろ過、熟成させて焼酎を造る家庭もあった。

こうして造った酒を知り合いの焼肉屋や個人に売って貧しい生計の足しにする女性たちが多かった。彼女たちにとっては自ら得られる唯一の収入源だった。

しかし免許のない酒類の製造・販売は酒税法違反。監視対象の朝鮮人を取り締まる口実になり、酒の押収に押し寄せる警官や税務署職員に、タッペギを撒き捨てて命がけで抵抗する朝鮮人の女性たちの闘いが各地で繰り広げられた。

●餅　冠婚葬祭に餅は欠かせない。代表的なものがシルトッとソンピョン（松餅）だ。

シルトッは、米粉と茹でてつぶした小豆を交互に積んで蒸したもので、ソンピョンはもち米で小豆を包んで松葉を敷いて蒸したものだ。ヨモギを加えることもあった。

正月にはトックという餅の入ったスープを食べる。棒状に整形した餅を薄く斜めに切り楕円形にして、スープに入れて柔らかくなるまで煮たもので、鶏のスープを使う家庭が多い。

餅は、朝鮮人が多い地域では専門店もあったが、家で作る家庭も多かった。

●**祭祀の料理**　祭祀は、儒教の「孝」の教えに従って、亡くなった先祖を迎えて食事でもてなし、送り出すというもので、長男の家で、両親、祖父母、曾祖父母、高祖父母と四代を遡ったそれぞれの命日、さらに正月（ソル）、秋夕（チュソク）などの名節に執り行われた。かつては日付が変わる夜中に行われていた。近代化の流れで簡素化される流れにあるが、郷愁の思いや民族性を取り戻す一環として重視する家庭もあった。

女性たちは、数日前から祭壇に供える料理に加え、集まる親戚たちや近所の人たちにふるまう食事の準備に追われた。男性たちが、供え物が整った祭壇の前でクンジョル（お辞儀）をして、祭祀が終わった後は、酒宴が催されるのが常だった。

女性もクンジョルをする家庭があるなど、形式や

今も受け継がれる祭祀
（2020年10月1日　Yonghi Kangの Facebookから）

供え物は出身地域やその家によって異なるが、魔除け効果があると信じられていた唐辛子やニンニクなどの香辛料、桃は使ってはいけない、ナムルはワラビと豆もやし、ホウレンソウ、チヂミはニラと人参、肉の三品、ムッはドングリのムッまたはそば粉のムッどちらか一品というように、各種料理の品目や、重ねて供える時の段数は奇数にする、などは共通だった。

多くの場合、上記の料理と共に、蒸し鶏や肉を串に刺して焼いたもの、焼いたイシモチ、そして餅やリンゴやナシなどの季節の果物が供えられた。食器は朝鮮の金属製のものが使われた。遺影の最前列には箸と匙、家長が酒を注ぐ盃、飯と大根や肉などが入ったタングッと呼ばれるスープが置かれた。

葬式はもちろん、結婚式などの祝い事でも同じような料理が準備された。

(3) 在日の食生活——一世たちの体験談

配給だけではどうにもならなくて

——李寛淑（リグァンスク）さん（一九二三年生まれ）　神奈川県横浜市

「赤子が生まれ、父ちゃんが徴用にとられちゃってからは、私はものすごく働いた」

近くの飯場で洗濯や炊事をして米や醤油をもらっていたが、その仕事もなくなり、一九四二年三月からは配給の砂糖と交換した芋を売って歩いた。夫も徴用の仕事を終えて五時に戻るとそれまで働いていた会社から安い靴を買ってきて街に出て売ったり、靴の修理をしたりして夜中の一二時まで働いて翌朝六時には徴用先に出勤する生活だったが、子どもに配給のパンを買ってやる金さえなかった。粉が手に入るとすいとんやうどんを作って食べ、野原に行って食べられる草なら何でもとってきて工夫して食べた。それでも大人二人分の配給ではどうにもならず「夜中に芋を盗みに行ったことがある」

「一人で掘ってると、おっかなくってね。何か後ろからついてきているような気がして、十本も掘ると、飛んで帰っちゃったね。その十本の芋を大事に子どもに食わした。一本を四つに切って蒸かして、そのひと切れを泣いている子どもに持たしてやる。えらい苦労だった。…その畑で盗んだ十本の芋のことは、今でも父ちゃんと思い出して話すことがあるんだよ」

（『百萬人の身世打鈴』）

橋の下で豚を飼って

——洪且任（ホンチャイム）さん（一九二八年生まれ）　東京都北区王子

一九四四年三月に結婚して日本に来た洪さんは、翌年、東京都北区豊島で空襲にあった。言葉もわからず逃げ惑い九死に一生を得たものの、家を焼失した。家族で飛鳥山にバラックを立てて住んでいたが、区役所の人に「飛鳥山は公園になるから住んではだめだ」「橋の下に行きなさい」と言われ、トタンや柱を拾ってきて橋の下にバラックを建てた。行った時は二軒ほどしかなかったが、空襲で焼け出されて行き場のない朝鮮人や日本人がどんどん集まって来た。三分の二は朝鮮人だった。そこで六人の子どもを産んだ。

「豚を五〇頭育てていました。主人と一緒にリヤカーを引いて、うどん屋に残飯をもらいに行って、きれいなのは人間が食べて、残りは豚に食べさせて、……残飯集めによく行きました。その豚が王子駅まで流れて行って、捕まえに行ったことがあります。台風の時です。水が流れるところがないから腰のあたりまで上がってきて、リヤカーも流れて、苦労しました。豚と鶏、犬を育てて、そこで百姓していました。原っぱだから、水がちょろちょろ流れて、その水が流れるところでセリの畑を作って、またそのセリがおいしくて。サンチュを作ってシオマイ（姑）がそれを上野のマーケットに売りに行っていました。縁の下でどぶろくを造ろうと言ったのもシオマイです。いつだったか忘れましたが、おまわりが三〇人か、五〇人くらい来て、みんなひっくり返していったこともありました。あの時は、チョソンサラム（朝鮮人）の多くはひそかにタッペギ、どぶろくを造っていました。働くところがあるわけではなく、やることがないじゃないですか。食べるためにやっていました」
（『東京大空襲・朝鮮人罹災の記録　PARTⅢ』）

(4) 在日の食生活
——二世たちへのインタビュー

野菜は畑で、鶏を飼って
——金末順（キムアルスン）さん（一九三六年生まれ）
滋賀県木之本町（現在の長浜市）

●野菜は畑で　アボジ（父）は慶尚南道咸安郡（キョンサンナムドハマングン）出身。オモニ（母）も近くで、結婚して子どもを二人産んだ後に日本に来た。アボジは近所の学校の生徒たちが採ってきた薬草を干して大阪に売りに行っていた。兄弟は男が三人で女が五人。私は下から二番目。結婚した兄弟もいて、木之本で一緒に住んでいたのは両親と兄、私と妹の五人だった。五〇軒くらいの集落で朝鮮人は一軒だけだった。少し離れたところに飯場があって、そこには朝鮮人が大勢住んでいた。線路やトンネルを作っていた。よく遊びに行った。

井戸はポンプ式だった。山の方に湧き水の池があって、上流の水を飲んで下流の方で洗濯して。田舎なので醤油を買うにも一時間くらい行かなくてはいけなくて。味噌は家で造ったけど、醤油は買った。

アボジはアボジのお膳で食べた。家族は誰も近寄れなかったけど、私だけはかわいがられていたのか、一緒に食べた。アボジのお膳に並ぶものは特別だった。ご飯は麦ご飯。テンジャンクッは、キムチ入れたりして、自家製の味噌で作った。

野菜は畑で作っていた。とうもろこし、ゴマの葉、ニンニク、小豆、大豆、サンチュ。

春になると山に、ワラビとかゼンマイ採りによく行った。採ってきたら灰を入れて湯がいて、干して、食べる前に水で戻して、ごま油で炒めて食べたりした。ヨモギはテンジャンクッに入れたり、餅に入れたりして。たんぽぽの葉やセリもよく食べた。生のまま和え物にして。

ご飯が炊き終わるころにカボチャの葉とか大豆の葉、キャベツなんかを上に置いて蒸して柔らかくして、ご飯を包んで食べた。ワカメもそうして食べた。ヤンニョムを少しのせて。ヤンニョムは味噌とか唐辛子、ニンニク、しょうが、ゴマ、ごま油を混ぜて作った。昔は砂糖は入れなかった。サンチュとか青唐辛子の生野菜は味噌をつけて食べた。

キムチは木でできた樽のようなもので漬けていた。白菜に塩振って、洗って、ヤンニョムに家で作った鰯の塩辛を煮て絞った汁を足して、絞った白菜に塗って漬けていたね。ムルキムチ（水キムチ）も作って食べた。ゴマの葉もたまに作っていたね。

魚は、ニシンやイシモチを食べた。太刀魚もよく食べた。魚のスープは干した明太を出汁代わりにして醤油味で、食べるときにネギやキムチ、青唐辛子を入れて食べた。

鶏肉をよく食べた。家で鶏を飼っていたから。蒸し鶏を塩で食べたり、ヤンニョムで煮たり、ヤンニョムを揉みこんで焼いて食べたり、スープを作ったり。スープはネギ入れたり、大根入れたり。おなかに高麗人参ともち米入れてスープにすることもあった。

牛肉はめったに食べなかったけど、コムタンスープは食べたね。食べる直前に塩を加えて。

豚肉は、蒸してチョジャンをつけて食べた。トンソク（豚足）とかも。京都に二時間くらいかけて闇米を売りに行った帰りに、京都駅裏の朝鮮市場に寄って、豚肉とかいろいろ買ってきた。

ご馳走は、祭祀のときにいろいろ作ったりしたね。ナムルはホウレンソウ、ワラビ、ゼンマイ、豆もやし、魚はイシモチを焼いて、干し明太を戻してヤンニョムをつけて焼く、チヂミはニラと、魚や肉に卵をまぶしてチヂミのように焼いたユッチョン。ネギもチヂミにしたね。シルトッとかお餅も作って並べる。米をついたり、挽いたりして米粉を作って。ヨモギ餅は普段からよく作っていたね。小豆も入れて。祭祀のときは大阪に行っていた兄の家族も皆来て。息子に渡した後は皆大阪に行くようになった。

●さつまいもや米で飴作り　タッペギを作っていたね。布団を巻いて作るわけ。オンドル（床暖房）部屋があった。アボジが自分で作ったの。部屋の下に鉄のようなものを置いて、ご飯とか炊くと部屋があったかくなるのよ。オンドルの部屋に樽を置いて、できる前にタンスル（甘酒）みたいに甘いからつまんで食べて怒られたことがある。タンスルは今はシッケというね。昔はよく作ったのに、忘れたね。米と麦を半分ずつで、保温状態にして、砂糖入れなくても甘くなるのよ、麹入れて。

おこげに砂糖を入れておにぎりにして食べさせてくれた、おやつがわり。

うちの親は飴を作っていた。サツマイモや米を煮て、つぶして絞って、煮詰めて、作って売っていた。サツマイモの飴を食べると歯が黒くなった。お菓子屋さんに卸すんだけど、米は配給制だったから見つかったら大変なのよ。サツマイモはご飯代わりにも蒸かしてよく食べた。

黒部ダムを造るときに、アボジが飯場頭として富山に出稼ぎに行っていたことがある。オモニは工事現場で働く人たちのご飯炊きで大変だったみたいだ。私が六～七歳のころかな。富山は温泉も出て、猿が多かった。

●ホルモンは一九六〇年代　二一歳で結婚して東京に来て、夫（九人兄弟の三番目）の長男の家に毎日行って、家族全員の食事の準備をしていた。大変だった。ホルモンを食べるようになったのは一九六〇年代、目黒に住んでいたころ。朝鮮人が多い地域にホルモンを売りに来る日本人のおじさんがいた。ロースやカルビを食べるようになったのは、三河島に引っ越した一九七〇年代。

夫の家では、祭祀は年に二回くらいかな。親の命日くらいだったと思う。

食材は近くの朝鮮市場で

—— 張春枝（チャンチュンジ）さん（一九四五年生まれ）　大阪市生野区

●お米だけはいいものを　大阪のコリアタウンで生まれて物心ついたときにはそこにいた。周り近所は同胞ばかり。あの辺は、五対五くらいの割合で朝鮮人と日本人が住んでいたように思う。私の家の隣には日本の人が住んでいて大切にしてくれた。私には差別の記憶がないの。

学校に行く頃には二部制だった。午前と午後組が二年くらい続いた。みんな通名を使っていたので誰が朝鮮人かわからなかった。小学校には行っても中学校には行っていない子どもが多かった。

住んでいた家は一〇坪ほどの二階建ての借家で、一階は物置と土間。竈が一階の土間にあって、ご飯の準備はそこでしたけど、主な生活空間は二階だった。水道は共同水道。ちょうどうちの家の後ろに幅一メートルちょっとの路地があって、そこに皆水をとりに来た。竈の薪はどうしたんだろうね。竈も使ったし大阪ではカンテキ、七輪のことね、それで魚焼いて、竈でご飯炊いて。中学一年か二年のときに伊勢湾台風で一階が水につかったことがあった。

二軒隣に大きなかまぼこ屋さんがあって、朝鮮人で唯一の金持ちだった。そこを除いてみんな同じような生活をしていた。家が密集していて、畑をしたり、鶏や豚を飼うことはなかった。朝鮮市場が近かったし、公設市場もあって便利の良いところだった。

うちは母子家庭だった。母親と姉妹だけで。オモニは働くことに一生懸命で、一品料理しか食べたことがない。朝は、オモニが作った味噌汁とご飯だけで食事して、お弁当も持って行けずに、中学校は近いから食べに帰ってきていた。小学校も給食はあったけどお金が払えないから家に食べに帰ってきていた。そういう子が多かった。

それでもひもじい思いはしなかった。オモニは、お金がなくてもお米だけはいいのを買ってくれた。おかずがなくても食べられるように。

●よく食べたムルフェ　朝鮮市場と公設市場が近くにあるから魚なんかは新鮮で、それを買ってきて煮たりね。白いご飯と日本の味噌汁、煮魚。お肉は隣でゆで豚を買ってきて食べたくらいかな。

キムチは家で漬けたのは年に一回くらいかな。たまに市場で買ってきていたね。子どものころのキムチは、白菜と青菜。大根はあまり見なかった。

レングック（冷や汁）はよく食べた。具はキュウリとワカメ。ショウガを擦って、キュウリを切ってそれを味噌とあえてそこに氷水を入れて、「いの一番」という調味料を少し入れて。

あったかい料理をするときの出汁は煮干しを使っていた。関西では雑魚。

夏にはフェ（生の魚介）をよく食べた。魚を細かく切って酢をたっぷりとかけ、コチュジャンとゴマとニンニクとショウガと入れて。そのまま食べる人はそのまま食べて、途中で氷水を入れて食べる人もいるし、最初からそうする人もいる。氷水を加えたものをムルフェって言うんだけど、そのスープがまたおいしい。イカフェとか、チャリ（スズメダイ）フェ、カオリ（アカエイ）フェ。アジフェはあまり食べなかったけどイワシフェはよく食べたね。朝鮮市場に朝鮮人がやっている魚屋さんが何軒かあってそこで買った。

済州島の人は豚肉をたくさん食べる。ゆで豚だったり、キムチと炒めたり。家が貧しかったから豚の皮を買ってきてキムチと炒めて食べたね。

日本の人がやっているお店で明太専門店があった。干し明太をコチュジャンであえて食べたけど、あれは昔から高くて、うちの家ではめったに食べられなかった。

私はニンニクの匂いが苦手で、キムチや煮魚を食べられなかった。でも朝鮮の料理でニンニクが入っていないものは少ない。お嫁に来て変わったけどね。子どもに好き嫌いなくそうと思って必死なわけ。キムチも漬けるけど、今もあまり食べようとは思わない。

●済州島の祭祀はシンプル　祭祀はご馳走だったよね。牛肉、豚、魚のアマダイかイシモチ、ナムル、シルトッと蒸しパン、すごい豪華だよ。叔父さんの所に行くの。年に二、三回かな。

牛肉も豚肉も小さく切って串に刺して焼いていた。牛肉は醤油で味付けて、豚は塩ふって。鶏肉は丸ごと茹でてそのままお盆にのせて供えた。

すべて奇数でないといけない。積むのも果物とかの種類や数も奇数。果物は桃以外。

うちは、朝鮮市場で蒸しパンを予約しておいて、買って持って行った。パンにちょこっと餡が入っているの。シルトッは叔父さんの家で作っていた。シルトッとソンピョンと蒸しパンの三つを並べていた。果物もお餅も普段、食べられないから、楽しみだった。

スープはお肉のスープとか鯛とワカメのスープ。

叔父さんたちの家は日本の食器は使っていなかったね。真鍮の朝鮮の食器で、あのころは洗剤がないから、外で、灰で洗ったり、藁で洗ったり。

祭祀では女性もクンジョルした。今もここでは女の子の孫も皆やるよ。

祭祀を自分で準備するようになったのは嫁に来てから。正月、秋夕、端午、三代上までさかのぼって、毎月のようにやっていた。今は年に一回にまとめたけれど。東京は親戚が遠かったので集まるのは家族だけだった。ナムルと肉は自分で作って、餅は市販。済州島の祭祀は、陸地（朝鮮半島）と違ってシンプルなの。チヂミはやらない。天ぷらも揚げないし、肉三種類と魚一種類と、ナムルと果物。魚も青魚はのせない。

●朝鮮市場は女性が活躍する　朝鮮市場は今はコリアタウンと呼ばれているけど、基本的には一緒で、外観はコリアタウンって強調しているけど内容は変わってないように思う。私が住んでいたころから賑わっていた。服地を売っているお店が何軒かあって、キムチ売って、豚屋さんがあって、餅屋さんがあって。もやしとかいろいろ売っていて夏になったらニンニクの長い葉を醤油漬け用に売っていて。昔からあって今もやっているお店もあって。女性が頑張っていた。男は働かないもん。女性の活躍の場だった。

豚を飼い、焼酎を造る

――李英勲（リヨンフン）さん（一九五二年生まれ）広島県佐伯郡大竹町

●集落は職業別　広島県には、大竹、呉、古市、海田に大きな朝鮮人集落があった。

大竹には一〇〇〇人くらいいたかな。近くに朝鮮人集落が少なくとも三つはあった。くず鉄屋の多い集落、日雇の多い集落、豚を飼ったり焼酎を造ったりする集落。一つの集落には三〇軒ほどの家があったと思う。

うちは豚を飼って焼酎を造る集落だった。焼酎を造っていたのは一〇軒くらいかな。焼酎は順番に造っていた。今日はこの家、明日はあの家というふうに。麹小屋もあった。周期的に（警察や税務署の）手入れがあった。そのときにはトラックの下にオモニたちが寝転んで、大騒動だった。

オモニについて岩国までタッペギを売りに行ったことがある。こぼれないようにゴム（コンドーム？）に入れて。女性の車掌さんが生き物じゃないかとびっくりして。売る先は焼肉屋。オモニは五つも、六つも持って。ムッとか豆もやしも卸していたね。新聞紙に包んでね。

豚を飼っていた家も一五軒くらいあったかな。焼酎造りと養豚を兼ねていた家も多かったから。わが家だけでも多いときは二〇頭はいたな。それでも一番少なかったね。みんな三〇頭くらい飼っていたから。

私は小学校五年のころから豚の餌の残飯を集めて回った、リヤカー引いて。二キロ範囲かな。それにも縄張りがあった、喧嘩にならないように。日本人に「チョウセンきたない、帰れ」って言われて残飯の中に砂を投げ込まれたりして、よく喧嘩になった。中学生のころ、「豚なんか飼いやがって」と言われて「俺は、コロッケ屋の息子だ」と言い返したことがある。コロッケは豚よりランクが上だったんだね。食卓にコロッケが上るとうれしくて、最高の贅沢だった。

●食品積んだトラック　朝鮮人は円卓だ。テンジャンクッにイカやエビのチョッカル（塩辛）、ナムルにキムチ。豆もやしは自分たちで作れたから。集落には必ず豆もやし屋さんがいた。うちのオモニも作っていた。キムチの種類は白菜と、チョンガッキムチ（小さな大根のキムチ）、大根を大きく切って作ったキムチ、キュウリはムンチ（和え物）だね、ゴマをのせて。キムチやナムルの中でも青物は豪華な部類だった。ムルキムチも食べたね。サンチュ、カボチャの葉や干し明太に味噌をつけて食べた。

必ずスープがあった。いいときは豚肉の入ったスープ。白菜も入っていたね。ニンニクと醤油で味付けて。普段はテンジャンクッだね。ジャガイモが入っていたり、こんにゃくが入っていたり、出汁はいりこでとっていた。いまでもいりこに味噌をつけて食べる。豆もやしのスープもよく食べた。牛肉を食べたという記憶がない。ワカメのスープにはコイワシが入っていた。トックは、餅を作る機械が集住地にあったから、普段もよく食べた。鶏のスープで。

ご飯は八が白米で二が麦だったかな。一八歳くらいまで白いご飯には滅多にお目にかかれなかった。近所で一緒にもち米を買って餅を作った。飴も作ったね、砂糖と蜂蜜で。

空き地に小さな畑があって、ネギ、サンチュ、青唐辛子、ゴマの葉を作っていた。長屋の屋根では朝鮮カボチャを作っていた。

季節になるとワラビやヨモギ、セリなんかを採りに行った。みんなで一緒に採りに行って、干して、ちょっと分けてと言われると分けてあげて。焼酎と豚肉は売るけど、それ以外のものは分け合って食べたね。

トラックに干し明太とかの食品を一杯積んで広島市から大竹に売りに来る人がいた。集落の前に日本人のお店があって、朝鮮人が好むようなものを岩国から仕入れて売っていた。岩国から塩漬けしたチョギ（イシモチ）やカジェミ（カレイ）なんかを売りに来る朝鮮人もいた。よく買って煮て食べた。

鶏はよく食べたね。サムゲタン（丸ごとの若鶏に高麗人参や棗（なつめ）などの漢方を詰めて煮込む薬膳料理）にはならないんだよね、高麗人参がないから。雄鶏じゃないとダメなんだよね。スープを出した後の身はほぐして塩で食べた。ご飯に卵を割ってごま油と醤油をかけて、おいしかったね。ケランチムもよく作った。大きな茶碗に作って皆で分けて食べる。鶏はひよこから育てた。私は専門だった。

豚は蒸して食べるのが、基本。蒸した豚足もよく食べた。

ご馳走と言えば祭祀の食事だね。ニシンも出るし、イシモチも出るし。

祭祀のときは鶏を蒸して丸ごと置く。魚、ナムル、ムッ、ニラ、ニンジンのチヂミ。うちは白菜のチヂミも並んだ。あれは難しいんだよ。溶いた小麦粉を生の葉っぱ一枚一枚に塗って焼くんだよね。肉を串に刺して焼いたものもあった。シルトッ、ペクソルギ（白い餅）も作った。一九七〇年代に入ると膳が豊富になったね。

●食べ物は分け合って　集住地の中ではひもじい思いはしなかった。困った人がいたら、食べ物を分け合った。

四つの集落はみな似たような生活をしていた。集落同士で行き来も頻繁だった。

学校から帰ってくると、「エル」という大きな犬の後ろに鶏が並んで迎えに来ていた。夜になるとそれぞれ檻に戻って。一度豚小屋が火事になったことがあって、新聞に出たね、二〇〇頭死んだって。逃げて生き残った豚はまた戻ってくるんだよね。

祭祀で家が滅びる？

——羅基泰（ラギテ）さん（一九五二年生まれ）東京都江東区塩浜

宮城・仙台の苦竹という朝鮮人集住地で生まれて、五歳のときに東京・江東区に引っ越した。

東京では、枝川から少し離れたところ、塩浜、当時は塩崎町って言っていたんだけど、そこに住んでいた。朝鮮人が数十軒集まって住んでいた。

食卓にはキムチ、ナムル。豆もやしはアボジが家の中で育てていた。近所にも分けたりして。お祝い事があるときなんかはたくさん作って、売っていた。キムチは白菜だった。青物はホウレンソウなのか小松菜なのか、近くに空き地があったからそこで作ったものを採ってきて、湯がいて和えて食卓にのせた。サンチュ、青唐辛子、ゴマの葉は常にあった。家の前でもプランターのようなものを置いて栽培していた。

テンジャンクッも必ずあったね。テンジャン（味噌）は、オモニが自分で作っていた。出汁は煮干しで、煮干しがテンジャンにいっぱい入っていて、あまり好きじゃなかった。豆もやしとか空き地でとって来た野菜が入って、具だくさんだった。一回作ると三日くらい食べていた。最後はすごくしょっぱかった記憶がある。

飯は白米だった。押し入れの上段の布団の中には白米が入った真鍮の器があった。当時は保温ジャーがないから。アボジが帰ってくるとあったかいご飯を出せるように、真鍮のご飯の器を布団と布団の間に入れいておいて。アボジのご飯の器は朝鮮のものだった。そういう気づかいはアボジのご飯だけだった。

階段の下にあった物置に手作り味噌とタッペギ（どぶろく）用の大きな容器があった。毛布に包まれていた。発酵させていたのかな。両親は朝鮮式の食器で、私のものは日本の陶器の食器だった。両親は匙の使い方がうまかった。

海苔もアボジが好物だったからか常にあったような気がする。塩の入ったごま油を塗ってあぶった海苔。

魚もよくあった。好きだったのは太刀魚。大根と辛く煮たもの。ニシンはよくあったけど、骨が多いので、好きじゃなかった。イシモチは祭祀のときは必ずあった。

トンチャンアジョシ（ホルモン小父さん）と呼ばれている人がいた。自転車の後ろの籠に洗って切ったトンチャンを入れて、それを売って回っていた。子どもが同じ朝鮮学校に通っていた。うちでもしょっちゅう七輪と網で焼肉をやっていた。赤い肉は少なくてほとんどホルモンで、はじめはおいしいんだけど、噛んでいるうちに味がなくなるから捨てていたのを見つかって、アボジによく叱られた。蒸し豚もよく食べた。豚足がよく出たけどこれはあまり食べられなくて、「お前は朝鮮人じゃない」ってからかわれた。鶏は多かった。蒸してほぐした鶏肉がしょっちゅう卓にあった。塩を付けて食べる。

好きだったのは魚の太刀魚、ケランチム。あとはシルトッかな。

●祭祀は年に一〇回

うちは祭祀が年に一〇回あ

った。四代遡るから八人の命日、それに正月と秋夕。正月と秋夕は朝に豪華にやって、それぞれの命日は夜一一時四五分くらいからやる。高校生くらいになって六回になったのかな。その後四回になって七、八年前からは家族が長男の家に集まっての祭祀はしなくなった。兄嫁が簡単な供え物をして夫婦だけで今も続けている。私は果物を届けている。すごく大変だったと思う。昔は祭祀で家が滅びるって言われたからね。

一九六〇年代の祭祀では、ナムル、牛肉のロースを串刺しにして煮込んだもの。豚肉を使う家もあるけど、うちは使わなかったな。鶏は正月とか秋夕に丸ごと置くよ。丸ごと、大きなアルミの鍋に入れて煮るの。できたスープで正月はトックをやるわけ。普段はタングッ。そのときのスープをとるために鶏を煮て、身は塩を付けて食べたりするけど、その身に味はもうない。祭祀の膳に鶏を並べる家もあったけど、普段うちは並べなかった。

チヂミはもちろん。私の妻が最初の頃、兄の嫁に褒められたのが、人参の切り方がうまいということだった。祭祀でひたすらチヂミ用の人参だけ切っていた。それくらい多くの量を準備したってこと。近所の人たちにもふるまうために。チヂミはニラと人参と、魚のタラを卵で包んで焼いたもの。

祭祀のときだけはバナナが一房あった。リンゴとか梨とか、果物は普段の祭祀は五種類で、秋夕は七種類あったと思う。

うちのオモニは二〇歳くらいまで朝鮮にいた。忠（チョン）清北道（チュンプクト）出身。長男のお嫁さんはオモニから全部引き継いでやった人。オモニが亡くなった後も、正月と秋夕にはシルトッとタッペギはずっと作っていた。オモニは祭祀（チェサ）のたびに作っていた。家にシルトッを作る道具があったから。金属の丸いのがあって、下に一斗缶、ガーゼみたいなの敷いて作っていた。秋夕のときだけソンピョンを作って。ヨモギは祭祀に関係なく春になると近所の人と夢の島の方に採りに行って、餅を作っていたね。ムッもドングリでオモニが作っていたね。

近所に済州の人がいて、そこも祭祀を毎月のようにやっていて豪華だった。お菓子を自分で作るんだよ。ポン菓子を飴で固めるんだけど、小学校のときはそれが好きだった。うちも近所に配るけど、その家からもよくもらって、それは好きだった。うちはシルトッだけだったけど、その済州の人はいろいろ作っていたね。

二世に代替わりすると祭祀を引き継ぐ人と引き継がない人に分かれた。ほとんど引き継がなかったね。江東区の場合は慶尚道（キョンサンド）出身の人が多くて、慶尚道は祭祀に厳しい家が多かった。うちは忠清道（チュンチョンド）でそれほどでもなかったんだけど。あまりにも朝鮮式にやろうとして厳しくした家は、一世が亡くなったとたんにやめた。やっと解放されたというように。

一九九〇年代には祭祀をやらなくなった家が多かった。でもうちの兄嫁は続けたんだよね。甥や姪が、「うちは祭祀をしなかったら別荘を買えていたんじゃない」って言っていた。兄嫁はそういうことを大切にしていた。うちでは長い間、祭祀をする時間を夜中から夜八時に移すのが課題で、何年もオモニを説得して実現した。一九九〇年代に入ったころかな。祭祀があると三日間くらい祭祀のおかずを食べた。

〔金淑子〕

column

冷麺

朝鮮半島の冷麺は、もとは冬場の大根や白菜のトンチミ（冬沈・水キムチ）を漬ける寒い季節の食べ物だった。主に朝鮮半島北部で食べられていた、押し出し式*の麺の料理である。蕎麦の産地の平壌（ピョンヤン）では、そば粉中心の麺にトンチミの漬け汁を使ったあっさりとしたスープの平壌冷麺、咸興（ハムフン）地方はそば粉のほか、名産のジャガイモや豆などのでんぷんを多く配合したコシが強い麺に牛などのスープを合わせたユクス冷麺や、唐辛子味噌であえたエイのフェ（刺身）や野菜のなますをのせて混ぜながら食べる、辛みのあるピビン麺（スープなしの混ぜ麺）などがあり、地方色豊かである。平壌では一九二〇年代ころに冷麺専門店が賑わい、一九三〇年代には乾燥麺の製造により麺が大衆化し、製氷技術が進み氷が手に入りやすくなると、一年中いつでも食べられる庶民の味となった。味の安定化のため、冷麺店ではトンチミにユクスや調味料を加えたスープが一般的になったようである。

祖国の味を求めて・平壌冷麺

朝鮮半島の冷麺は、来日した人々によって日本に伝わった。神戸長田の「元祖平壌冷麺屋」は、平壌冷麺の本流を汲んだ日本ではじめての冷麺店といわれる。若いころ、平壌の冷麺店で働いた初代張模蘭（チャンモラン）さん（一九〇三年生まれ）は、生活の糧をもとめ一九二九年に単身海を渡り、平壌出身者の多い神戸に移り住んだ。一九三〇年代、ゴム履物の全盛期だった長田で過酷な仕事にも従事し生活基盤を作り、許嫁の全永淑（チョンヨンスク）さんを呼び寄せ結婚。自らは靴職人として、妻は飯場を営み五男一女をもうけた。そこで模

元祖平壌冷麺屋（1939年頃）

平壌冷麺（元祖平壌冷麺屋）

蘭さんと平壌の冷麺店で食べる麺が大好きだった妻の永淑さんが、夫婦で故郷平壌の冷麺を再現するべく、試行錯誤の末に完成させると、異国の地で苦労を重ねる同胞たちが故郷の味を求めて集うようになり、一九三九年「元祖平壌冷麺屋」の暖簾を揚げた。戦争末期や戦後の食品統制により店は一時中断したが、ほどなく再開。

column

column

当時は冷麺一杯五〇円で、地元客や長田で働く職人たちが常連になった。朝鮮で冷麺を食べたという社長さんたちも懐かしい味を求めては黒塗りの高級車で訪れたという。

麺はそばの実の芯の部分だけ使う白い蕎麦粉にジャガイモでんぷん、小麦粉と少量の重層を混ぜる。一人前で約一分こね、機械にかけた少し太めの麺を茹でて水で締め、トンチミをベースに牛肉スープを合わせたスープをかける。茹でた肉と半熟卵、水キムチをのせ粉唐辛子を少々かける。在日一世の夫婦が平壌で慣れ親しんだ味と製法は、朝鮮戦争による祖国との分断、阪神・淡路大震災からの再建など数々の試練を経て八〇年以上受け継がれ、家族連れの常連客や遠方からのファンで賑わう人気店となった。四代目の張守基（チャンスギ）さんは、「六〇年前の味を知るお客さんが、当時の味とまったく変わらないと喜んでくれる。九〇歳を超えた祖母は今も元気に店に立ち、在日二世、三世の親戚たちと力を合わせ三店舗（本店・川西店・久保町店）の暖簾を守っています。〈儲けを追求せず、家族みんなが困らない分だけ働いて稼ぎなさい〉という曾祖父母の言いつけを守り、〝故郷の味〟を伝えていきたい」と語る。

地元の味となった盛岡冷麺

戦後、ホルモン・焼肉店の発展とともに日本各地に広がった冷麺が、名物料理として地域に根付き定着したのが盛岡冷麺である。盛岡冷麺は朝鮮半島北部咸興出身で在日一世の青木輝人さん（楊龍哲（ヤンヨンチョル）、一九一四年生まれ）が盛岡で開いた朝鮮料理店「食道園」で提供した平壌冷麺から始まった。二三歳で留学のため東京に渡った青木さんは、戦況悪化に伴い、鉄鋼や軍需関係の工場があり、戦前から在日朝鮮人労働者の多く住む盛岡に疎開した。戦後、東京の朝鮮料理店での修業を経て、一九五四年、盛岡で「食道園」を開店。故郷の咸興冷麺とピビン麺を融合させた、そば粉とでんぷんの黒っぽい噛みきれないほどコシの強い麺と、牛と鶏のスープに酸味と辛みのある大根とキャベツのキムチを合わせた冷麺を「平壌冷麺」として売り出した。初めて冷麺を食べる地元客はゴムのような食感の麺に驚き、評価はさんざんだったが、麺からそば粉を抜いてでんぷんと小麦粉、重曹を入れた半透明のオリジナル麺に改良すると一転、「他店では食べられない、やみつきになる味」が評判になった。食道園の冷麺ブームは焼肉店を営む在日同胞の注目を集め、一九六〇年代頃以降、「三千里」「明月館」「大同苑」「盛楼閣」などの盛岡市内の焼肉店の多くが独自の味の平壌冷麺を提供した。

盛岡冷麺（ぴょんぴょん舎）

　東北新幹線開通（一九八二年）以降、盛岡の冷麺は全国的に知られるようになった。盛岡市で開催された「ニッポンめんサミット」（一九八六年）に出店した在日二世の邉龍雄（ピョンヨンウン）さん（一九四八年）の屋台に「盛岡冷麺」の看板が掲げられると、「平壌冷麺」を冠した在日一世の同業者からは、祖国の文化を安売りするなと痛烈

column

column

な批判を受けた。邉さんは本場朝鮮の冷麺を研究した上で、地元盛岡の地で生まれ変わった冷麺こそ「盛岡冷麺」だという思いで一九八七年に「ぴょんぴょん舎」を開店。持ち帰り用冷麺の研究開発を進め、東京に出店するなど盛岡冷麺の知名度と質の向上に貢献した。また、盛岡冷麺のルーツ探求のために韓国を訪れたり、「食道園」青木さんの冷麺を学んだ。神戸長田の「元祖平壌冷麺屋」も訪れた。邉さんは当時を振り返り、「一九九〇年代に（元祖平壌冷麺屋のことを）店のお客様から聞いた。神戸長田は父が昔ゴム靴の商売をした地で、私も神戸長田生まれ。不思議な縁を感じて初代の全永淑さんを訪ねると、本場の平壌冷麺について親切に教えて下さり理解を深めることができた。はじめは厳しかった「三千里」のオーナー（在日一世）からもよくやったなと励まされた。在日一世の苦労やくらし・文化を二世の私が学び、広め、記録を残し、次世代へと受け継いでいく。冷麺はほんのきっかけに過ぎないのです」と語る。

各店で違いはあるが、盛岡冷麺は小麦粉とジャガイモでんぷんを使ったコシのある麺と、牛骨・鶏肉等を煮込んだコクのあるスープ、トッピングや別添のキムチが基本である。チャーシュー、ゆで卵、キュウリなどの具と、夏はスイカ・冬は梨など季節の果物が添えられ、辛味が苦手な人はキムチの量で辛さを調節できるようになっている。

二〇〇〇年、公正取引委員会から「特産」「名産」表示の認可を受け、名実ともに盛岡グルメの代表格となり、わんこそば、盛岡じゃじゃめんと共に〝盛岡三大麺〟と呼ばれるようになった。「めん都もりおかMAP・モリオカ三大麺」（盛岡三大麺普及協議委員会発行、二〇一九年）には、盛岡冷麺の提供店二八店舗が名を連ね、近年では、みやげもの店以外でも全国のスーパーや小売店に家庭用盛岡冷麺が並んでいるのを見ることができる。

そのほか、ご当地冷麺として注目される「別府冷麺」も、朝鮮族が多く住み、朝鮮の食文化が伝わる満州から、戦後間もなく引き揚げ、別府でくらした人たちが一九五〇年代に店を開いた冷麺店がルーツになっている。こちらも海を渡った朝鮮食文化圏の冷麺が、地方の名物料理として定着した一例である。

二〇二二年、北朝鮮の「平壌冷麺の風習」がユネスコ無形文化財に登録された。祖国で慣れ親しんだ味を範として一家で代々受け継ぐ平壌冷麺や、地元客の味覚に合わせて改良を重ね「特産品」となった盛岡冷麺など、朝鮮半島ルーツの冷麺は様々な形で地元に根付き、いまも日本各地で親しまれている。

〔木下真理〕

＊粉をこねた生地を筒状の穴の開いたシリンダーや押出機で圧力をかけて押し出す製麺方法。押し出しながら一人分ずつに切り、手早く麺を釜で茹でる。機械化により細い麺が作れるようになった。

column

2 マッコルリ・タッペギ（どぶろく）
――生計を支えたもの

マッコルリ・タッペギは、日本でいうどぶろくである。戦後、日本人向けに売られたことから、在日の間でもどぶろくと呼ばれたため、ここではマッコルリ・マッコリ・どぶろくの呼称が混在している。

朝鮮半島の農村では、家庭での酒造りが伝統的に行われていた。戦前、ほとんどの在日朝鮮人家庭でどぶろくが造られていたというが、それは朝鮮半島での文化を引き継ぎ、父や夫に飲ませるためや法事のためといった自家用として、主に女性の手によって造られたものだった。

一九四五年に日本が敗戦すると、戦争産業に従事させられていた在日朝鮮人の多くは職を失った。職を得たくても得られないなか、何をしてでも食べていかなくてはならないという局面で、生きていくために自分たちに何ができるかを考えた在日朝鮮人の女性にあったのが、朝鮮半島の農村で培われた「酒造りのノウハウ」だった。敗戦直後の食糧難の時期、酒は贅沢品で生産、消費が統制されており、自由には手に入らないものだった。そうした時代において、彼女たちの造るどぶろくは、日本人労働者や同胞の喉を潤し、疲れを癒した。

しかし一方、どぶろくには重い税金がかけられており、許可なく造ることは酒税法違反として摘発された。在日朝鮮人集落には警察官と税務署員が頻繁に摘発に訪れ、家々にあるどぶろくの甕を押収していった。それでも、生計を支える手段としてどぶろくを造っていた在日朝鮮人の女性たちは、どぶろく造りをやめることはできなかった。

禁じられているとわかっていながらどぶろくを造らざるをえなかった敗戦後の在日朝鮮人のくらしとは、どのようなものだったのか。単に「税法から見て違反行為だ」と言うだけでは解決できない背景がそこにある。「どぶろく」を通して在日の人々のくらしを見ると、朝鮮半島の酒文化のみならず、在日の人々の労働事情や、職を奪われながらもたくましく生き抜いてきた姿が見えてくる。

(1) 朝鮮半島の酒造り

朝鮮半島のくらしと伝統酒・マッコルリ

マッコルリは米と麹を用いて簡単に造れる庶民的な濁り酒であり、朝鮮半島を代表する酒の一つである（日本でも明治初期までは全国各地の農村で自家製どぶろくが造られ、日常的に飲まれていた）。「マッ」とは「すべて」「ひっくるめて」などの意味、「コルリ」は「コルダ」で「漉す」の意味。「マッコルリ」とはつまり、「すべてを合わせて漉した酒」を意味する。「マッコルリ」という発音が方言になり、「マッコリ」や「マッカリ」と呼ばれるようになった。しかし在日の間ではタッペギと呼んでいた。

マッコルリの歴史は古く、三国時代に記された『三国史記』『三国遺事』（六世紀ごろ）にすでに、マッコルリの類いと見られる酒の名前が登場している。また、高麗時代に中国の使臣が書いた高麗見聞録『高麗図経』（一一二三年）にも、マッコルリと見られる酒に関する記述が登場している。高麗時代後期ごろからは「濁酒（タッチュ）」という表記が登場しており、今日で言う「濁酒」の類型は、朝鮮半島ではこの時代から始まったものと考えられる。

朝鮮半島の生活文化において、酒の占める位置は大きかった。冠婚葬祭や来客時など、「人の寄り集まるところには酒がある」というぐらいに、折に触れてよく飲まれた。

現在では酒を勝手に造ることは許されていないが、二〇世紀初頭まで朝鮮では酒造りが自由だった。田舎などでは盆、正月に家族分の酒を造った。どこの家庭でも穀類を利用して手軽に酒を造って飲んだ。酒造りは家庭の日常茶飯事ともいえる位置づけで、男性は麹の作り方、女性は酒の仕込み方を身につけていた。

マッコルリ造りの特徴は、一度の仕込みですべて終わってしまうというシンプルさと、仕込んでからごく短い期間で飲めるようになる早作り酒であるということだ。通常は仕込んでから一週間以内に飲むことができた。こうした早作り酒が必要とされた場面には、次のようなものがあった。

冠婚葬祭

一つは、冠婚葬祭である。朝鮮半島では儒教が信仰されており、通過儀礼における形式をきわめて重んじた。飲食においてもしきたりが固く守られ、訪問客を接待するのに、酒は欠かせないものだった。

冠婚葬祭のうち、誕生祝いや結婚式、還暦、祭祀（チェサ）など、前もって日取りが決まっている場合は、あらかじめ準備をして酒造りが行えるので、あわてることはあまりなかった。こうしたときには、長い期間をかけて作る薬酒（ヤッチュ）や濁酒類が準備された。用意した酒が足りなくなりそうとわかってきたときは、あわてて早作り酒を仕込んだ。

その様子を朝鮮食文化研究家の鄭大聲（チョンデソン）さんは次のように書いている。

> 古いしきたりの結婚式ともなれば、本番の前後をはさんで四日や五日のお祝いムードが続き、ひっきりなしの来客がある。来たお客には酒の一杯も出さねばならない。残り少ない濁酒に水を加えて希釈するという非常手段がとられることもあるくらいだ。しかし、それも間に合いそうもないことが予見されれば、翌日、あるいは翌々日のためにと早作り酒仕込みの手が打たれる。このようなときに速成酒はその威力を発揮する。ときには未熟な味の酒が出る場合もあるが、そこは愛嬌というもので、客も理解してくれることになる。（「伝統酒としてのマッコルリ」）

一方、大変なのは葬式のときだった。日を決めてやってくるものではないため、いざ葬式となると、身内や近所の人々の協力による総動員態勢のなかで手が打たれた。酒はまさに早作りのものでなければ間に合わない。ときにはよその家で造られたものを一時的に借りる場合もあったが、葬儀のために遠方からも訪ねてくる大勢の来客に礼を欠かぬよう、酒は大量に用意する必要があったのだ。

大聲さんは、「葬式のときのどぶろくの準備は、それはもう大変だった」という。

「近所で誰かが亡くなると、葬式をする。けれど、甕がそんなにたくさんあるわけではないから、一軒の家で一度に大量の酒は造れない。だから、身内や近所と分担して、できるだけ早作りの酒を三日くらいで造るんです。ちょっと薄くなるけれど、温度を高めにすれば、発酵が早められる。つまり、病状が思わしくない、亡くなりそうだ、となったら、すぐに準備を始めるわけです。病人にそのことが知られてはいけないから、自分の家で準備するのではなく、よその家に内緒で頼んでおくんですね。時には、大量に酒を用意したものの、すぐに亡くならず、一時的に病勢が回復して造った酒を持て余し、笑うことも泣くこともできない、なんていうエピソードもあります」

このように急場のときに使われる酒として、早作り酒のマッコルリは重宝したのである。

もてなし

通常七日、急げば一～三日で仕上がる早作り酒は、急な来客にも間に合うものだった。現代のように電話やメールといったコミュニケーション手段が発達した時代と異なり、遠方からの来客が前ぶれもなく訪れることもあった。予告される場合でも時間的余裕がそれほどない場合が多く、早作り酒は便利な存在だった。

農作業と農酒（ノンジュ）

植民地化以前、朝鮮半島の社会構成は、ごく一部の両班（ヤンバン）支配階級を除くと、ほとんどが農民だった。肉体労働たる農作業の疲れを癒してくれたのが、ほかでもないマッコルリだった。

春には田植え、夏には田の草取り、秋は収穫と、つねに野良に出て土と親しむ農民のマッコルリの宴は、畑のそばの木陰であったりする。ひと汗流したあとに、早作りのマッコルリを大型のどんぶりに一杯、きゅっと飲み干し、麦飯であっても腹一杯食べて、しばしの昼寝をとった風景は、マッコルリを自由に作れた時代の風物詩でもあった。（同前）

早作り酒は、そのでき上がりの早さの分、アルコール分も四～五％と低く、どんぶり一杯飲んでもビールをコップに二杯飲むぐらいのものであった。野良仕事で汗を流した後、ほどよい甘味と酸味、炭酸による清涼感を与えてくれるマッコルリを水代わりに飲むことは、農民に働く意欲を与え、日々の労働と健康を支えてくれる存在であった。

(2) マッコルリの造り方

朝鮮半島の酒造りについて鄭大聲さんに伺った。朝鮮半島では、日本で用いられる米麹ではなく、麦麹を使うのが特徴だった。麦麹は半年以上の保存がきくので、年に一度、小麦の収穫時期である六月に造っておいたものを保存しておき、酒造りのつど使うことができた。

在日朝鮮人家庭でも最初は麦麹が用いられたが、次第に日本で手に入りやすい米麹を用いるように変わっていった。その理由の一つには、麦麹は酒粕がたくさん出るため、その後始末が面倒であるということもあったという。

「米麹のほうが便利なんですよ。麦麹は酒粕が出るから。麦麹の酒粕は絞るんですが、その後、捨てるのはもったいないので、我々子どもが食べていました。酒粕に砂糖を少し入れてぐつぐつ煮て、食べる。少し酒が残っていますが、おいしいんですよ。しかし、そういう後始末がある意味面倒だというので、米の麹を買ってくるようになった。米麹で造った場合は、粕を絞らなくても、そのまま全部飲めるんです」

麦麹を造る

麦麹の造り方は次のとおりである。

①小麦粉（砕いた小麦）を用意する。鄭大聲さんはまず小麦を餅つきの杵と臼で粉にしたとのこと。小麦粉がない場合はふすまを用いたが、ふすまは中身が抜けてしまっているので、十分な麹にならなかった。

②砕いた小麦を水で練って型に入れて固め、稲藁で作った「かます」と呼ばれる袋に入れる。固めるには力が必要だったため、男性の仕事だった、と鄭さんは語る。当時一〇代前半だった鄭さんの体重では十分でなく、父親が仕上げに踏み固めた。固めるときには型（枠）の中に麻の布を敷き、①を入れて麻布をかぶせ、その上から足で踏みしめた。押さえることを朝鮮語で「ヌルダ」と言う。このため麦麹のことを、朝鮮語で「ヌルッ」と言った。

③②を小屋の中など、日の当たらない暖かな場所に置いておく。すると稲藁についているカビが自然につき、色が変わって、麹ができ上がる。それを保存しておき、酒造りのつど使う。長期保存ができない日本の米麹と異なり、半年以上保存がきくのが、朝鮮式の麦麹（餅麹）の特徴であった。

マッコルリを造る

鄭大聲さんと在日韓人歴史資料館元館長の姜徳相（カンドクサン）さんによるとマッコルリの造り方は次の通りである。

①米（いいものは糯米）をせいろに入れて固くふかす（酒に使う「酒米」は普通のご飯よりも水分を少なめにし、固く炊いた）。ふかした米（酒米）をムシロの上にざっと広げて冷ます。

②麹を酒米の上にまぶす。麦麹と米麹のどちらでもよい。発酵を早めるため、イースト菌を加える場合もある。

③②を甕（かめ）に入れ、水を注ぐ。その上に手のひらを置くように手を入れて、手首のあたりまで注ぐのが水の量の目安。その後、蓋をして、冬であれば布団や毛布に包んで保温する。夏は包む必要はない。容器は空気を通す甕が良いとされたが、在日朝鮮人家庭では、甕よりも手に入りやすい樽で代用されることも多かった。

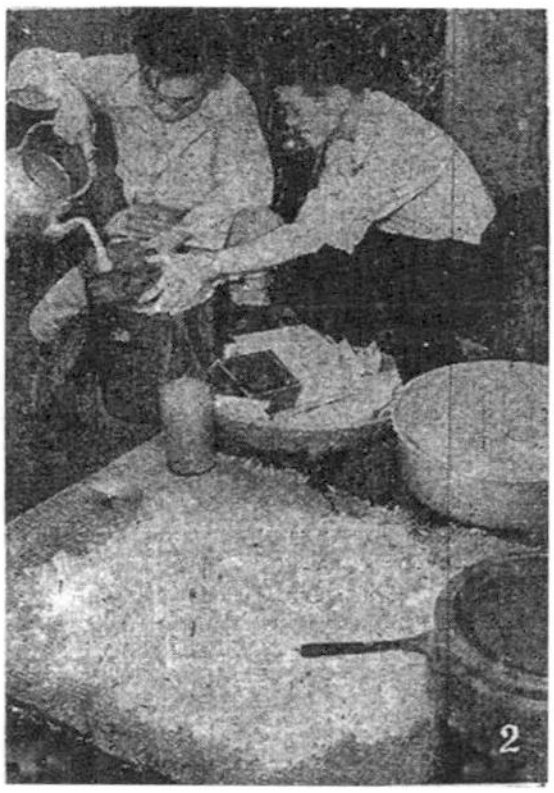

ふかした米をムシロの上に広げて冷まし、麹をまぶす。（川崎在日コリアン生活文化資料館　http://www.halmoni-haraboji.net/）

④季節によって異なるが、七〜一〇日で発酵し、ぶくぶくと泡が上がってくる。すると米の粒が浮いてきて、水がビールのような色になり、下に米が沈殿する。

⑤沈殿した米をザルに入れて甕の中に絞り入れると、マッコルリ特有の白い色になる。さらにきちんと漉す場合は、木綿の布で米をすくい、絞った。これに水を足してでき上がり。水を足すのは、酒の仕上がり量を増やすためと、作って売る回転を早くするためで、発酵期間を二、三日で済ませることもあった。

●験担ぎ　大聲さんによると、朝鮮半島では調味料作りが生活の験担ぎとして大切にされていたという。戦後の配給制の時代は、塩も配給だった。酢も手元になかったので、マッコルリを造り瓶に入れたものを竈の端に置いておいた。するとアルコールが酢酸に変わり、酢ができた。できた酢を使っていき、最後に切れる直前にマッコルリを足すと、瓶の中に酢酸菌が残っているため、すぐにまた酢ができていく。ところが、うっかり酒を足すのを忘れて使い切ってしまう人がいる。こういうとき、知り合いに「酢が切れたので種をください」と分けてもらいに行くと、もらえない。「酢種をよその家に譲ると、運がそちらに逃げる」という言い伝えがあったためだ。だからこういうときは「お宅の酢、おいしいらしいね。ちょっとちょうだい」という言い方をしてもらってきたものだったという。「そういうふうに、調味料は、酢にしても、味噌や醤油にしても、一つの迷信ではありますが、家運を左右する、非常に大事な生活の要素だったんです」

---

(3) 在日のどぶろく造り

どぶろくは戦後の在日朝鮮人にとって生活のための手段になった。戦前は、主に家庭で飲むために造られていた。戦後になると、在日朝鮮人の主に女性たちは、商売としてどぶろくを造るようになったのである。戦後、仕事を奪われ、厳しい就職差別によって新しい職を得ることもかなわなかった在日朝鮮人男性に代わり、女性たちはどぶろく造りをはじめ、ヤミ商いやカツギ屋、くず鉄拾いなど、少しでもお金になることなら何でもやって、苦しい生活を生き抜いたのである。どぶろく造りは在日朝鮮人の生活を支えたが、それ専業で食べて行ける家は少なく、多くの家は昼夜を問わずさまざまな仕事をして、生計の足しにしていた。どぶろく造りについて在日一世に伺った。

母親のどぶろく造り

——姜徳相さん（一九三二年生まれ、男性。一九三四年、二歳で渡日した在日一世）

●なぜどぶろくを造ったか　戦前は父親が家庭で飲むために、母がどぶろくを造っていた。「うちの母ぐらいの年齢の朝鮮人女性で、どぶろくとキムチの作り方を知らない人はいないと思いますよ」と言う。母がどぶろくを造って売り始めたのは解放後。直接的なきっかけは、疎開地だった宮城県にくらしていた一九四六年、解放一周年のお祝いの席で父親がメチルアルコール入りのウイスキーを飲んで失明に近い状態となり、職を失ってしまったことだった。一家は東京・信濃町の廃屋になっていた建物に、朝鮮人家庭七、八世帯と日本人三、四世帯とともにくらすようになる。

「父が視力を失って仕事をしなくなる。生活が困窮し、母の肩に乗る。すぐにできることといったら、どぶろく造りとヤミ商売しかないんです。ヤミ屋は、渋谷や新宿といった盛り場の道ばたにミカン箱のような箱を二つほど置き、そこに米軍の放出物資などを並べて露店をやったそうです。もう一つよくやったのは、カツギ屋でした。電車に乗って東北に行き、背中のリュックに一杯と両手に持てるだけ、米を買ってくる。五回に一回は取り締まりに遭うんです。すると全部没収されるか、置いて逃げる。それを考えるとあまりいい商売ではなかったと思いますが、ほかにやれることがなかった。商売と言うより、食べていくためにそういうことをやって、なんとかもがいたということですね」

●どぶろくの売り方　「当時、『トンチャン』と言って臓物を食べさせる店がぼつぼつできていましてね。ちょうど食糧難の時期ですから、日本のお客さんもそこに来て、モツを焼いて食べていく。そういう店にどぶろくを卸している人もいました。けれど母はそういうお店のつてがなくて、酒を一斗缶に入れてリュックで背負って、同胞の集落に売り歩いていたと思います。買う相手も同胞が多かったですが、日本人でも好きな人は買いに来ていました」

つまり、徳相さんの母親はどぶろく造り専業ではなく、露店やカツギ屋など、食べていくためにできることはなんでもやった。そのうちの一つがどぶろく造りだったのだ。

「隣の家もどぶろくを造っていました。隣はうちより広かったので、そこにたくさんお客が来て、その場で飲ませていました。飲み屋ではないんですが、サロンみたいな感じでした。来ていたのは、多くは同胞だったと思います」

「もう少し企業的にやっていたところは、いろんなお店に卸していたと思いますよ。そうじゃないと、やっていけないですから。企業化して、焼酎を醸造する家もありました。焼酎造りには蒸留するための器具が必要でしたが、難しい器具じゃないんです。どぶろくを入れて下から火を炊くと、アルコールが蒸発して水滴となって落ちてくるという。器具は簡単に作れたと思います」

どぶろくと養豚は結びついていましたか、という質問に、徳相さんは「まさに」と答えている。

「どぶろくは酒粕が出るでしょう? それを豚に食べさせるんです。豚がいれば、酒粕を捨てる必要もなく、しかも豚が肥えるという仕組みだと思います」

●どぶろくの摘発・押収

「摘発のときは、税務署と警察が一緒になって来るんです。当時は証拠主義なんですよ。酒が残っていないと、捕まえることはできても、酒税法で罰金をとることができないんですね。だから、どぶろくを全部、地面に流しちゃうんです。造っている集落は皆やっていますから、押収に来たという情報が入ると、そこはもう酒くさくて大変ですよ。取り締まりは頻繁にありました。当時の新聞を見ればわかります。在日朝鮮人集落と税務署・警察との喧嘩の原因は、どぶろくです。しょっちゅう摘発があっても、在日朝鮮人としては食っていくためにどぶろく造りしかなかったわけですから、しょうがなかったんです」

私のどぶろく造り

――金福順（キムボクスン）さん（一九二四年生まれ、女性。一九三九年、一六歳で渡日した在日一世）

●見よう見真似で覚えた

「私がどぶろくを造り始めたのは一八、一九歳ころ（一九四二、四三年）からだったと思う。戦争中だから酒がないじゃん。食べていかれないから、始めた」

本格的に開始したのは、それまで住んでいた愛知県から、神奈川県に移った後だった。解放後、夫の仕事が五年間ほど見つからず、その間、福順さんが働いて、生活をまかなった。収入を得る方法の一つとして、どぶろく造りを始めた。どぶろくの作り方は「見よう見真似」で、いつの間にか覚えていたのだという。家で法事があるとお母さんが造っていたので、その様子を見て、子どものころに覚えた。改めて教えてくれる人は誰もいなかった。

「私らの年齢（の女性）で、学校を出た人はいない。私も学校を出ていないからね。教えてもらったことは何もない。自分の親にしろ、姑にしろ、なにも教えてくれなかったよ。見よう見真似だったよ」。

福順さんの結婚当時、夫は一五歳と若く、舅の飲むどぶろくは姑が造っていたため、福順さんがどぶろくを本格的に造り始めたのは商売するようになってからだが、結婚前でも、兄嫁の不在時などには造っていた。福順さんは戦時中に愛知で一度、戦後、神奈川に移って再び、どぶろく造りの商売をしていた。

●困難だった材料集め　一九四〇～四五年に愛知県に在住。

「配給が悪くて、生活に困ってしまった。おなかに入ればなんでもいいという日々だった。そんなとき、皆がどぶろくを造るために小麦の麹を買い歩いているのを見て、配給の小麦で麹を作って売ろうと思ったの。臼で固めて作って、いい麹が四つも五つもできたんだよ。そこで考えたのね。皆が麹がなくて酒を造れないんだから、私は田舎に行って米を買ってきて、どぶろくを造ろうと思ったの」

ところがちょうどそのころ、米が配給制になってしまい、どぶろく造りのための米を仕入れるほどのお金もなく、結局は本格的に始めることができなかった。

一九四六年、一家は仕事を求めて神奈川県に移った。

「親戚を頼って行ったけど、子どもが四人もいたから、食べるものがない。ヤミ市に行ったらいろんなものが売ってて、米が少しあったの。なんとか一升。ご飯にして食べたらすぐになくなってしまうから、その米でどぶろくを造って売れば、買ってくれる人がいるんじゃないかと思ったのね。それでどぶろくを造って売ったら、米一升が四升分のお金になったの。それがもとなの。米一升が、私の人生のもとなの」

●どぶろくを造る

「米はもち米がいいんだけど、うるち米でもいいの。最初に米を洗って、一晩つけておく。朝、笊にあげて、せいろでふかすの。米五升だと、二斗樽でちょうど。乾物屋に行くと米麹を売ってるから、それをふかした米の上にパラパラと散らばせてほぐして、ご飯を冷ますの。麹は二百何十円だった。冷めたら二斗樽に入れて、イースト菌を入れるの。イースト菌はパン屋さんに行けば売ってる。それで、麹と米とイースト菌をみんな混ぜちゃう。混ぜたら今度はお水を入れるの。二斗樽で見当して七分半ぐらいまで。浮き上がるとあふれちゃうからね。そうしたら、蓋に直径五センチぐらいの穴を開けておくの。そうしないと、発酵すると蓋がはじけちゃうから。当時は木の蓋に穴を開けて使ったよ。

それで置いておいて、例えば一〇月ごろの気候なら、一日半ぐらいでもういい匂いがする。二、三日経てば酒になってる。早く売りたいから三日目で売ったけど、本当は四日ぐらい置くといいの。

そうしたら、ふるいで粕をすくってギュッと押して、粕を絞るの。ふるいには布は敷かないよ。布を敷くと、目が細かすぎて酒が出ないの（筆者注：人によっては布を敷く場合もある）。絞った粕をボウルに入れて、水を足して粕を揉んで樽に絞って、三、四回繰り返す。粕にはできるだけ酒が残らないようにする。すくって粕を捨てて、水を足した分で樽の七分から八分になるようにする。五升の米でどぶろくが一斗五升ぐらいになる。二斗にしちゃうと薄すぎるのね。私はそんなに薄くして人に売るのは嫌だったから」

そうしてでき上がったどぶろくは、早く売らないと発酵が進み過ぎて酸っぱくなってしまう。しかし二斗樽だと、売り切るまでに二日も三日もかかった。

酒粕は捨ててしまっていた。また、どぶろくは、そのまま飲む白いものは「マッコリ」、上澄みを「チョンジュ（清酒）」と呼んだ。

●どぶろくを売る　神奈川で本格的にどぶろくの商売を始めた福順さんは、家で売っていた。

「労働者が皆、自分でどんぶりを持ってやって来る。どんぶり一杯四〇円ね。どぶろく一升で大体どんぶり四杯分」。飲み屋をやっていたわけではなかったが、その場で飲みたい人には飲ませたという。

「廊下で飲ませるの。つまみは好き好きだけど、うちも商売だから、牛肉の筋（すじ）を買ってジャガイモと一緒に醤油で煮込んで、一皿二〇円で出した。それは儲からないの。盛りがあんまり少しだと悪いような気がしちゃって、余計に盛ったりとか、近所の病人や年寄りにやったりとかしてたからね。ホルモンは筋よりも高いから、筋を使ってた。筋のほうが味がいいでしょ。でも時間がかかるから、二時間ぐらい七輪で煮込んでね」。そうやって一生懸命働いていたが、儲からなかった。「だって旦那が飲んじゃうんだもの、儲かるわけがないよ」

それでも福順さんはがんばって稼いで、一九五七年には自分で家を建て、愛知に残っていた義父母を呼んだ。

神奈川で福順さんは三回、どぶろくの密造で捕まったという。天井裏に二斗樽を置いて造ったり、他人の小屋を借りて造り歩いていた。福順さんの場合、捕まるときは朝、急に警察が入ってくるので、周りの人が摘発を知らせてくれるようなことはなかった。三回目に執行猶予を受けた。次に捕まると罰金を払わなくてはならないということで、どぶろく造りをやめた。

●生きるためには何でもやった　福順さんはどぶろくを造りながら、ほかの商売もしていた。「ヤミ屋はいろいろやったね。でもどぶろくが一番。どぶろく造りをやめた後は、くず鉄屋が一番儲かったよ。どぶろくは作ったり売ったりが大変だから」。くず鉄屋は一九五五～七三年ぐらいまでやっていたという。

どぶろく造りをやっていたときも、魚ぐらいならまあまあ腹一杯食べることができた。しかし肉を食べられるようになったのは、くず鉄屋をやるようになってからで、そのときが一番、くらしが良かったそうだ。くず鉄屋は、元手がいらない。つぶれたり壊れたりした日本の会社から、そこの人夫たちがくず鉄を拾い、売りに来る。それを福順さんたちが買い、高く売っていた。

3 どぶろくの受難
――どぶろく戦争

敗戦直後の食糧難の時期、在日の人々の収入源となり、くらしを支えたどぶろくには、一方で重い税金がかけられており、許可なく造ると酒税法違反として摘発された。在日朝鮮人集落には警察官と税務署員が頻繁に押しかけて摘発を行い、家々にあるどぶろくの甕を押収していった。それでも、生計を支える手段としてどぶろくを造っていた在日の人々が、どぶろく造りをやめることはできなかった。どぶろくと警察・税務署との闘いは、「どぶろく戦争」と呼ばれた。

どぶろく戦争

表4－2－1は一九四五～五五年に『神奈川新聞』に掲載された、神奈川・川崎のどぶろく摘発に関する記事の一覧である。特に最も多い一九五一年には一八件もの記事が掲載されており、記事になっているだけでも頻繁に摘発が行われていた様子がうかがえる。

このように税務署が密造酒取り締まりに力を入れたことには、「税収確保」という背景があった。

日本で自家用酒の製造が全面的に禁止されたのは、明治三二年に当たる一八九九年のことである。当時の酒税収入（四九〇〇万円）は租税・印紙収入中第一位の三六％を占めており、第二位の地租収入とともに重要な位置づけだった。このため、酒税収入を確保するうえで、当時の酒税額にして毎年一〇〇〇万円にものぼると言われていた密造酒に対し見過ごすことができなかったのである。

そもそも、明治維新後、酒類に対して一般的に課税されることになったのは、一八七一年の「清酒濁酒醤油鑑札収与並ニ収税方法規則」により、免許税および醸造税を課税することとされたときからである。これらの課税制度は販売用酒類を対象として構成されており、自家用に造る酒類については「細民農桑ノ辛苦ヲ医スル為メ」のものとして課税の対象外とされていた。ところがその後、財政規模の拡大とともに酒税負担が増加されていったため、必要な酒税を確保するためにどうしても自家用酒に対する非課税措置を縮小し、自家用酒製造に対する規則を厳しくせざるを得なくなっていった。そうして、一八八〇年までは規制が設けられていなかった自家用酒は、一八九九年には全面的に製造を禁止されるに至った。この間、一八八五年に、日本各地の農家において自家用酒の無免許製造が多発する傾向にあるので、大蔵省は酒税確保の見地から、各府県に厳重な検査を執行すべき旨を指令している。

こうした趨勢は大正、昭和初期も続き、やがて一九四七年、財政規模の拡大に応じ税制改革が行われた。戦後インフレを回避するためには、租税収入を確実なものとすることが最重要課題だったが、現実は一九四七年度の予算額一三三二億円に対し、一二月までに収納された金額はわずか三五%。残額八六〇億円を一九四八年一~三月までの間に収入しなければならないという緊迫した状況に陥っていたのである。税務官庁に対し租税収入確保の努力が要請され、一九四七年度はどうにか所要の租税収入額を確保したものの、種々の摩擦が生じ、税務当局を取り巻く環境は厳しいものとなった。

こうしたなか、一九四七年度は二回にわたり税制改正が行われた。まず所得税の予算申告納税制度および総合課税主義の採用や酒税税率の引き上げなどが、次いで一二月にはインフレ下における財政需要の増大に対応するため所得税や酒税税率の引き上げが行われている。つまり、酒税は二度にわたり引き上げられ、一九四七年六月頃の清酒二級の価格は一年前に比べて約六倍、一二月にはさらにその二倍となる上昇ぶりを見せた。

その一方で酒類の生産状況は、戦前(一九三〇~

年月日	記事の概要（主として見出し）
1951.5.25	どぶろく集落急襲　桜本、浜町他管内6カ所　臨港署と川崎税務署
1951.5.30	密造集落急襲　鶴見で濁酒、機械等押収
1951.6.9	密造集落を急襲　横浜寿署
1951.6.14	川崎で密造酒押収　東渡田
1951.6.15	川崎で濁り酒急襲　南加瀬
1951.6.19	どぶろく集落急襲（横浜市金沢区）　国税局495点押収
1951.6.22	三度目の御用　鶴見でどぶろく密造
1951.6.23	保土ヶ谷で濁り酒集落を急襲
1951.7.20	どぶろく集落急襲　桜本、浜町、扇町
1951.8.30	横浜山手署でどぶろく押収
1951.9.29	密造集落急襲　鶴見署　鶴見区子安でどぶろく押収
1951.12.18	どぶろく密造集落を急襲　神奈川署と神奈川税務署
1951.12.19	酒の密造　川崎市伊勢町
1952.2.20	川崎で濁酒急襲　新城、木月（逮捕者は日本名女性、国籍不明）
1952.2.28	密造集落急襲　川崎東門前、大師仲町（2名の日本名女性逮捕、国籍不明）
1952.6.24	酒密造集落を急襲　爆薬、日本刀も押収　横浜（川和・寿・磯子の3署を除く）各署で
1952.10.15	川崎で密造酒の手入れ　高津署
1953.1.14	鶴見区汐入町の密造酒製造所2カ所を襲い○ら2名検挙
1953.1.21	密造酒で12名検挙 川崎17集落を一斉急襲 浜町、渡田、桜本など12カ所
1953.1.31	（上記の検挙で）飯が食えぬと騒ぐ　密造酒集落の朝鮮人
1953.3.25	早朝密造酒集落襲う　鶴見　沖縄女性ら8名検挙
1953.6.6	密造取締りでもめる　朝鮮人神奈川署へ20名
1953.11.13	大掛かりな闇米取締　警官隊へ汚物　どぶろく集落の急襲騒ぎ　寿署、南区中村町一帯
1954.2.3	女、子どもまで抵抗　川崎どぶろく集落急襲　桜本、浜町等15カ所
1954.6.10	密造酒手入れ　横浜山手署
1954.12.16	密造酒一斉手入れ　横浜、川崎8カ所も急襲
1955.7.9	お父ちゃんは飲まないネ　まだある密造酒　撲滅運動に寄せて
1955.8.7	氷まくらにどぶろく　川崎浜町の朝鮮人少年横須賀で（酒税法違反で）捕まる
1955.10.16	どぶろく密造集落を急襲　中区山下町

（山田貴夫著「植民地主義克服の意義と現状」巻末資料「神奈川・川崎の朝鮮人関係報道記事一覧（神奈川新聞から）」、2005年より）

表4－2－1　神奈川・川崎のどぶろく関連報道記事一覧（1945～1955年）

年月日	記事の概要（主として見出し）
1947.3.3	大掛かりな密造村　桜本町一帯から密造酒押収
1947.6.25	川崎で密造大検挙　出た出た樽詰めの濁酒　暴漢に襲われ間税課長重態
1947.6.27	武装警官200名と税務官吏100名が10数台のトラックに分乗　集落包囲し交通を遮断　連行98人　闇酒の手入れ　端山間税課長殉職
1947.8.8	間税課長殺しの一味捕わる　警察隊、町内を包囲　他の暴行事件が検挙の糸口
1948.8.1	川崎の密造集落　警視庁も協力大手入れを断行　トラック11台に分乗　川崎浜町
1948.8.26	18石を押収　半年間の密造地急襲　1～6月で27件（朝鮮人21名、日本人6名）川崎4件
1948.9.16	ニセ一級酒の正体　川崎駅前で大量押収
1948.10.29	川崎の密造地を急襲　ニセ一級酒の焼酎を押収　砂子、桜本3丁目
1948.11.2	カストリ集落大混乱　きのう鶴見署で大急襲（下野谷）
1948.11.30	川崎　間税課長殺し一味に判決
1948.12.10	5密造所を急襲す　武装警官102名　川崎で大量摘発（浜町ほか）
1948.12.12	（密造酒）摘発より正業を　横須賀署へ朝鮮人60名押しかける
1948.12.17	朝鮮人とカストリ問題　朝連鶴見支部が「朝鮮人生活対策朝鮮日本合同協議会」 6割が失業、不動的な職業のみ　夜学に通わせるなどの取り組みも 「義務ばかり負わせて権利を与えない、食えなくなった朝鮮人を救うことは日本の再建にも役立つはずだ、要求することは朝鮮人として食えるだけの賃金で働く職場を与え、商工業者に賃金と資材を融通することだ」
1948.12.18	密造取り締まり強化　横須賀署
1949.1.11	あくまでも取り締まる　密造摘発さらに強行　12月中29件31人（朝鮮関係24人）
1949.1.19	カストリ集落急襲　武装警官400余名で包囲　横浜
1949.6.18	密造酒あくまで一掃　持ち運び、販売にも目を光らす
1949.9.1	悪質化した幽霊、密造　報奨金をかけた当初も期待はずれ
1949.10.26	川崎の密造酒狩り2件　浜町、東渡田
1950.4.28	主食の不正受配、県下一斉取締　外人登録、職員不正、酒類密造集落、転出証明取り扱いその他全面的に行い、不正違反者は厳罰方針で処理
1950.7.7	川崎市幸区戸手2丁目の密造集落を急襲
1951.1.19	密造集落急襲　川崎市南幸町3丁目
1951.1.21	密造集落手入れ　横浜市南区　寿署と南税務署
1951.2.3	密造集落急襲　戸塚署
1951.2.8	密造酒の酒蔵　神奈川区で2件摘発
1951.3.28	どぶろく一石六斗押収　神奈川署

三四年度平均）においては一〇〇万キロリットルで、国民一人当たり約一五リットル相当だったが、一九四七年度においては二五万三〇〇〇リットル。国民一人当たりではわずか三リットルと、極めて少量の酒類しか生産されていなかった。

すなわち、酒の価格が急騰する一方で生産量が低下し、国民の消費量をまかなうのに十分な量が供給されなかった、つまり酒が非常に手に入りにくい状況となったことから、手近な材料を用いたどぶろくなどの酒の密造に拍車をかけることになったのだ。

一九四七年九月末における密造酒の推定生産数量は五〇万二〇〇〇キロリットルとされ、正規酒類の製造上移出数量三四万三〇〇〇キロリットルをはるかに上回った。こうした密造酒の急増に対し、税務当局は種々の施策とともに、全国の税務職員を動員して取り締まりを実施した。これに伴い、検挙件数も一九四五年八五一〇件、一九四六年一万一六八六件、一九四七年一万六九六八件と、急増した。このころの密造酒取り締まりに対する重要な措置として、一九四七年七月四日の閣議における各省諒解事項および同年九月七日「酒類密造取締及び酒税収入確保に関する件」についての閣議決定事項がある。特に閣議決定の内容は、①酒類密造の横行は、酒税収入や主食の供出を阻害することが著しいので、全国的かつ継続的な密造取り締まりを徹底的に行うこと、

1949年4月、新潟県内の朝鮮人集落で行われた大規模な取り締まりで、押収されるどぶろく（新潟県警察史編さん委員会 編『新潟県警察史』）

②関係各庁は一体となってこれに当たることとし、

そのため中央および地方に「酒類密造対策推進協議会」を設けるという基本方針を決定するものだった。

　このように、解放直後から、酒類の生産が戦前水準を超えるようになった一九五二、五三年ごろまでを最盛期として一九五五年頃まで、酒類密造が全国で盛んに行われ、税務職員、警察官と朝鮮人集落との間で「どぶろく戦争」が頻繁に起きることとなった。

密造大摘発事件

　このように、全国で数多く行われたどぶろくの大量摘発のなかでも、税務署員に殉職者が出た一九四七年六月二三日、川崎市中留での「密造大検挙」は、人々の記憶に残る事件となった。あくまでも摘発した側の視点からの資料であるが、事件の概要を、税務署関係者のまとめた資料から引くと、次の通りである。

殉職者

神奈川税務署税課長
端山豊蔵
明治三十三年生　四十六歳

川崎市桜本に千名位の朝鮮人部落（引用ママ）があって、大々的に酒類の密造を行なっており、法秩序を無視した存在となっていたので、米軍第八軍の指令もありその取締を実施することとなった。

　昭和二十二年六月二十三日、税務当局は、検事二名、警察官二百六名の応援を得て税務職員八十八名を動員し、一同を横浜市内の警察研究所に集結せしめ、これにMPを加えて、ジープを先頭にトラック二十数台を連ねて佐倉本町に突入し取締を行なった。

　この結果、密造者百余名を検挙し、密造酒約十五キロリットル及び原料品（米、麦、こうじ等）二百キログラム其の他機械器具を差押さえることができたのである。なお、検挙者は三ケ所に分けて留置し、密造酒は横浜地方検察庁の中庭に収容した。

端山豊蔵神奈川税務署間税課長は、この日、部課職員の先頭に立って、率先その取締に従事した。取締終了後、川崎税務署に引揚げ、取締の状況報告等の事後処理を終えたのは夜九時頃であった。川崎税務署を出た端山課長が京浜川崎駅にさしかかったとき、待ち伏せていた兇漢数名にとり囲まれ「税務署員か」と誰何され、「そうだ」と答えると殴打暴行を受けてしまった。

倒れた端山課長は、直ちに川崎市立病院に収容されたが、腸が切れているのが判明せず、三日後の六月二十六日死亡した。

なお、加害者は、傷害致死罪で懲役七年に処せられた。

（略）

昭和二十六年東京都千代田区大手町東京国税局に顕彰碑が建立され、命日である六月二十六日に除幕式が挙行された。

（略）

なお、顕彰碑は昭和四十年六月殉職したところの所轄署である川崎南税務署に遷された。川崎南税務署では折に触れ清掃をし、東京国税局では、毎年の命日ごとに法要を営んでいる。

（略）

（内薗惟幾著「税務職員の殉難小史 ―酒類密造等の沿革と併せて―」）

この大量摘発に居合わせた李粉祚（イプンジョ）さんは、その様子を次のように語っている。

「中留では皆仕事がないから、焼酎やどぶろくを造ったりしたけど、その当時はお酒がなかったからよく売れたの。それで少しずつ、食べていくだけ。警察が検査に来て全部もって行かれちゃう。あるときはアメリカ人が来て、そのときに中留に警察が三〇〇人くらい車で来て、中留の家を全部調べて、もって行かれちゃったの」

そして、摘発された側の関係者からは、このような証言が聞かれている。

1947年税務署員殉死に寄せて建立され、いまも川崎南税務署の玄関脇にある慰霊碑（川崎在日コリアン生活文化資料館 http://harumoni-haraboji.net/）

「中留にいっぱいの警官とGHQが取り囲み、トラック何十台も連ねて、家々にあるどぶろくの甕を押収していった。もって行ったもんを飲んで酔っ払って、川崎駅周辺でいい気分でしゃべっているのに居合わせた若いもんが、かっときて殺してしまったんだ」（川崎在日コリアン生活文化資料館 http://harumoni-haraboji.net/）

川崎南税務署には、現在でも、殉職した税務署員の慰霊碑が建っている。しかしその背景に、どぶろくをめぐる在日コリアンの怒りの記憶と歴史があることは、あまり知られていない。

手入れの実態

どぶろくの摘発については聞き取りをした朴鳳礼（パクポンレ）さん（一九三一年生まれ。一九三六年に五歳で渡日した在日一世）も次のように話している。

鳳礼さんたちの集落では、警察の手入れがあるときには、お金欲しさに事前に教えてくれる日本人警官がいた。知らせがあると、町会事務所に集合がかかり、「何時何分にどぶろくを調べに来るから気をつけろ！」と声がかかる。すると皆、どぶろくの上に唐辛子の粉をパーッとまく。早くに入れ過ぎるとどぶろくが使えなくなってしまうので、警官の来る二〇〜三〇分前を目安に入れた。どぶろくは発酵しておりブクブクと沸いているため、唐辛子を入れるとプーンとにおってくる。そのすごいにおいに参って、警察官は皆帰ってしまったそうだ。唐辛子は警察が摘発に来るのに備えて、大阪や東京の問屋から仕入れて、何十キロと小屋に積んでいた。手入れのときの様子を、鳳礼さんが語っている。

「おまわりさんが一〇人から二〇人、集落の中に入ってくるでしょ。孫のいるおばあちゃんたちは、皆、孫をおぶうの。座っている人もいれば、立っている人もいる。そしておまわりさんに『何しに来た、この馬鹿野郎！』って喧嘩するんですよ。そうすると、おまわりさんが棍棒みたいなので突いてくるんだよ。それでおばあちゃんたちが転んで倒れる。『殺すなら殺せー！』って叫んでね。若い人が前に立ち、おばあちゃんたちが後ろ。そのうちおまわりさんが集落の中に入っていくと、唐辛子のにおいがプーンとするでしょう？　そうすると、パーッと皆、出ていっちゃう」

「おまわりさんが行った後、おばあちゃんたちが皆で一斉に、あらかじめ作ってあったスコップみたいなヘラみたいな板で、どぶろくの表面に浮いている唐辛子を全部すくうんです。お酒の上に粕が少し浮かんでいるから、それと一緒にすっと取る。取った唐辛子は捨てました。どぶろくの上に少し残った酒粕と唐辛子は、すくって糠味噌に入れると、いい味になった。その後、そのどぶろくは飲みましたよ。ただ、上のほうはどぶろくとしては売れないんで蒸留して焼酎にして、下のほうだけどぶろくとして売った。そういうことが何十回もあったんですよ」

東京大学大学院情報学環教授として知られる在日二世の姜尚中（カンサンジュン）も、その著書『在日』のなかで、幼いころ、自分たちの住んでいた集落に税務署が一斉摘発に入ったときのことを語っている。

「もともとは神経質で繊細な感受性を持っている母が、このときばかりは生活を破壊する官憲への怒りをあらわにし、どぶろくを押収していく税務署のトラックに向かって石を投げつけたことがあった」

日々のくらしを必死でやりくりしていた在日の人々にとって、わずかに残された収入の手段、生活の糧であるどぶろくが押収されることは、それほどに深い怒りと悲しみを伴う出来事だった。

なぜ、どぶろくは造り続けられたのか

このように、どぶろくを通して在日朝鮮人のくらしを見ていくと、敗戦後の社会状況が浮かび上がってくる。頻繁に摘発にあいながら、彼らがなぜ、どぶろくを造り続けなければいけなかったのか。姜徳相さんは、こう語ってくれた。

「ひどいもんですよ。戦争中の在日朝鮮人は、軍事協力なりなんなり、職場があって食べていたんですが、戦争が終わり大量の日本人が海外から復員などで戻ってくると、在日の人々は全部職場を奪われて、町に完全に放り出されるわけです。失業率は恐らく九〇%になっていたと思いますよ。けれどそれでも、食べていかなければならない。食べていくために、自分の持っているものはなにかというと、どぶろく造りのようなものしか知らなかった。税務署と警察がやってきて喧嘩になる『どぶろく戦争』は全国どこにでもありました。それをただ単に『違法だ』と言うだけでは解決できないんです。違法であることは、在日の人々だってわかっている。だけど食わなきゃいけないでしょう。そういう、職を奪われ、食べていくためには、どぶろくを造るしか方法がないという状況がまったく伝えられず、在日はど

ぶろく造りのような違法行為ばかりやっている、日本に迷惑ばかりかける奴らだという印象が、戦後の日本社会の一つの大きな風潮になっていく。それが一番の問題なんです」

厳しい取り締まりを受けながらもどぶろくを造り続けた背景には、古くからの伝統と、造り続けざるをえなかった社会状況が横たわっている。在日の人々とどぶろく、そしてくらしの歴史を見ることを通じてその背景に思いを馳せることを、私たちは決して忘れてはならない。

〔昭和のくらし博物館〕

衣生活——日本化の強制の中で

日本の支配層は、民族衣装の着用は同化政策の妨げになると考えた。併合当初は白い衣服を好む朝鮮の人々に対して「色服奨励」を掲げ、色つきの服を着るようにと強要した。さらに戦時体制が強化され、在日朝鮮人を統制下におくための「協和会」が全国的に組織されるようになると、民族衣装をやめて和服や洋服を着るようにと、強く勧めるようになった。

外で働く男性は、職場の制服や作業服など洋服を着る機会も多く、必要に迫られて洋服化していった。しかし、そもそも貧しさを強いられていた生活に新しい衣服を買う余裕などなかった。日本の学校に通う子どもには工面して洋服を着せても、女性や老人たちはずっと着てきた民族服のままでくらしている、そんな家庭がほとんどであった。家で働く女性や老人たちは日本語もあまり話せない。故郷の文化を色濃く継承する女性たちを一刻も早く日本化させること、それは当局にとって大きな課題であった。

業を煮やした協和会は婦人対象の「着付け講習会」を開いて和服の着用を推奨したり、民族服を洋服風に改造するための「簡易服改造教室」などを頻繁に開催した。着物か洋服でなければ切符を売らないなどの強硬策に出たり、婦人のチマ・チョゴリに墨をかけるなどの嫌がらせを仕向けたりもした。しかし、一応の成果が上がったかに見えたのは表面上のことで、どんなに嫌がらせを受けようと、在日朝鮮婦人たちは韓服を着続けることで朝鮮人であることを守り続けた。

1 朝鮮半島の服飾事情

(1) 朝鮮の民族服

日本の植民地支配が始まったころ、王族や官吏、一部の富裕層を除き、朝鮮の庶民は昔ながらの民族服を着てくらしていた。「始めて朝鮮に往て一番目につくのは、白い衣物(きもの)の朝鮮人が長煙管で煙草をすいながら悠々として往來(ゆきき)をして居る有様で、此れは誰しも珍しく感ぜぬものはあるまい」。これは一九〇六年に出版された荒川五郎著『最近朝鮮事情』に書かれた当時の朝鮮半島の様子である。当時の絵葉書（下）を見ても、画面右下の警官とおぼしき人物以外は、男も女も子どもも白い民族服をまとっている。

1900年代初頭の朝鮮風俗絵葉書にみる白い衣服。左上に「白衣に埋もる大邱」と印刷されている

民族服の特徴

朝鮮の民族服は胡服、すなわち北方の遊牧系騎馬民族の系統に属し、騎乗に都合がよいように上衣と下衣（ズボン）の二部形式となっているのが特徴である。また、寒さの厳しい大陸性の気候の影響を受け、冬の快適さに重点が置かれた体を覆い隠すデザインとなっている。高句麗時代の古墳壁画（四世紀後半〜七世紀後半）には、すでに現在の原型となるスタイルが描かれ、時代とともに上衣の丈や袖の形など若干変化はしているものの、基本構成は変わらずに現代まで継承されてきた。

上衣は「チョゴリ」と呼ばれる筒袖で、男子の丈は臀部に届くほど長く、女子は胸がようやく隠れるほどに短い。男子の下衣はズボン状で「パジ」といい、チョゴリとパジの上にツルマギと称する周衣（コートのようなもの）を着る。女子の下衣はズボン状の「ソクパジ」の上に「チマ」という巻きスカート状の裳を巻きつける。チマは胸の上から巻くが、床に届くほどの長さがあってゆったりとしているため、立て膝や胡坐（あぐら）で床に直接座る生活に適した衣装となっている。なお、女性のチマや男性のパジがゆったりと作られるようになったのは、オンドル（床暖房）の影響だといわれる。ゆったりと空気を含んだ衣服の中に、床からの温熱が溜まり、暖かく過ごせるからだ。

上流階級の者は絹を身に着けることができたが、庶民の衣服は自家で織った麻布（サンベ）や綿布（ミョンベ）で作られた。

朝鮮の民族服にはポケットやかくしがなく、和服の袂のような空間もない。そこで巾着（チュモニ）が活躍する。金銭を入れる小袋や煙草入れの袋、眼鏡袋、化粧道具など、男も女もたくさんの袋を帯や衣服の紐にぶら下げた（口絵写真５－５参照）。

白衣の民族

チマ・チョゴリに代表される現在の民族服は、原色を染めた光沢のある生地が使われ、大変華やかである。これは晴れ着として着る機会が多くなったための変化で、かつての日常着としての民族服は冒頭で述べたように白衣が主流だった。

前出の『最近朝鮮事情』を見ると、「此等の衣物は春夏秋冬一般に無地で、日本人のやうに縞物は一切用ゐない、殊に大抵皆白色で、中には水色や、黄、淡紅、赤、紫等の色物もあり、小児の間は淡紅や青竹色や、其他色物を着て居るが少し大きくなると大抵皆白色である、尤も上衣、周衣、裳などは往々水色のもある」（傍点は筆者）とある。

一九二七年に朝鮮総督府から出版された『朝鮮の服装』にも、「朝鮮服装中普通服の服色は白色を宗とする。朝鮮服を着けた人の群集する處(ところ)、例へば市場などを遠くから望観すれば、恰(あたか)も綿畑を想起するの感なきを得ない」とあり、日韓併合から一七年を経ても、人々の多くは白衣の民族服を着ていたことがわかる。当時の調査結果も掲載されていて、「白色は服色の五割以上地方に依つてはその九割餘(あまり)をも占めて居る」という（「地方別服色表」大正一五年一〇月現在）。しかも、これは上下とも白色の場合である。上が白で下は他の色、上が他の色で下が白色という組み合わせのものも非常に多く、これらも白衣の内に数えれば「朝鮮服装着用の八割餘は白衣であると云つても過言でない」という。

なぜ日常着に汚れの目立つ白衣を着るのかについては、「太陽崇拝説」、「喪中に素服（白）を着る風習が慣習化したもの」、「染料が手に入りにくかったため」など諸説あるが定かではない。さまざまな要因が相互に影響しあい、長い年月を経て、白衣への愛着となって定着したのだろうと思われる。前出の『朝鮮の服装』の調査によると、「朝鮮服装に就て、何色が最も上品と思はれるか」との問いかけに対し、多くの朝鮮人が「白色より高尚な感じを與(あた)へるものはなく、他の色物例へば赤とか黄とかは目を惹くことは白以上であるが、白と比較して賎劣(せんれつ)な趣があるやうに感ずる」と答えたという。

洋装化と民族服の変化

朝鮮で一番最初に洋服を身に着けたのは、「一八九四年の甲午改革を主導した開化派の人物であったとされ」ている（『チマ・チョゴリ制服の民族誌』）。政治や外交などの公的領域に携わる男たちが、日本や欧米列強との関わりの中で、少しずつ洋服を着始めたらしい。一八九六年には断髪令が下され、一八九九年に外交官服が洋服化したのを皮切りに、まず王室や官僚といった上流階層が洋服化していった。一九一〇年の日韓併合後には、学校の制服、警察、看護士、軍服など職場の制服が日本式を導入する形で洋装化され、広まっていく。さらに一九二〇年代になるとデパートや洋服店など洋服を購入できる店舗が増え、「公務員や会社員、教育者、富裕層を中心に、男性の洋服受容は完了期をむかえた」という。前出の『朝鮮の服装』にも、「朝鮮服以外の服装では洋服が最も好まれ、學生、官吏、教員、會社員、事務員、店員等から可なり廣い範囲に渡つて洋服を有つて居る」とあり、都市部の男性層にはかなり洋服が広まっていたことがわかる。

一方、女性の洋装化はごくゆっくりと進んだ。仕事をきっかけに洋服を着るようになった男性に対し、家事を中心とする女性は外部との接触も少なく、洋服を着る必然がなかった。

「外国から帰って来た外交官の主婦の中には、洋装をした姿でソウル市内にあらわれ、話題をさらった」（『朝鮮の民俗文化と源流』）こともあり、ファッションとしての洋服は上流階級や富裕層の婦人に歓迎されたが、「知識人のあいだではむしろ韓服を着用しようという意志が強く」「一九一〇年の日韓合併後、女性の愛国心の発露によりむしろ韓服の着用が増えた」という（『チマ・チョゴリ制服の民族誌』）。進歩的な女性たちは、あえて民族服を身につけることを選び、生活に便利なように改良した。例えば現在のチマは、肩ひものついたジャンパースカート形式だが、これはこのときの改良の結果で、胸を締め付けずに着られ動きやすくなったという。

なお、外では洋服を着た男性も、「住家が朝鮮家屋であるから、勤め先では洋服でも家に歸つては鮮服に更めると云ふ服装上の二重生活者」（『朝鮮の服装』）であったし、「日帝の植民地改革に反抗してパヂ、チョゴリを一貫して着用する人士も多くいた」（『朝鮮の民俗文化と源流』）のである。

(2) 針仕事（パヌジル）は女性の徳目

一六歳までに技術を習得

人口の八割を占める農村では、麻や綿花を育て、糸をつむいで機を織り、自給自足で衣類を作っていた。家族全員の衣服を縫うのは女の大事な仕事である。朝鮮の民族服は、「平面構成のため仕立て方も比較的簡単で、縫いしろによって仕立て直しができ収納もかさばらない」（『アジアの風土と服飾文化』）という。洗濯時には一度ほどいて布に戻し、気候に応じて単、袷、綿入れに再び仕立て直した。

針仕事は「女性が一六歳までに習得しなければならない大切な徳目として位置づけられていた。そして、一着の衣服をつくれることが一人前の成人女性としての証そのものとされた」（「韓国における『針仕事文化』に関する研究(2)」）という。幼少期から母親や姉妹の「針仕事」に触れ、裁縫技術を仕込まれていった。

一九一二年生れの許任煥（ホイムファン）は一六歳で結婚し、一九三四年に二二歳で渡日してきたが、「朝鮮では家の仕事を手伝いながら、嫁入りに必要なことを覚えました。わたしも一二、三歳になると、自分の服は自分で縫えるようになりました」（『在日一世の記憶』）と語っている。ことに針仕事の得意な婦人は頼りにされ、次に挙げる例のように、衣類や布団、ときには学生服まで手作りすることがあったようだ。

「一九二七年、（数えで）一七歳を迎えるころアボジ（父）が結婚話をまとめました。嫁入り支度に青いチョゴリ（民族衣装の上着）に赤いチマ（民族衣装のスカート）を纏い、木綿の布団一式と布団カバーを染めて綿で作った布団とチョゴリ一式夏服と冬服を縫ってくれました。セオメ（新しい母）は針仕事がとても上手でした」（『在日一世の記憶』）。

「朝鮮人学生は顔からも大体わかるが、同時に着ている学生服が荒い木綿の手織であったことからでもすぐわかった。そのほとんどは朝鮮から苦学をするためにやってきているのだった」（『在日朝鮮人――私の青春』）。

なお針仕事には、衣服以外の細工物もある。小さな端切れも無駄にせず、繋ぎ合わせて巾着や風呂敷などを作るのだ。現在ポシャギとして人気の手芸品もこれらの細工物の一つである。「心を込めて作ると福がやってくる」「布の生命を長らえさせることが長寿につながる」と言い伝えながら、小さな布切れを縫い合わせたり、刺繍を施したりした。朝鮮半島伝統文化研究会を主宰し、ポシャギ講座などを開いてきた在日一世の李玉禮（リオンレ）は、針仕事の思い出を次のように語っている。

「思えば遠い昔、わが家にも祖母が作った『イブルポ（ふとんを包むポシャギ）』、母や叔母が作った『サンポ（お膳かけ）』、『チャスポ（刺繍入りのポシャギ）』などがありました。…（中略）…衣服を裁断してでた切れ端、残り布で作ります。『ホッポ（一重）』のチョガッポはいろいろな形の切れ端、決まりのない大小の布を何枚も何枚も繋ぎ合わせ、一枚のポシャギに仕上げます。これは『サムソル』という縫い方で、縫い代をかみ合わせて一枚仕立てにします。…（中略）…私には夜な夜な縫い物に勤しむ母の姿とともに、その時教わった針仕事が今も身に染み付いているようです」（「ポシャギの今と昔」月刊『兵庫教育』二〇〇八年二月号）。

ちなみに、朝鮮の裁縫は針の持ち方も運針の仕方も、日本の和裁とも、西洋のソーイングとも違っている。指サック形の指貫を中指の先につけ、親指、人差し指、中指の3本の指でつまむように針を持つ。針を持った右手の指は、親指だけが布の上に出され、後の指は全部布の下に隠れて布を挟む。そのまま、ちょうど握りこぶしを左右に振るような動かし方で針を進めていくのだ。また、和裁の場合は縫い代にキセをかけるため、縫い目が表に出ることはないが、朝鮮の裁縫には縫い目が隠せない薄くて透ける絹生地を扱うテクニックもある。そのためか、「朝鮮婦人は日本人よりも裁縫が上手で、ミシンで縫ふたやうに針の目が細かい」(『最近朝鮮事情』)と評した日本人もいた。

2 在日朝鮮人の衣生活

(1) チマ・チョゴリを着て渡日

朝鮮半島の都市部では、男性の洋服化や女性の民族服の改良などが進んだが、先述の通り、植民地時代の朝鮮の人口のおよそ八割は農民層で、布地は麻や綿花を育て糸からつむいだ自家製の昔ながらの民族服を着て生活していた。

一九二六年生まれで一四歳のころ渡日してきた川崎トラジの会の徐類順(ソユスン)さん(一九二六年生まれ)は、聞き書きの中で「日本にはチマ・チョゴリで来ました。日本だから着るとか、着ないとかじゃなくて、あるものを着て来ただけ。洋服なんか買えないからあるものだけ、持っているものだけ、っていうことです」と語っている。体験記や聞き書きを見ても、女性の多くは民族服で渡日していた。一九二〇年半ばに女工として渡日した梁命珍(リャンミョンジン)もその一人だ。

「当時、私は木綿の白のチョゴリと黒のチマを着ていましたし、髪の毛は束ねてうしろで結わえておりました。木綿のチョゴリもきれいに洗ってはありましたが二、三ヵ所はつぎがあたっておりましたし、チマも同じような状態でした。…(中略)…その寒さと心細さが一緒になって、たった一つの財産である小さなふろしきづつみを抱くようにして立ちすくんでいるところを、日本人がじろじろながめながら通りすぎて行きました」。（『風の慟哭』）

また、女性だけでなく、農村で家の仕事を手伝っていた少年たちも日本に来たときは民族服だった。日本の炭鉱で働かされた鄭清正（チョンチョンジョン）は、著書『怨と恨と故国と』の中でその様子を次のように語っている。

「一九四一年のある日、坑内にいた私たちは、ぞろぞろと数十人の少年たちが入ってきたのに驚かされました。見ると懐かしい白い朝鮮服のパジ・チョゴリを皆、着ていました。まぎれもなく朝鮮から強制連行されてきた子どもたちでした。十四、五歳から十六、七歳の少年たちだったでしょうか」。

なお、親が子どもを渡日させる場合、幼少期は民族服のこともあるが、学齢期の子どもには洋服を工面して着せることもあった。在日一世の作家である金達寿（キムダルス）は著書『わがアリランの歌』で、母に洋服を着せられた日のことを次のように追想している。

「駅員は白いチマ・チョゴリの朝鮮服を着た母と私とのようすを、さいぜんから見守っていたもののようだった。…（中略）…私はそのとき母が用意しておいてくれた古着の詰襟服を着せられていて、彼らと別にちがった姿かっこうをしていたわけではなかった」。

わざわざ洋服を着せるのは、奇異な目で見られたり、学校でいじめられたりするのが不憫だったからである。川崎トラジの会の金斗来（キムトゥレ）さん（一九一二年生まれ）は「（私は）戦争中もずっとチョゴリを着てたの。持ってきたものを着てた。子どもはね、小さいのは何でも着せたけど、学校行くのは困っちゃったよ。はじめは、朝鮮の服着て、朝鮮の靴を履いていったら、靴も切られてなくなっちゃったし、買うところもないし」と証言している。

在日のくらしの中で

日本で生活するようになっても、女性たちは民族服を着続けた。『改造』（一九三七年六月号）に張赫宙（チャンヒョクチュ）が発表したルポルタージュ「朝鮮人聚落を行く」には、「服装は一見朝鮮内の農村婦人のそれと少しも違はないやうに見えるが、しかし、仔細に點検すると、足には下駄をはき裳衣（チマ）やその下の内衣は日本布でつくつたのが目立つ」と記されている。

朝鮮人集落の中には朝鮮半島そのままの文化が息づいていて、わざわざ洋服や和服を着る必要はなかったし、朝鮮服の生地屋もあって新しい布も調達できた。（例えば一九三六年ごろの大阪府には朝鮮服地を扱う店が一二〇カ所余りあったという）。洋服や和服は縫えないが、民族服なら自分で縫えてずっと安上がりにできる。朝鮮人集落以外でくらす人々にしてみても、着慣れない洋服や和服よりも民族服のほうがしっくりと身に馴染んだ。女工として渡日し、日本人と一緒に会社の寮でくらした娘たちも「日本の和服は、かっこが悪いし働くのにも具合が悪いと言って、みんなチマ・チョゴリで工場へ行っていました」（『オモニのひとりごと　五十七才の夜間中学生』）という。朝鮮人なのだから、朝鮮の服を着るのは当然。そんな思いもあっただろう。外に働きに出る父親と日本の学校に通う子どもは洋服、家の仕事が中心の母親（オモニ）や祖母（ハルモニ）、祖父（ハラボジ）は民族服という家族が多かった。

また、比較的恵まれた生活を送っていた家庭でも、「父はとてもハイカラな人で、自分や家族の服やら着物を誂えで作ってくれました。けど母は写真を撮るとき、必ずチョゴリ（民族衣装）を着てましたね」（『在日一世の記憶』）とあるように、民族服には特別の思い入れがあった。「今日は村にとっても大きな行事だということで、自分も晴れ着にしなければならないと、父は継ぎあてのあるいつもの作業着ではなく、真っ白なパジ・チョゴリに身を包んでいました。柳行李（やなぎごうり）の底に大切にしまい込んであった一張羅を着ているのです」（『オモニの贈り物』）というように、ふだんは洋服で働く父親が特別な日には民族服を身に着けることもあった。

ただ、日本の学校に通う子どもたちは、自分が民族服を着ることはもちろん、民族服で過ごす家族を素直に歓迎することはできなかった。からかいやいじめの対象になるのがつらかったからだ。

「運動会があっても、お母さんはいつもチマ・チョゴリを着てるから全然来ないんですよ。…（中略）…学校の帰りに雨が降って、お母さんが傘を持って迎えに来ていました。韓国服着て。それを見て友達が『朝鮮人、朝鮮人』いうもんやから行かれんでしょ。あとで『ごめん』いうたら、『わたしは自分の国の服しか持ってないものねえ』と悲しそうにつぶやきました」（『在日一世の記憶』）とある。

子どもたちの洋服は、「姉さんの奉公先の奥さんが、いつも家でいらなくなった古着を持たせてくれるのです。それがどんなに着古した物であっても、花柄

1920年代兵庫県での家族写真。男性と子どもたちは洋服だが、女性たちは全員民族服を着ている（在日韓人歴史資料館提供）

や色とりどりの生地を見るだけで心が躍るようでした」(『オモニの贈り物』)など、周囲の人からお下がりをもらったり、なんとか工面したお金で手に入れた。破れたりしてもなかなか新しいものを買ってやることができず、何度も継ぎを当てて着せたりもしたという。川崎トラジの会の徐孟順(ソメンスン)さん(一九一八年生まれ)もそうやって子どもを育て上げた。

「たくさんお金がもらえれば子どもに着るものでも買ってやるけど、なかなか買えないし、あの頃の人絹とか本当に弱いんです。すぐボロボロになって。しょうがないから生地をゴミ箱行って拾って、誰かに見られるんじゃないかと思って隠して持ってきて家で洗って、そうやって切れたところにあててやったんですけどね。子どもたちは『赤だの白だの、ウサギの目みたいだ』なんて文句いってましたけど、それしかなかったんですよ」(川崎トラジの会聞き書き)。

(2) 日本化の強制

白衣の禁止

白衣の民衆たちの姿と、水辺で洗濯に明け暮れる女性たちの姿は、朝鮮の名物的な風景だったらしく、多くの絵葉書が残されている。

ところが、植民地支配が始まると(一九一〇~一九四五)、朝鮮総督府は白衣ではなく色付きの服を着るように強く勧めるようになった。白衣は不経済だというのが表向きの理由である。「朝鮮人が洗濯を繰返すこと、その為に多くの勞力を要し、且つ他の有色物よりも耐久力のない、どの點から云つても不經濟な白衣を愛好するのは、威容を整ふといふ奢(しゃ)侈(し)心から來てゐるものである、と云つてゐる者が朝鮮人間にも少なくない」(『朝鮮の服装』)というのである。

確かに白衣をきれいにしておくのはたいへんである(168ページ参照)。『最近朝鮮事情』には、洗

白衣の女性たちが洗濯をしている。「会寧河に於ける鮮人婦女の洗濯」と印刷されている（朝鮮風俗絵葉書）

濯に明け暮れる朝鮮婦人の姿が次のように描かれている。

「衣物の洗濯といふとは下等婦人の日常第一の仕事で、少し天氣さへよければ小溝であらうが、…（中略）…又酷い寒さの朝でも手足を眞赤にして、又金をとかす暑い日の時でも汗水たらして、到る處熱心に、セッセと衣物の洗濯をやつて居るのである、そうして其洗濯した衣物を乾して糊をつけ、鏝をあて、砧で打ち、それは〳〵婦人が白衣洗濯の為めに骨を折ることは實に一通りで無い」

もちろん、朝鮮の人々も、洗濯がいかに大変な仕事かは承知していた。例えば、李賛蓮（イチャンニョン）（一九二二年生まれ）の姑（生年不明）は、「郡の役人の家よりも農家のほうが洗濯が楽だろうから」、という理由で豪農の家に嫁がされている。なぜなら姑の育った家では「アボジが役所へ行くとか、出張せんならん言うたら、オモニは、前の前の晩からもう寝る間なんかなくてな、アボジの絹の白いパジ・チョゴリを、真

日本人や親日派、動員された学生とみられる数十人が「白衣退散」、「色服奨励」のスローガンを掲げている（『中央日報』2005年8月9日付より）

白にパリッとさせんならん。洗濯をして砧で叩かんならん」（『オモニのひとりごと』）と書いている。

朝鮮総督府は、白衣を着るから無駄な労働力が必要になるのだといい、伝統的な白衣の着用は「民族的な立場を強調し、日本人として相応しくなく、日本の衣服慣習に従うべきである」と主張した（『戦時下朝鮮の農民生活誌』）。

白衣では公的な建物に入れないなどの強硬策を講じたほか、白衣に汚れた水や墨などをかけるといった卑劣な手段をとることもあった。「やはり市が立つ日であったが、若い無頼の連中が水鉄砲に墨を入れたものをもって、東西南北の四つ角にたっている。そして、白衣の朝鮮服（チマチョゴリ）を着て歩いていると男女を問わず全部水鉄砲で墨をかけるのであった」（『在日一世が語る』）といった行為があちらこちらで行われ、「農村で市場に来る白衣の農民をみつけると、墨や藍の染水をふりかけた。今の日本の法律でいえば軽犯罪法の第一級のものであるが、総督府の連中はいわく「色衣奨励」とうそぶいた」（『朝鮮の民俗文化と源流』）という状況だった。

こうした厳しい弾圧により、朝鮮半島における白衣の廃止は一応の成果を上げたかに見えた。当時の資料には、「数年前迄は鮮服は都鄙おしなべて男女老幼とも不經濟な白色の生地で造り男子のソフト帽迄白色のものを使用する向が多かつたが、官の熱心不撓不屈の指導に依り現在は其の數著しく減少し、代つて色服が幅を利かせて居る」（「社会連帯」一九四〇年三月号『協和会関係資料集Ⅴ』）とある。色服化それ自体は染料の不足などのため思ったように進まなかったが、男性の国民服化、女性のチマ・チョゴリ改造などの施策を実施するなどして、白衣の廃止を進めていったのである。

協和会による和服の押しつけ

一九三九年以降、在日朝鮮人に対する抑圧・統制を目的とした協和会が全国的に組織されると、民族

この写真には「もう内地の生活になり切ってゐる人達は立派に和服を着こなしてゐる。だが巨細な点に亘ると多少胡麻かし乃至不確実なところもあって、帯の締め方など改めて復習である」という説明文がついている。奥に立つ二人の女性はチマ・チョゴリを着ている（『アサヒグラフ』(1941年7月16日号)「内鮮融和の禮法」と題した記事から）

服の着用自体が否定され、和服や改良服が盛んに奨励されるようになっていった。朝鮮語しか話せず、民族服を着続ける女性たちを対象に、「着付け教室」や「和裁教室」、「和服整理保存」、「簡易服改造教室」などが次々に開かれ、〝日本化〟の強制が行われていった。

一九四〇年の広島市尾長国民学校協和部の調査によると、在日朝鮮人児童の父九〇人中七九人は日本語での会話ができ、洋服は七二人、朝鮮服は一五人、和服は三人だった。それに対して、母九一人中、洋服はわずかに一人、朝鮮服は八四人、和服は六人。しかも日本語での会話ができる者は九一人中七人しかおらず、八四名は日本語半解または通訳を要するといった状態だった（『国民学校に於ける協和教育』）。

1938年北海道・阿寒炭鉱で写した家族写真。父と子は洋服で母だけが民族服（在日韓人歴史資料館提供）

当局は講習会を開催する一方で、和服購入貯金をさせたり、朝鮮服の生地屋を転業させるなどして、民族服の根絶に躍起になった。例えば協和会千種支部では規約貯金組合を組織し、一年かけて毎月一人二円ずつ貯金させたお金で和服を買わせようと目論んだ（『東亜新聞』一九三九年九月九日）。

協和会の幹部は各警察署の特別高等警察課の内鮮

1940年ごろに秋田県で写されたもの。男性と子どもは洋服で女性たちは和服を着ている（在日韓人歴史資料館提供）

係であり、警察力を動員して頻繁に開かれる講習会は一応の成果を上げ、和服の着用率は上がっていった。これには、民族服に汚水や墨をかけられたり、洋服や和服を着ていないと切符を売ってもらえないなどの嫌がらせがあったことも影響したと思われる。

しかし、成果が上がったとはいえ、「一応の」という程度であり、期待されたほどには進まなかったようだ。新聞には「和服一色の集会　今は立派な皇国女性」（『京城日報』一九四一年五月二日）、「志願兵は感謝の的　鮮服を脱ぐ主婦たち」（同一九四一年五月一〇日）などの見出しが躍り、順調であるかのごとく発表されてはいたが、内実は「一般會員を指導せねばならない指導員の家庭が鮮服を着用してゐて、他に向つて和服を奨励しても何の効果もない。指導員は率先垂範すべきである」「衣料切符の朝鮮服の點數が低いので、和服の奨励に困る。點數を上げるとか、點數を無くすとかの方法を採って貰ひ度い」（「協和教育研究」一九四三年三月二〇日『協和会関係資料集Ⅳ』）など、遅々として成果の上がらない状況をうかがわせている。

在日朝鮮婦人たちは、「自分達は従来の服を沢山持ってゐるから、それを着てしまってから……。しかしここ五年や十年では着てしまへない」とか「裁縫がむつかしい。着付が大変である」などと言い、追求をかわした。そもそも貧しい生活を強いられる人々に新しい衣服を新調する余裕などなかったが、それだけでなくチマ・チョゴリを着ること自体が、民族の誇りを失いたくないという意志の表れでもあった。朝鮮集落のハルモニ（おばあさん）たちは頑として民族服を着続け、和服や洋服で用足しに出かけた若い嫁が、帰宅後慌てて民族服に着替える、といったケースもあったという。

戦争が激化し、男性は国民服にゲートル、女性はモンペが推奨されるようになると動きやすい洋服やモンペ姿に変わる人々もいた。東京・枝川にあった朝鮮人集落でも、「チマ・チョゴリも、母たちは着ていましたが、戦争になってからはしまっていました。でも夏になるとちゃんと虫干ししてね、着ませんでしたけど、みんなそうしていました」（『東京のコリアン・タウン』）という。

解放後

一九四五年八月一五日に解放の日を迎えると、押さえつけられていた民族意識はいやがうえにも高まり、人々はしまい込んでいた民族服を身につけ、民族楽器を手に、歌い、踊った。「母が、『やっとチョゴリが着れるんだね……』といって、一晩で着物からチョゴリを縫ってくれ」（同前）たりもしたという。

ハルモニたちの世代には、一生のほとんどを民族服で通した人もおり、一九六〇年代ごろの朝鮮人集落には、白いチマ・チョゴリを着たハルモニたちがまだたくさんくらしていた。現在は日常着が洋服にとって代わり、民族服は冠婚葬祭や特別の日の晴れ着として着られるようになっていった。

(3) 針仕事（パヌジル）と洗濯（パルレ）

くらしを助けた針仕事

針仕事の上手な女性は、家族の衣類を縫い、繕うだけでなく、その腕で家族のくらしも支えた。針子を雇い、自宅で裁縫所を切り盛りする婦人もいた。親戚を頼って渡日した朴勝子（パクスンジャ）は、その仕事の様子を次のように語っている。

「(三三歳のとき) 博多に着いて一週間くらい待った。親戚が迎えに来て電車で猪飼野の親戚の家に行ったわ。親戚のおばさんは二階にミシン置いてスカートとかブラウス縫ってた。そこの部屋借りて、朝八時から晩一〇時まで下針（縫い物の手伝い）して働いた」(『在日一世の記憶』)。

また、自宅で民族服や洋服を縫う人もいた。自分のできることは何でもする、在日社会にはそんな気迫が漲っていた。身を粉にし、爪に火をともす生活のなかから、故郷に残した親族に送金することもあったという。張洛書（チャンラクソ）の母もそうやってくらしを支えた一人だ。

「母（オモニ）が慶尚道出身の多い桑名の地へと、単身、女の身で渡日したのは一九二八年だった。病める舅、夫、五歳の幼児を故郷に残してである。

母は働いた。昼は外に出て働き、夜は家で、天性の手先の器用さを生かして針仕事に没頭した。三ヶ月後には数円の金を送金した。…（中略）…一九三三年、三男が生まれるときだった。母は七〇円の大金を工面してミシンを求めた。中古とはいえ、舶来の高級品だった。生産力は一気に拡大した。縫製は韓服から子ども服や簡単な洋服にまで及び、仕立ての良さもあり、注文は絶えなかった」(「母とミシン」『写真で見る在日コリアンの100年』)。

また、川崎トラジの会の盧末南（ノマルマム）さん（一九一三年生まれ）のように解放後に「チョゴリ屋」を始めた人もいる。三五年に及ぶ日本の支配と戦争の激化を受けて、一九四五年当時にはすでに針仕事の伝承が途切れた家庭が生まれていた。幼少期に渡日し、洋服を着て育ち、日本の学校に通った娘たちは、民族服を縫うことができなかったのだ。その一方で、民族意識の高まりから民族服の需要は伸びていた。盧さんは民族の誇りを持って仕事に励んだ。

「一九六七年、仕事を求めて、川崎に引っ越しました。まだまだ厳しいその日暮らしの生活でしたが、朝鮮人の多く住む川崎で、民族に喜ばれ、民族の誇りを持って生きられるように、もうけも少ないけれども、民族衣装のチョゴリをぬう内職をはじめました。少しの布とミシン一台ではじめましたが、結婚式や法事などで、在日朝鮮人の民族の伝統を守る仕事に誇りを燃やして仕事をし、『錦泉商会』という看板をかけることもできました」(川崎トラジの会在日一世の聞き書きより)。

洗濯

●白く洗い上げる

衣服を調査したきっかけは、「韓国には熱湯が出る洗濯機がある」と聞いたことが始まりだった。洗濯物を煮洗いするために必要な機能で、水と熱湯が出る栓が別になっているという。他にも煮洗い専用の電気釜のような製品や、ガス台の上で使う専用の鍋も売られている、ということがわかった。そこで聞き取り調査のため伺った川崎トラジの会のハルモニたちに、「やっぱり洗濯物は煮洗いしたんですか？」と何気なく聞いてみたのだ。

すると、子育てについての質問には「食べさせることだけで精一杯だった。どうやって子育てしたのか覚えていない」と歯切れの悪かったハルモニたちが、口をそろえて「もちろん！」と熱く語り始めたのだ。

朝鮮の家にはオンドルと直結した竈があって暖房のため常に火の気がある。煮洗いは大抵ここで行われていた。だが、劣悪な住宅事情を余儀なくされた在日のくらしのなかでも煮洗いをしていたというのだ（ただし、煮洗いができるのは木綿や麻など植物性の天然繊維で、白いものだけ。色物や柄物は煮洗いをしない)。「煮洗いしないと白くならないから気持ちが悪い」「一見きれいに見えても、煮洗いをすればまだ黄色い汚れが出る」という。さすが「白衣の民族」である。母の母のそのまた母から、「白いものはあくまでも白く洗い上げるべし」という精神と洗濯術を叩きこまれてきたのだろう。以下、その洗濯法について説明する。

●煮洗い

煮洗いが発達した背景には、朝鮮半島の水が硬水で汚れが落ちにくいこと、オンドルの発達で湯沸しが比較的楽だったことが挙げられる。石鹸が普及する一九〇〇年代初めまで*は、稲藁や大豆ガラを燃やした草木灰を濾して作った灰汁を使ったり、洗濯ソーダを利用したという。今は洗濯機で洗ったあとに白いものだけ石鹸水で煮洗いして仕上げるが、洗濯機普及以前は、ざっと素洗いしたのち煮洗いし、洗濯物を水辺に運んでさらに叩き洗いしたという。

オンドルのない日本では、屋外に七輪を置いて使ったり、上部を抜いた一斗缶に焚口を開け、薪を燃やして煮洗いしたという話である。朝鮮では専用の大きめな羽釜を使ったが(家畜のえさを煮る鍋と兼用していたという人もいた)、日本では大きめの鍋で代用したという。炊事に使う鍋と兼用はしない。

実際の煮洗いの様子を紹介する。

*一九二四年の『京城日報』記事に「石鹸の使用が都市より田舎へ一般的に普及されると同時に洗濯用として其需要著しく増加しつつある」とあり、朝鮮の石鹸使用の始まりはこのころとみられる。

「石鹸をつけてきれいに洗ってから、きれいにゆすいで、白い物はくるくると丸めて真ん中を開けるようにして鍋に入れ、石鹸を入れて湯で煮るの。オンドルなんかないから、野外で薪を焚いて洗いましたよ」(呉且斗(オチャド)さん/一九二五年生まれ　川崎トラジの会聞き取り調査より)

「洗濯物を鍋のまわりにへばりつくように入れて、真ん中を空けて煮るの。真ん中をあけないとぽこぽこ吹きこぼれちゃうからね。三〇分ぐらい煮たら、引っくり返してまた煮るの。家はオンドル部屋が作ってあったので、そこで洗いました」（朴鳳礼（パクポンレ）さん／一九三一年生まれ　同前調査より）

「朝起きると私は、みんなのシーツを全部めくります。そして洗濯が始まります。白いシーツは丸めて鍋の中に入れ、石鹸も入れて煮ます。炊き物のコークスは、近所の鋳物工場の裏に捨てられたコークスを拾ってきたものです。

また母ぐらいのおばさんたちが、まだ使えるコークスを拾って、藁のむしろの四角い袋のかますに一パイ入れたのを、母は一円で買って、コークス用のかんてき（七輪）で、ドンドン炊きます。次は、硬い石の上でタンタン叩きます」（李賛蓮（イチャンニョン）さん／一九二二年生まれ『オモニのひとりごと』より）

●叩き洗い

洗濯について調べるうち、朝鮮の洗濯には煮洗いのほか、洗濯棒を使った「叩き洗い」があることを知った。ただし、煮洗いが年長者を中心に現在も続けられているのに対し、叩き洗いは洗濯機の普及によって今は姿を消したという。しかし、一九六〇年ごろまでは在日のくらしの中に垣間見ることができたらしい。

一九五七年二月三日付『アサヒグラフ』の「博多の水上バラック」と題した記事には、洗濯物を干す婦人の写真の横に「朝鮮の婦人は洗濯がうまい、石の上に洗濯物を置いてキヌタでたたく音があちこちできこえる」という説明がついている（キヌタ〔砧〕については後述するが、昼間の洗濯に使ったのならキヌタは間違い。おそらく洗濯棒であろう。キヌタとは形状が異なる）。

叩き洗いに使う洗濯棒は「パルレパンマンイ／パ

ンメンイ」などと呼ばれる。直訳すれば洗濯棒だが相当する日本語がないので、ハルモニたちは「ただ、棒と呼んでいた」という。すりこぎほどの長さで、叩く面は広く平らなヘラ状になっており、片手で持つ。濡らした（あるいは素洗いや煮洗いした）洗濯物をひとまとめにして平たい石の上にのせ、棒で叩いて汚れを叩き出すのだ（口絵写真5－1参照）。ただし、叩き洗いをするのは、丈夫な木綿や麻に限られ、晴れ着の絹ものや上質の薄手の麻は、優しく優しく手洗いしたという。

朝鮮の農村地帯では、洗濯は川で行われることが多かったが、都市部や日本では井戸や共同水道などの水場も利用された。水場には誰かが置いた平たい石があり、共同で使えたという。一九二二年生まれの在日一世の姑から家事を仕込まれたという川崎トラジの会の趙弘子（チョウホンジャ）さんによると、洗濯機が普及する前の叩き洗いの様子は次のようなものであった。

「ポンプのところに洗濯物を持って行って、手のような形をした平べったい木の棒で、叩きながら洗いました。パアンパアンと叩きながら洗うんです。まな板のような洗濯用の板があって、煮上がった熱いままの洗濯物を一つずつ出しながら、そこに置いて叩きながら洗います。家の中ではなく、広く洗濯できる外の水道で、みんなでおしゃべりしながらやりました」

叩く加減が難しく、見よう見真似で手伝って洗濯物に穴を開けて叱られたと語る人もいる。また、郊外では小川で洗濯をする光景もみられたという。

「朝鮮部落（引用ママ）のメインストリートの反対側にあたる東南方向に、野原と畑が広がり、当時、そこには小川さえ流れていたのです。その小川の岸辺で、同胞の女たちがパンメンイ（洗濯棒）を叩いて、洗濯をしている風景はとてものどかなものでした」（『在日の原風景』）。婦人が並んで洗濯棒を使う光景は、朝鮮の風景と少しも変わらなかったのである。

●たらいと洗濯板　だが、在日の人々がみな洗濯棒を使っていたわけではない。日本に来てたらいと洗濯板で洗濯するようになった人もいる。紡績工場の募集に応じて渡日した川崎トラジの会の金文善（キムムンソン）さん（一九二五年生まれ）も、「ちゃんと洗濯場があったので、そこの流しで手洗いしました。叩くやりかたではなく、固形石鹸をつけて洗濯板でごしごし洗いました」とのことだった。

●糊付け　洗い上げた洗濯物は、糊をつけて干される。シーツや民族服の生地のほか、寝巻やシャツにも糊付けがされた。かつては麻で作ったパンツにもしっかりと糊をつけるハルモニがいたとのことだ。糊はふのりを使うか、粥状に炊いたご飯粒を麻や木綿の袋に入れ、水につけて揉み出した（うどん粉を使うこともあった）。年配のハルモニたちは、スプレー式で手軽な今の市販品の化学糊よりも、ふのりで仕上げたほうがパリッと仕上がって気持ちがいいという。

「祖母はどんなに寒い日でもパンツまで糊付けした。

湿気の多い日本の冬で糊付けのパンツはとても冷たく、堪忍してくれと言いたかったが、世話になっている身なので、とうとう最後まで口に出しては言えなかった。

祖母の他界後、初めて韓国で冬を迎えたとき、同じように糊付けのパジャマを出された。暖かいオンドルの上では、ぱりっと糊付けされたパジャマは本当に気持ちよかった」（「ハンメ」『曹智鉉写真集猪飼野』より）。

仕上げ

●砧打ち（パドゥミ）　砧打ちをするのは、解き洗いした民族服の生地や敷布などの大物である。糊付けされた洗濯物は、生乾きのうちに取り込まれ、砧で打って仕上げられる。乾きすぎてしまったときは、口に含んだ水で霧を吹いたり、夜露に濡れた庭木の上に広げて湿らせたという。

洗濯物の仕上げという意味ではアイロンかけに似ているが、砧で打つことにより、生地の目が詰まってしなやかになり、光沢が生まれる（女性旅行家のイサベラ・バードは著書『朝鮮紀行』のなかで「くたびれた繻子に似たつや」と評している）。砧打ちをする前に洗濯物を畳んで乾いた布で包み、小一時間ほどよく踏んでから、砧で仕上げた。場合によっては踏むだけで済ませたり、砧を打つ代わりに火のしを使うこともあったという。

「祖母は洗濯をすると必ず糊付けをした。

そのシーツの上を、アイロン代わりに何度も何度も踏み続けるのが私の仕事。冬は足の底から冷えた」（前出「ハンメ」より）。

砧打ちには、長さ五〇センチ、幅二〇センチ、高さ一五センチほどのかまぼこ状の石と、長さ三〇センチほどの小さな野球バッドの形状をした二本の棒を使う。石の上に四角く畳んだ洗濯物をのせ、二本の棒で代わる代わる叩くのである。二人がそれぞれ二本の棒を持ち、向き合って叩くこともある。石はかなりの重量（推定二〇キロ）があり、上面は滑らかに磨かれ、側面には持ち手となるくぼみがついている（口絵写真5－4参照）。

砧は韓国では一九七〇年代まで見られたといわれるが、辻本武著「朝鮮史に関する論考集 第66題 砧（きぬた）」によると、在日朝鮮人社会では一九六〇年代まで使われていたらしい。「夜になると、部落（引用ママ）の方々の家から砧を打つリズミカルな音が聞こえてきました。あの砧の音はいつ聞いても飽きない快い響きでした」（『在日の原風景』）という証言もある。

李恢成（イフェソン）は小説『砧をうつ女』を書いて一九七一年の芥川賞を受賞した。砧を打つ母の姿は、在日の人々の郷愁の中に今も息づいている。

「雨が降りつづき、仕事のない日の夜など、母はよく砧を打ちました。

朝鮮風俗絵葉書にみる「砧打ち」

きれいに洗い、糊付けを済ませた洗濯物をていねいに折り畳んで、ツルツルに磨いた平たい石の上に置き、二本のこん棒で軽く叩きながら洗濯物を仕上げる作業です。砧をトンタントンタン叩きながら、『ネェーパルチャーガ、ハニダー！（私の宿命が恨だ！）』

と、ため息混じりに語り、節をつけて小声で砧の音に合わせ、静かに歌っているのです。ときには、砧を打つ手を止めて嗚咽していることもありました。パンソリ（朝鮮独特の民謡的演歌）調の悲しい節とあいまって、子ども心ながらに母の哀しい気持ちが伝わってくるようでした」（『オモニの贈り物』）。

民族の習慣を守り続けて

朝鮮総督府ははじめ白衣を廃止しようとし、協和会は和服や洋服を強制することで、民族の習慣を骨抜きにしようとした。しかし、洗濯一つとっても、これだけの重労働を代々受け継ぎ、ものともせずにこなしてきた底力があるのだ。どんなに厳しい弾圧があっても生活に染みた民族性まで消し去ることはできない。脈々と受け継がれてきた思いがあるからだ。

「白いものをより白くするために女性たちは暮らしの多くの時間を費やし、心をこめた。手洗い、煮洗い、棒で叩き洗い、のりづけして生乾きで取り込み、しわを伸ばしてきぬたで打って仕上げる。物によっては火のしをかける。子供はおもしろがって手伝うまねをするが続かなかった。これらの仕事は夜だったが、家族が寝静まった後も縫い物の手を動かすのが、かつての母親だった」(「白の光景」『朝鮮新報』二〇〇〇年一一月二〇日付)

朝鮮総督府はこの労働力をもっと有効に利用したいともくろみ、協和会は頑固に風習を守る人々を日本風に染めようとしたが果たせなかったのである。

〔長井亜弓〕

第6章

出産——無我夢中で乗り切った大仕事

在日一世の女性たちのなかには、日本で子どもを出産した人もたくさんいる。特に結婚をきっかけに渡日した場合などは、慣れない環境の中で、言葉もよくわからないうちに、お産という人生の一大事に向き合わなければならなかった。その不安や戸惑いは、どんなにか大きかったことであろう。

戦中から戦後すぐにかけては、日本中で食料や生活物資が不足していたうえ、朝鮮人は差別を受けて限られた職にしか就けないために、その家庭の多くは日本人以上に貧しいものであった。生きるためには、たとえ妊娠していようと出産直前まで働き、産後もろくろく体を休めることなく、すぐ仕事を始めなければならなかったのである。在日一世の女性たちにとって、出産は過酷な大仕事であった。

出産の介助は、日本人の産婆にたのむのが一般的だったが、姑などの年長者にたのむこともあれば、誰の介助も受けずに、たった一人で産むケースもあった。

日本人の産婆をたのんだ場合は、産婆の指示に従って分娩する、いわば「日本式」のお産となるが、そのいっぽうで、朝鮮の風習も着実に守られていた。代表的なものが、産後に飲むワカメスープである。民族の風習は、集住地区（いわゆる朝鮮集落）の年長者、あるいは姑から、若い世代へと伝えられ、現在に至るまで受け継がれているものもある。

1 朝鮮半島の伝統的な出産

子どもを産むことは人間共通の営みだが、お産のやり方、お産に対しての考え方は、地域や民族によっても違いがある。在日朝鮮の女性たちの出産を考えるにあたり、まずは彼女たちが生まれ育った朝鮮半島での、伝統的な出産のあり方を見ていく。

(1) 結婚から妊娠まで

かつては、結婚したら子どもを産むことが、嫁としての務めと考えられていた。特に、朝鮮では男の子を産むことが大事であり、「七去之悪（チルコジアク）」といって、嫁ぎ先の父母に不順・無子・多弁・盗癖・淫乱・嫉妬・悪疾の七つにあてはまる嫁は、離縁の対象となっていた。「無子」とは、男の子がないことを意味しており、女の子は何人産んでも数には入らなかった。

そのため、長い間子どもに恵まれない家や、なかなか男の子が生まれない家では、神に祈りを捧げたり、特定のものを身につけたり食べたりして、懐胎を願った。例えば、

- 巫女を招いて祭祀を行う
- 山神や、海の竜神、祈子岩（信仰の対象となる岩）、七星などに祈る
- 鍛冶屋で小さな斧を作り、腰に下げるか枕に入れる
- 里芋の花を雄鶏と一緒に煮て食べる

などである。

なぜ、男の子をほしがったのか。それは、男子でなければ族譜（父系中心の系譜とともに、その事績などを書き残し、代々伝えるもの）には載らず、家門の継承者になれなかったからである。

日本でも、家を継ぐために男子を尊ぶ風習は昔からあったが、婿養子制度によって、生まれた子が女

の子でも家を存続させることができた。しかし、朝鮮では婿養子制度がなく、男の子がいないことは、家の断絶を意味していた。そのため、男の子を産むことは、嫁にとっての悲願であり、嫁は男の子を産んではじめて、妻としての地位が固まったのである。

(2) 妊娠中の過ごし方

胎教が重要

妊娠中の行いや食生活は、お腹の子どもの健康や、将来の運命に影響があると考えられており、良い子、正直な子、立派な子を産むために、胎教が重んじられた。そのため、食生活や身だしなみ、行為や言葉に至るまで、妊婦の禁忌事項が多々あった。その内容は地域によって違いがあるが、一例を挙げると、

・産み月に障子を張ってはいけない（↓難産になる）

・行儀よくしなければいけない（↓不良児になる）

・曲がったものを食べない（↓不良児になる）

・人を憎んだり、悪口を言ってはいけない（↓子どももその通りになる）

・昆虫に至るまで殺してはいけない

などがある。特に上流階級では、妊婦を安静にして労働をさせず、食事に注意し、胎教をよく守った。

産神（サンシン）を祀る

子どもの産育をつかさどる女神を産神（三神とも）といい、お産を控えた家庭では、特に大切に祀られた。産み月になる前に、姑が欠けていない米粒を選って（よって）おき、上質のワカメを買い求めておく。お産が始まると、膳に米を盛り、ワカメを置いて水を供え、産神に安産を祈った。赤ん坊が生まれるとすぐに、この米でご飯を炊き、ワカメスープを作って再び捧げ、それを産婦に食べさせた。

(3) 分娩

出産準備と分娩法

産室には、一般に内房（アンパン）（主婦と子どもの部屋）を使い、床に清潔な藁やムシロ、あれば油紙を敷いた。産室には不浄がないよう、よく清めておき、喪に服している人や殺生をした人、死体を見た人などの出入りを禁じた。

分娩は、婚家で行う場合と、実家に帰って行う場合がある。婚家でする場合には、姑が手助けしたり、実家の母が来ることもあった。助産に経験のある集落の婦人に介助を頼むこともあった。

一九三六年七月に行われた朝鮮の農村衛生に関する調査（朝鮮農村社会衛生調査会編『朝鮮の農村衛生』一九四〇年刊）によれば、蔚山邑達里（ウンサンウプタルリ）という農村の婦人一四三人のうち、プロの産婆を頼んだケースはわずかに二人、それも裕福な内地人（日本人）だけである。そのほかは、素人介助が五六％、人手を借りずに一人で産んだケースが四二・七％となっている。

調査報告書には「達里に産婆が存在しないのは、朝鮮のふつうの農村に於けるのと同じである」とあり、達里をはじめ、当時の朝鮮農村に医学的知識をもったプロフェッショナルな産婆がいなかったことを示唆している。こうした状況下では、介助といっても姑や経験のある婦人などに頼むしかなく、貧しい家であればあるほど、誰の介助も受けることができずに一人で産んでいることがうかがえる。

陣痛が始まると、いよいよ出産も本番である。朝鮮の風俗を調査した『朝鮮風俗集』（一九〇九年稿『韓国併合史　研究資料』より）によれば、「産婦は半坐半臥の体形になり、両手を前につき頭を下げ、臀部を足裏より挙上し、股間を開いて陣痛に耐える。介助者は後方から産婦のお腹を抱え、産婦が倒れるのを防ぎながら励まし、お産の進行を助ける」とある。産婦がよつんばいになって、介助者が後ろから抱きつくような形と考えられる。

産まれたら、剪刀か糖木（黍の一種）の皮、竹べらなどでへその緒を切り、後産（あとざん）（胎盤が出ること）が自然に出るのを待った。

赤ん坊は、木綿のきれで拭う程度で、すぐには沐浴させず、三日経ってから沐浴させていた。しかし、次第に衛生思想が進歩して、産まれてからすぐに産湯を使うようになった。

安産法

流産、難産を避けるために、さまざまな民俗的な方法が講じられた。やり方は、地域によってさまざまであったが、例えば、流産を防ぐ方法として、妊婦を驚かせない・柿の葉、銀の簪（かんざし）、銅貨などを煎じて飲む。難産を防ぐ方法として、夫の着物を腹にかぶせる・安産した婦人が腹をなでる・門を全部開けたり、結んである紐をほどいておく・木の枝（ヒマシ、桃の木など）を室内に立てかける、などである。いわば「おまじない」であるが、医学的な措置がとれなかった時代には、こうした方法が行われていたのである。

⑷ 産後

禁縄（クムジュル）

赤ん坊が生まれると、家族は家の戸口に禁縄を張った。このときの縄は左向きに綯（な）い、生まれた子が男児であれば唐辛子と炭を、女児の場合は炭か松葉をはさんだ。唐辛子は陰陽説によって赤＝男を象徴し、炭は黒＝女を表すと考えられていたからである。ただ、地域によって、はさむものには多少違いがみられたようだ。

禁縄は、日本でいう注連縄（しめなわ）と同じで、不浄なものの侵入を防ぐ意味合いがある。張る期間は通常二一日間だが、短い場合は七日間、長い場合は四九日間におよび、その間、外部の者は訪問を許されなかった。これは、病原菌などから産婦と赤ん坊を守るための、昔の人の知恵ともいえる。
現代では行われなくなってきた風習である。

最初の七日間

出産後の七日間、産婦は仕事をせずに休養を取り、回復を図るのがよしとされる。産婦は冷水をさわってはならず、夫を含め家族は産室への出入りを禁じられた。

七日目には朝早く、産神にご飯とワカメスープを捧げて祈り、それを産婦が食べた。

三七日（みなのか）（産後二一日）

産後二一日目になると、産婦は床上げし、平常の生活に戻る。禁縄も取りはずされ、外部との交流が自由になった。この日は、親戚の人々を招き、家族でお祝いをした。産婦の実家では、餅を作ったり、おくるみやチョゴリなどを作って持ってくる。祝膳料理には、白飯、ワカメスープ、ペクソルギ（白い餅）などがふるまわれた。

ワカメスープ

ワカメは朝鮮の民俗的信仰と深くかかわっている食べ物で、産後や、誕生日などのお祝いの席などにワカメスープはつきものである。ちょうど日本で祝いの席に昆布が用いられるのと似ている。

産後にワカメスープを飲む習慣は昔からあった。ワカメは、「悪い血を早く出す（血をきれいにする）」「乳の出をよくする」と信じられているためである。産婦は、大きなどんぶりにワカメをたっぷり入れたスープを一日に五～六回、一～三週間もの間、飲み続ける。半ば苦行であるが、これを飲ませるのが姑の役割でもあった。

お産が近づくと、どの家でもワカメを用意した。特に、海から遠い山村では大量に買いつけておいたようである。日本では塩ワカメが一般的であるが、湿気の少ない朝鮮半島では干しワカメが使われ、幅が広く長いものが上等とされた。

禁忌事項（してはいけないこと）

産後も妊娠中と同じように、食べてはならない飲食物や、してはならない行為などが細かく定められていた。もちろん、地域によってさまざまな風習があるのだが、例えば飲食物については、

・辛いものなど、刺激物を食べない（↓子どもがお腹をこわす）
・かたいもの、冷たいものを食べない（↓産婦の歯をいためる）
・餅や人参を食べない（↓乳が出ない）

などである。また、行いに関しては、

・産室の障子を張り替えない（↓子どもが盲目か短命になる）
・産室の外で、男の子か女の子かを尋ねない（↓子どもが受けた福が減る）
・殺生をしない（↓子どもの将来に不運が続く）
・火災を見ない（↓大凶である）

などがあった。迷信的な要素も見られるものの、子どもが健やかに成長するように保護し、将来に差し支えのないようにするための心遣いや、産婦の体をいたわり、乳の出をよくするための配慮と思われるものも多くある。

こうした禁忌は産婦のみならず、家族や周囲の人たちの協力も必要であった。

百日(ペギル)と初誕生祝い

子どもが産まれて一〇〇日目を百日といい、ご馳走を作り、親族や近所の人々を招いてお祝いをする。日本でいう百日(ももか)の祝いである。昔は新生児の死亡率が高かったため、一〇〇日という大きな峠を乗り越え、無事に成長したことを祝ったのである。赤ん坊はここではじめて、社会の一員として認められた。

一〇〇日目の朝には、白飯とワカメスープを産神に供え、それを下げて産婦が食べる。また、ペクソ

ルギ（白い餅）、ススパッタンヂ（小豆粉をつけたきび団子）などを作り、隣近所に配った。白い餅は、神聖、長寿を表し、赤いきび団子は厄を阻む意味がある。

子どもが一歳になると、初誕生祝いをする。百日と同様、子どもの無事を感謝し、健やかな成長を祈る行事である。この日も朝早く、産神に白飯とワカメスープを供え、それを下げて産婦が食べた。

お祝いの料理は、白い餅、小豆粉をつけたきび団子、ソンピョン（松餅：松葉と一緒に蒸した餅）などで、親戚や知人を招いてもてなした。子どもには華やかな着物を着せた。

初誕生膳（トルサン）には、ご馳走のほかに、金、米、筆、針、糸、本、弓矢などを置き、子どもを前に座らせて、何を一番先に取るかを見る。これによって、将来を占うのである。本や筆を取れば学問がよくでき、糸を取れば長寿に、米や金を取ればお金持ちになる、などと解釈した。

朝鮮の誕生祝（山本俊介氏〔元高麗美術館研究員、京都市〕所蔵、国際日本文化研究センター提供）

2 在日朝鮮人の出産

では実際に、在日朝鮮人の女性たちはどのような出産をしたのだろうか。日本でお産をした女性たちに、お産の様子や、守ってきた伝統習俗などについて聞いてみた。

(1) 分娩の多くは「日本式」で

お産の介助者——川崎市ふれあい館での調査から

二〇〇八～二〇〇九年にかけて、「川崎市ふれあい館」の協力を得て、ここに集うハルモニたちから出産についての聞き取り調査を行った。表6－1は、川崎のハルモニたちが「だれに出産の介助を頼んだか」をまとめたものである。聞き取りによってわかった範囲は一九四〇年以降であり、ここで述べるのは、主に戦時中から戦後にかけての出産の様子である。介助者は産婆、医師、姑など素人のほか、一人で産んだケースもあった。

●産婆が介助　一九四〇～一九六〇年までは、ほとんどの女性が出産の際に産婆（一九四七年以降は助産婦と改称）を頼んでいる。産婆（助産婦）はすべて日本人である。一九六一年からは、助産婦による

表6－1　出産数に対する介助者の内訳

年	介助者			出産数合計
	産婆（助産婦）	医師	その他	
1940～45	2	3	3	8
1946～50	9	0	0	9
1951～55	8	1	0	9
1956～60	5	0	0	5
1961～65	0	1	0	1
1966～	0	2	0	2
出産数合計	24	7	3	34

（川崎市ふれあい館にて 2008年7月調べ）

お産はなくなり、介助者はすべて医師になっている。

●医師が介助　一九四〇～一九五五年までに医師にかかったという四件の出産は、たまたま病院が近かったとか、死産などで医師による処置を必要としたなどの特別なケースである。

●その他　姑に介助を頼んだ、あるいは一人で産んだ場合である。ここではわずかに三人だが、実際にはもっと多いと思われる。例えば、「産婆を呼びに行ったが、出産に間に合わず、一人で産んだ」「陣痛が遠のいて、産婆が引き取ったあとに生まれてしまった」という場合は、お産の場に産婆が立ち会っていないが、調査では「産婆によるお産」と答えているためである。

日本国内の出産事情を反映

●産婆による介助が普及　表6-1の結果は、当時の日本国内の出産事情をそのまま反映したものといえる。一九五五年ごろまでの日本では、お産の介助はほとんど産婆（助産婦）によるものであった（表6-2参照）。しかし、一九六五年には出産全体の三割を切り、一九七五年には一割にも満たなくなっている。かわって、医師の手による施設での出産が一般的になっていく。在日の女性たちの出産も、こうした事情に沿っているわけである。

それにしても、当時の朝鮮農村では通常、プロの産婆がおらず、姑や経験豊かな婦人に頼んだり、たった一人でお産するケースが多かったにもかかわらず、なぜ日本では産婆を頼む人が多かったのだろうか。

一つには、日本で産婆によるお産がかなり普及していたことが挙げられるだろう。一八九九年に「産婆規則」が公布されて以降、日本では産婆が専門職として制度化された。以後、産婆の資格は、規定の学術を修め、医学的な知識を身につけた者にのみ与

表6-2　日本における施設及び立会者別の出生割合

		1950	1955	1965	1975	1984	1985	1986
全国	合　計	100.0	100.0	100.0	100.0	100.0	100.0	100.0
	医　師	5.2	16.2	70.7	91.1	96.7	96.9	97.2
	助産婦	90.1	79.6	28.8	8.9	3.3	3.1	2.8
	その他	4.7	4.2	0.5	0.0	0.0	0.0	0.0
	施設内	4.6	17.6	84.0	98.8	99.7	99.8	99.8
	施設外	95.4	82.4	16.0	1.2	0.3	0.2	0.2

（『助産婦の戦後』勁草書房、1989年より）

えられることになった。彼女たちは、これ以前に存在したトリアゲバアサン（経験によってお産を取り上げる婦人）と区別して「新産婆」と呼ばれる。一九四〇年当時の新産婆の数は統計上、全国で五万九二〇三人、旧産婆の数は二一六五人。新産婆は、消毒を徹底し、座産をやめて仰向けに寝かせて産ませる、異常分娩に対応するなど、高い技術によって母子の死亡率の低下に貢献した。山奥の村などでは、まだ産婆のいない地域もあったが、都市部を中心にこうした近代的なお産が広まりつつあった。このような事情を反映し、在日の婦人たちも産婆を頼んだのだろう。

●妊産婦手帳　そのほかの要因として、「妊産婦手帳」制度の実施も挙げられる。

一九四二年七月一三日、妊産婦手帳規定が公布された。この制度は母子保健の向上や流産・死産の防止を目的とした妊産婦の保護指導策で、市区町村に

妊産婦に手帳制
出産用品や栄養食も優先
あすから届出を受附

「妊産婦手帳」制度がいよいよ十三日から全國一齊に實施されます……年々三十万を超える流死産、六万に達する先天性弱疾児の死亡を防ぎ人口増強に拍車をかけるため、厚生省人口局では既報のごとくかねて妊産婦手帳制を立案中であつたが、十三日これが省令を公布、實施する一方、厚生、内務、農林、商工四省次官連名の通牒を各地方長官宛に発し運用の万全を期することになつた、この制度は母子保健の向上、流早死産の防止、健康児の出生増加などを狙ふ画期的な妊産婦の保護指導方策で、實際上の運用はつぎの仕組で行はれる

妊婦は妊娠三、四箇月頃までに一度醫師また産婆の診察をうけ醫師あるひは産婆の証明書を添へて地元の市區町村役場に妊娠の届出を行ひ役場から「妊産婦手帳」の交付をうける義務がある（しかしこれを怠つたからとて罰則の規定はない）そしてさらに妊娠五、六箇月頃と八、九箇月ごろの二回にわたり醫師か産婆の診察をうけることを規定されてゐるが、これによつて適切な保健指導を行ふが生活困難なカード階級の人たちには醫療保護法により無料で診察や診査もしてくれる

同制度実施に伴ひ内務、農林、[illegible]工各省でも妊産婦保護のため極力協力を惜まぬ方針であり例へば卵、牛乳、魚などの栄養食品は妊婦の体に[illegible]い行列買をさせないでなるべく家庭に優先配給したり、木炭、ガス、電氣、洗濯石鹸などの消費にも不便しないやう親心を払ひ目下準備を急いでゐる、また防空演習、勤労奉仕の参加や[illegible]の乗車についても体に無理がいかぬやう種々指導する[illegible]である

なほこの手帳を持つてゐれば脱脂綿、ガーゼその他出産用品の配給はもちろん関係各省の準備が整ひ次第栄養食料品の優先配給も段々円滑になるわけで時局下の妊産婦にとつては大きな福音となる

現在妊娠中の婦人は十三日から早速届出でることになるが申告用紙は醫師または産婆のところにある

士は二年半前に應召、去る二月十一日シンガポール攻略戦で右手首戦傷切断のその次男信次兵長、長男は目下海軍航空隊に勤務中、父は既に亡く、仁川で母はミシンの仕立物、娘は銀行に勤め親ひとりまひとり、留守な人に頼んで遥々この日上京したもの、三堀夫妻の懇切に信次兵長も泣いた、その母親の話を聞いて三堀夫妻も泣いた

母娘は　かくして三晩四日三堀さん方に泊められて兵長との物語りにも堪能し満足して十二日京城へ帰るといふ

妊産婦手帳制度のスタートを知らせる新聞記事（『朝日新聞』1942年7月12日付）

妊娠の届け出を行い、役場から妊産婦手帳を交付してもらうと、さまざまな優遇措置が受けられるというものである。その内容は、

- 出産前には医師や産婆の診察を受けることを規定し、生活困難者には無料で診察が受けられるようにする
- 脱脂綿やガーゼなどの出産用品の配給
- 栄養食料品の優先配給

などである。申告用紙は医師か産婆のところにあったので、手帳を交付してもらうには、必然的に医師か産婆にかかる必要があった。

岩井好子著『オモニのひとりごと』では、李贊（イチャン）蓮（ニョン）さん（一九二二年生まれ）が、故郷ではよほどの家でないと産婆は頼まず、近所の年配者か親戚の女たちが赤ん坊を取り上げるが、日本で出産したときには、妊産婦手帳をもらうために産婆を頼んだという記述がある。姑は「産婆さんのお金がもったいない」といったが、手帳があれば五カ月になると妊婦用の晒やネルの配給があるので、産婆の介助を受け、一週間沐浴をしてもらったという。

聞き取りを行った川崎の金福順さん（一九二四年生まれ）も、妊産婦手帳制度ができる前の、一九四一年の出産時には産婆をたのまず、姑がお産を手伝った。しかし、一九四三年の出産時はすでに制度ができており、配給もあったので産婆を頼み、その産婆が役所に行って手帳を交付してもらったという。

戦中の物資不足の折、配給の優遇を受けられる制度は積極的に利用されたのだろう。

産婆（助産婦）による出産

日本の産婆（助産婦）に出産の介助を頼めば、その指示に従って「日本式」のやり方で産むことになる。当時のお産は次のようなものであった。

一九五〇年代ごろまでは、自宅に産婆を呼んで、介助してもらうのが普通であった。お産が近づくと、産婦は腹帯、T字帯、ガーゼ、青梅綿、お産のときに敷くお産布団（油紙、ぼろ布、藁など）といった分娩道具を整えておく。産気づくと家の者が産婆宅に走り、産婆を迎えに行く。家ではたらいにお湯をたっぷり用意する。いよいよ分娩となると、かけつけた産婆が産婦を励ましながら出産を助け、赤ん坊が生まれるとへその緒を切り、後産を始末し、沸かしておいた湯で赤ん坊に産湯をつかわせた。

分娩方法はともかく、問題となったのは言葉であった。日本に来てまだ日が浅い場合は特に、産婆との意思の疎通が難しく、苦労した話も聞かれる。

渡日して一年足らずで、初めての出産を迎えた金福必さん（一九二三年生まれ）は、「義理の姉がいたし、いとこの姉さんもいたので、通訳をしてもらった」という。ただ、ちょっとしたことなどは、いちいち聞くのもはばかられ、「一番苦労したのは言葉」だったそうだ。

「やることは同じだから、べつにしゃべることもない」という人もいた。その場の空気を読んで理解したり、カタコトでもなんとか意思を通じ合わせようとしたのだろう。

　集住地区（いわゆる朝鮮集落）の近くに住む産婆のなかには、朝鮮語をある程度理解できる人もいた。次に述べる朴鳳礼（パクポンレ）さんを介助した産婆は、そうした例である。

●朴鳳礼さんの場合　朴鳳礼さんは一九三一年、全羅南道（チョルラナムド）生まれ。五歳のときに日本にいる二人の姉や叔父をたより、たった一人で渡日した。千葉の叔父宅を経て、一二歳で東京に子守奉公に出され、東京大空襲に遭って福島の会津若松に疎開。一六歳のときに叔父に紹介された朝鮮人と結婚し、広田（現在の会津若松市河東町）で土地を買い、くず鉄を集める商売を始めた。
　出産したのは一九四八年、一七歳のときである。生理がこないので友達に「三カ月も生理がないんだけど、どうしたらいいんだろう」と聞いたら、「三カ月もないなら、産婆さんに行かなきゃだめじゃない」といわれ、産婆のところに行くと、「子どもができて四カ月に入るんですよ」と教えられた。夫に妊娠を告げると、鳳礼さんを抱きしめて喜んでくれたという。鳳礼さんも夫も身内が近くにいなかったため、お産婆さんと、仲人をしてくれた奉公先の人を呼び、四人でお祝いをした。

　分娩は、自宅の六畳の部屋に毛布を敷き、さらに油紙などを敷いて、産婆に介助してもらった。大変な難産だった。

「子どもを産む前に破水するでしょ、でも子どもが出なかった。それで産婆さんがこのままおいたら死んじゃうからと、いつもつきあいのある先生（医者）に電話をした」

　雪のすごい、一二月のことだった。広田は汽車が三時間半に一本しか通らないため、汽車で来ていたのでは間に合わないと、医者が馬ゾリに乗ってきた。医者は「このままでは親が死んでしまう」と判断、何本か注射を打ち、手を入れて赤ん坊を引き出した。

「すぐに帝王切開すればよかったの。でもそのころは帝王切開がないでしょ。私は力がなくなっているし、子どもは（破水して）乾いちゃってるから、注射で陣痛を起こして、先生が子どもを引っ張り出した。鉗子を入れたけどダメで、片方の手を入れて、最後は両手で」

後産も医者が手を入れて出した。赤ん坊は大きな男の子で、幸いにも無事、元気に生まれた。しかし、無理に引っ張り出したので鳳礼さんの裂傷がひどく、お産のあとは腰が動かなくなって一カ月間入院したという。

「結局、お産に四日間かかった。二～三日は痛い、痛いといって、もう少しだよと。でも四日目に破水したもんだから、産婆さんがびっくりして先生を呼んだの。先生は産婆さんに言ったわよ。破水する前に呼ばなくちゃだめじゃないか、子どもも親も死ぬところだったって」

病院から退院してきたとき、産婆は「死ななくてよかった。私の責任もあるし、あんたたち二人、こんなに仲良くやってるのに、死んだらどうしようとそればかり心配した」と鳳礼さんにあやまったという。

鳳礼さんは当時、朝鮮人の集住地区（朝鮮集落）に住んでいたが、赤ん坊を取り上げてくれたのは、日本人の産婆である。朝鮮集落の近くに住み、集落でのお産の介助も多かったためか、産婆は朝鮮語を聞き取ることができた。

「（産婆の）おばあちゃんも、朝鮮人の集落に入ったら、会話するもんね。なんとか聞き入れて、朝鮮語で言うと、日本語で答えが返ってきた。子どもが七つになって東京に出てくるとき、『お世話になりました』とお礼を持っていったら、『東京に行っちゃうの、元気でがんばってね』と。いいおばあちゃんだったね」

妊娠したときも、まるで自分の母親のように「子どもができてよかったね」と抱きしめてくれたという。
「日本の方だけど、あんなにいいお産婆を知らない。そのお産婆さんが自分のお母さんみたいだね」と述懐している。

素人介助（姑など）による出産

姑や集落の婦人など、産婆以外の介助を受けることもあった。

●金福順さんの場合　金福順さんが一九四一年に長男を出産したときは、姑が手伝った。お産のときにどうしたらよいかがわからないので、姑が親戚のお嫁さんに「布団の上に油紙を敷く」などのやり方を聞いてくれた。

陣痛が来て生まれそうになり、油紙が必要になったが、姑は日本語がわからなかったので、離れたところにあるその親戚のお嫁さんの家に出かけて行き、薬局で油紙を買ってもらった。しかし、姑が帰ってきたときには、もう赤ん坊が生まれていた。周りに誰も助けてくれる人がいないなかで、「一人できばってきばって、生まれちゃった」のだという。

「子どもは生まれそう、姑は紙を買ってこない。一人だから度胸も出るよ。のぞいてみたら頭が真っ黒に見える。これ犬かな？　犬の子が出てくるのかな？　と。でも犬でも何でもいいから産まなきゃしょうがない。きばって産んでみたら男の子だった」

へその緒を切ることについては、どこかで聞いたことがあった。すぐそばにはさみと糸があったので、起き上がって自分でやろうと思ったところで、姑が帰ってきた。

「(姑は）赤ちゃんの泣き声を聞いて驚いて。玄関に入ってきながら、ゲタのひもは切れるわ、ひっくり返るわ……。あわてちゃって」

姑は、へその緒を切り、汚れものを洗うなどして産後の後始末をしてくれた。赤ん坊にはお湯をつかわず、そのまま寝かせておいた。「昔の人は赤ん坊を洗わない」ためである。

生まれたのは朝の七時二〇分ごろ。昼になって油紙を買ってくれた親戚のお嫁さんが来て「赤ちゃんを洗った?」と聞いたので、洗っていないと言うと、「洗わなきゃ」といって台所でお湯を沸かし、洗濯だらいで産湯を使わせてくれたという。

福順さんは、事前に姑からお産のやり方を教えてもらったことはなく、近所の若い人が集まったときにお産について聞いたことはあったものの、詳しいことは自分が産むまでよくわからなかった。しかし、切羽詰まった状況でどうにか一人で出産をし、姑に後始末をしてもらっている。

●呉且斗（オチャドゥ）さんの場合

呉且斗さんは、一九二五年、慶尚南道（キョンサンナムド）に生まれた。一四歳のころ、女の子だから徴用に引っ張られる前に結婚をしたほうがよい、ということで、親が話をまとめ、結婚式を挙げた。結婚相手は一〇歳年上で、九歳のころに両親に連れられて渡日していたので、且斗さんも日本でくらすことになった。

渡日後は山梨県の甲府に三カ月ほど住んでから、愛知県の藤岡村に引っ越した。夫は「土方みたいな仕事」をしており、仕事を求めて転々と移り住まざるを得なかったのである。この藤岡村で、一九四一年に長男を、一九四三年に次男を出産した。

長男のときは、「子どもをどうやって産むかもわからないし、年も若かったから」産婆をたのんだ。陣痛が来たので産婆を呼んだが、やがて遠のいてしまい、産婆が帰ってしまう。その繰り返しで一週間がたった。産婆が「(赤ん坊が)出てこなければ、先生呼んで機械で出すかな」と出て行ったあとに、生まれてしまったのだという。このときは、日本語がまだわからなかったが、姑など身近に助けてくれる人もいたので、なんとか乗り切れたようだ。

一九四三年の次男のお産は、産婆を呼ばず、同居していた姑が介助してくれた。当時、産婆の介助を受けて産む場合は仰向けに寝て産むのが一般的であった。しかし、このときは姑に教えられ、座って上半身を少し横に倒すような、横座りの姿勢になった。この姿勢だと赤ん坊が一気に出てくるため、自分の手で押さえながら産んだという。

姑は「うるさくない人だから」、妊娠中も特にアドバイスなどはなかったが、産後は一週間寝かせてくれ、ご飯なども作ってくれた。まるで自分の親のように大事に、かわいがってくれたそうだ。

長男が四歳、次男が二歳のときに、福井県に引っ越した。且斗さんは三人目を妊娠中で、すでに産み月に入っていたが、転居して間もなく長男がジフテリアで亡くなってしまう。その翌々日の朝に女の子（長女）が生まれた。産婆を呼ぶひまもなかったし、そもそも福井に来たばかりで、産婆がどこにいるのかもわからない。寝ていた姑を起こし、へその緒を切ってもらった。まだ荷ほどきも終わっておらず、ハサミがどこに入っているかもわからない。結局、食事を作るための包丁と、ありあわせの糸で切ったという。

福井にしばらく住んだ後、仕事がなくなったので愛知県の藤岡村に戻ったが、そこでも満足な仕事がなかったため、一家は京都に移り住んだ。且斗さんは、そこで四番目の子ども（三男）を出産する。このときは、事前に産婆をたのんでおいたが間に合わず、あとから産婆が来て、お湯を沸かし、産湯をつかわせてくれた。

三男が一歳のとき、一家は神奈川県の鶴見に引っ越した。ここで一九五二年に五番目の子（次女）を出産。二月で、雪の激しい寒い晩だった。赤ん坊が生まれて泣くと、姑がとんできた。義弟が産婆を呼びに行ったが、産婆は今迎えに来たのだから、まだ生まれないだろうと思ったのか、なかなか来ない。姑は、赤ん坊のへその緒を切らないままでおいておいた。へその緒を切らず、母親とつながった状態にしておけば、寒さのために赤ん坊が死んだりはしないのだという。そして、寒さに震えている且斗さんのために豆炭で火を起こし、布団をかぶせ、お湯を沸かして産婆の到着を待った。

「産婆さんがしばらく経ってから来たよ。後産を始末して、お風呂に入れて寝かせたけど、子どもの鼻が寒さで真っ黒になってる。それが一週間くらい落ちなかった」

それほどの寒さの中でも、赤ん坊は無事だった。姑のアドバイスが生きたということになろう。

且斗さんは五人の子どものうち、三回は事前に産婆をたのんだが、あとの二回はたのんでいない。その理由は、姑がお産に付き添い、やり方を教えてくれたからでもあるが、一家に引っ越しが多かったせいでもあった。夫の仕事を求めて転々と移り住んだために、一人目と二人目は愛知、三人目は福井、四人目は京都、五人目は鶴見と、さまざまな土地で出産をしている。特に三人目は、引っ越してすぐにお産を迎えたため、産婆さんがわからなかったのだという。

当時、朝鮮人はなかなか職が見つからなかったり、あっても肉体労働で、現場を転々とせざるを得ないなど、ひとところに住むことができないことがよくあった。そのため、慣れない土地で頼る人もいないままに、出産を迎える女性もたくさんいたのである。

一人で出産

戦前から戦後しばらくは、お産の多くは、自宅に産婆（助産婦）を呼んで介助してもらうのが一般的だった。しかし、山深い村などでは産婆がいない場合もあったし、何らかの事情によって、自分一人でお産をするケースもあった。

●金福必さんの場合　金福必さんは、一九二三年慶尚南道に生まれ、一八歳のとき、徴用で渡日していた大邱（テグ）出身の男性と結婚した。一九四一年に渡日し、大阪の崇禅寺でくらし始める。その年の一二月に、産婆を頼んで長男を出産。その後、長女が生まれたが、長男が三歳、長女が五カ月のころに、空襲で焼け出されてしまい、夫の兄を頼って伊豆の天城に疎開した。

夫は静岡の近くに仕事に行ったきり、なかなか帰ってこない。福必さんは農家で田植えや稲刈り、草取りなどの手伝いをしながら生計を立て、子どもを養った。

そんな生活の中で、福必さんは三人の子どもを出産した。うち、末っ子はたった一人で産んだ。

その日、福必さんは、農家の奥さんと一緒に畑でイモを植えていた。途中でおなかが痛くなり、奥さんに事情を説明して帰路についたが、畑から家までは遠いうえに、途中に川がある。それほど広い川ではないが、橋はかかっていなかった。

「石の上を伝いながら川を渡っていたら、そこでもう力が入るの。水の中で産んじゃうと大変だから、と（がまんして）ようやく家についた」

部屋にはなにも用意していなかったので、帰るとすぐ釜に水を入れ、薪をくべて火を焚いた。しかし、あとはおなかが痛くて、何も準備する暇がない。

「うわっぱりを脱いで敷いて、新聞紙を敷いて、一回か二回力を入れたら、もう子どもが出ちゃって。さあ、これどうしよう、産婆さんが（今まで）どうやっているか見ていなかったし……。ちょうど針箱が横にあったから、へその緒を糸で結わえて、その真ん中をハサミで切って。後産も子どもと一緒にパッと出ちゃった。で、子どもをうわっぱりにくるんでおいて、後産もそのへんの紙にくるんで、まるめておいて。子どもをお風呂に入れなくちゃならないから、お勝手の横にあった洗濯に使う桶を、這っていって、自分で引っ張ってきて」

そうこうしているうちに、一緒に作業をしていた奥さんが、心配して様子を見に来てくれた。奥さんは赤ん坊の泣き声がするのでびっくりし、冷えてしまったお湯を沸かし直して、赤ん坊をお風呂に入れ、服を着せてくれた。その間に、奥さんは自分の息子を湯ヶ島の産婆宅に走らせたが、遠方のために一時間以上かかり、夕方七時ごろになってようやく産婆が到着したという。

「お産婆さんが『あんた、それでよくやったね』と。人間いざとなれば、こわいものないですよ」

医師による病院での出産

戦前に、病院で出産するのはごくまれなケースであるが、在日女性の中にもこうした出産を経験した人がいる。

●姜又鉄(カントッチョル)さんの場合

姜又鉄さんは、一九二六年に慶尚南道で生まれた。一九四三年、結婚のために渡日。翌一九四四年、東京・広尾の日赤病院で長男を出産した。産婆を頼み、自宅で出産というのが普通だった時代である。

「病院だったら全部やってくれるし、ラクじゃないの。うちは小姑が多かったから、家でお湯を沸かしたりなんだりするのが大変でしょ、だから病院でしなさいといわれたの」

又鉄さんの夫は一〇人兄弟。大家族だったこともあって、家族に病院での出産を勧められたのだという。当時は鶴見に住んでいたが、かつて渋谷に住んでいたとき、近くの日赤を利用していたので、慣れている病院で産みたいと日赤を選んだ。

病院では妊娠三カ月くらいから、月に一回ほど診察を受けた。医師は男性で、出産は足をかけたり、つかまるところなどのある、分娩用のベッドの上だった。産むときは「浴衣みたいなもの」を着た。親切だし、大きな病院だったので安心していられたという。

二人目の子どもは一九四六年に産婆を呼んで自宅で産んだ。たまたま自宅の前が産婆宅だったので頼んだが、病院のほうがよかったそうだ。

「産婆さんはあんまり診察をやらないでしょ。病院はもうちゃんと診察するから、やっぱり安心」

また、自宅だとお湯を沸かすなど準備や後始末に手間がかかるし、となりのおばあさんを手伝いに頼んだので、お礼をしたりと大変だったという。

もっとも、病院で産むのは産婆を頼むよりもお金がかかる。又鉄さんの家は戦時中でも食べるものに困ったことはなかったというから、比較的生活に余裕があったのだろう。

ほかにも、産婆の手に負えない難しいお産など、特別な場合には病院で出産することもあった。しかし、誰もが病院で産むようになるのはもっと先のことで、戦前はもちろん、戦後しばらくは、産婆（助産婦）のお世話になるのが普通であった。

(2) 受け継がれる朝鮮の伝統と思想

産後に必ず飲むワカメスープ

朝鮮半島では産後、ワカメスープを飲む習慣がある。ワカメは母乳をよく出す、血を清めると考えられているためである。在日の女性たちの間でも、この風習は当たり前のように受け継がれた。

鄭大聲（チョンデソン）著『朝鮮の食べもの』では、母親が著者を産んだ日（一九三三年）のことが書かれている。

「暑い夏の日に、母はたった一人で赤ん坊を産んだ。やっとの思いでへその緒を自分で切ったあと、這うようにして台所に行き、まず、竈の鍋でワカメスープを作ったという。出産した朝鮮の女性にとっ

産後に欠かせないワカメスープ

て、産後にワカメスープを口にすることは『信仰にも近い習慣』になっているのである」

実際、ワカメは産後の止血や子宮の収縮に必要なカルシウムや、ナトリウム、ヨウ素など、産婦の体の回復に必要な成分がたくさん含まれており、ワカメスープの摂取は、理にかなった方法であるといえる。

基本的な作り方は、ワカメをごま油で炒めて水を注ぎ、塩や醤油で味付けをする。日本では、味噌汁や煮物など、ワカメは「煮る」のが一般的だが、味をしみ込ませ、香ばしさを出すには「炒める」のが大事なのだそうだ。

ワカメスープは、一日に五～六回、一～三週間ほど飲み続けなければならない。最初の一週間はワカメだけ、その後は肉や魚などの具を入れるのが伝統のようであるが、実際に在日一世の女性たちに聞くと、中身はバラエティに富んでいた。

・一週間はワカメだけ、それをすぎたら、サケの缶詰とか牛肉を入れる（朴鳳礼さん）

・今はサケの缶詰を入れるが、あのころはそういうのはなくて、カキ（貝）を干して、一〇個ずつ二列並べて棒に刺したのが乾物屋に売っていたので、それを入れて炊いた。ダシがいっぱい出て美味しい。あとはミョンテ（明太）をたたいてちぎって入れた（呉且斗さん）

・ワカメをごま油で炒めた後、煮干しのダシを入れた（金福必さん）

産後は、このワカメスープと白いご飯を食べる。キムチなどの辛いものや、冷たいものは避けた。

ワカメスープを飲むという習慣は根強く、今も受け継いでいる在日家庭もある。お産以外に、誕生日などでもワカメスープを作るが、こうした特別な日の場合、ワカメは切らずに長いまま、あるいは手でちぎって入れるのがしきたりのようである。

産神と禁縄

お産に際して、産神を祀る風習が受け継がれている家庭もあった。在日二世の趙弘子(チョホンジャ)さん（一九五七年生まれ）が初めて出産したのは一九八〇年代だが、一世である姑が、産神を祀ったという。

「産まれたときにご飯を炊き、ワカメスープを作って、『よろしくお願いします』と神様に健康を祈る。この神様は怒らせたら怖いという言い伝えがあって、子どもの一生にかかわるから、きちんとしておかないといけないと。産まれたときは、私は病院で家にいないから、姑がご飯とワカメスープを供えて拝み、六日経って退院した次の日に、私は朝起きて頭を洗い（産後は体を洗ってはいけないので）、そこに礼をして、新しく供えたおつゆとご飯を食べた。これを一週間ごとに四回くらいやったかな。今、やっている人はいないと思う。私は一世の姑にやれと言われた通りにやるしかなくて……」

二人目の子どもは実家で産んだが、姑は神様を拝んでいたらしいという。つい最近でも、こうした風習が行われていた家庭もあったのである。

また、子どもが生まれたら禁縄を張っているところもあった。朴鳳礼さんは、住んでいた福島県の朝鮮集落で、禁縄を張っている家を見て、「これはなんなの？」と聞いたという。

「みんなが見えるように、竹を二本ど－んと立てて、そこに縄を渡して子どもが生まれたのを知らせる。女の子が生まれたらその縄に炭を割ってはさみ、男の子が生まれたら真っ赤な唐辛子をはさむ。だから『あそこの嫁さんは男を産んだ』『女を産んだな』とわかる。うちは男の子が生まれましたと、発表したいのよ。（これを見て）通る人が『よかったね、男か』『大変だね、また女か』と。（はさむものは）三つか五つか七つ、奇数でね。何人も産んでいる家では三つくらいだけど、初めて産んだ家はうれしくてたまらないから、七つさしちゃう。喜びの度合いがわかる」

鳳礼さん自身はやらなかったし、「今やったら笑われる」というが、年長のハルモニたちの間では、こうした習慣が残っていたようである。

尊重される男児

朝鮮では男子が尊重される。それは男子でなければ家門の継承者になれないからで、男児を産むことは嫁としての務めとされた。

金福順さんは、八人産んだ子どものうち、七人が男児である。おかげで婚家はたいへんな喜びようだった。

「昔の人は男、男で。親（義父母）が喜んで喜んでね。うちの嫁は小さくてもたくさん男の子を産んでくれる、と喜んじゃって」

舅がひげにどぶろくをつけて、上機嫌だったのを覚えているという。

いっぽう、呉且斗さんは、男児を三人、女児を二人産んでいるが、長男が病死し、翌々日に長女が生まれたときのことをこう語っている。

「男の子が死んで、女の子が生まれたから、もう対応悪いよね。産婆さんも呼ばないし、（赤ん坊は）そのまま布団の中に入れっぱなしにしといて、寝かせといて。私も寝て体を大事にするひまもないし。男の子が死んで女の子が生まれて……。もう昔はいらないわけよ、女の子は」

昔の親は「差別も半端じゃなく」、男の子は何人産んでも喜ばれるが「女が生まれるともうダメ」なのだという。

名付けにもその願いが表れた。姜又鉄さんの名前「又鉄」は、本来、男性につける名前である。女児が立て続けに二人生まれたため、次に男の子が生まれるようにと、次女の又鉄さんに男子の名前がつけられた。その後、念願の男児が二人生まれたという。

金福必さんは、男子を偏重することについて、「野蛮だよ、女は人間じゃないみたい」と言いながらも、「（男の子をほしがるのは）やっぱり、人間の欲だね。女の子が続けば、女ばかりじゃなあと思っちゃう。自分も野蛮かもしれない」と思っている。

在日の女性たちも、こうしたプレッシャーに悩まされながら、出産を迎えていたことがわかる。

産後のお祝い、子どものお祝い

産後は、二一日目、一〇〇日目、一年目の節目にお祝いをするのが朝鮮の伝統である。戦中や戦後すぐのころは、物資も不足しているうえに、在日家庭の多くは貧しかったため、伝統的なお祝いを行うのは難しかった。

金性太（キムソンテ）さん（一九二二年生まれ）は、一九四九年に長女を出産したが、百日のお祝いも初誕生祝いもしなかった。

「食べるものもないし、それどころじゃないよ。服もなけりゃお米もなけりゃ……。あのころはもう、大変どころじゃないよ」

当時、性太さんの家庭は、夫と子どもだけである。戦後間もないころのこと、生活するのも大変なときに、とてもお祝いなど考えられる状況ではなかった。性太さんだけでなく、こうした家庭は多かったであろう。

いっぽう、一九四一年に愛知県豊橋で長男を出産した金福順さんは、産後一週間休み、一週間目に親戚のおばあさんたちなど、お客さんを呼んで出産祝いをした。

「どぶろくや甘酒を作ったり、ワカメのおつゆを作ったり。おばあさんばっかり呼んで、ご飯を食べた。当時、韓国から親戚が来たから、お米をたくさん食べた」

戦時中のことで、産前・産後は、「聞くほどでもない、粗末なもの」を食べていたというが、産後のお祝いに白飯とワカメスープを作っている。長男の出産が一家にとって喜ばしい出来事だったことはもちろんだが、舅や姑が同居していたことも、お祝いができた大きな要因だろう。

洪花子(ホンファジャ)さん(一九三二年生まれ)は、一九五二年から一九五九年までに五人の子どもを産んでいる。戦後、少し経ってからのことで、世の中も落ち着きを取り戻しつつあった時代だ。花子さんも、子どもたちに百日宴、初誕生祝いをしたという。

「ご飯、スープ、ナムル、餅、魚、チヂミ、果物などの料理を高盛りにし、花鳥を刺繍した屏風を立てて、その前に朝鮮式の華やかな衣裳を着せた子どもを座らせて写真を撮った。人をよばないで、身内だけですませた」

一歳のお祝いのときは、子どもの将来を占う儀式もやったという。

「お膳に、糸、お金、ペンの三種類を置いたような気がする。子どもが這っていって、どれに先に手を出すかというのを見るの。糸かハサミだったら、洋裁にたけているとか、お金を取れば将来金持ちになる、ペンを取れば学問に集中するな、という、そんな勝手な判断をして(笑)、喜んでいた。それと、

1960年に行われた在日家庭での初誕生祝い。1歳の男児とその母親、両家の祖母とともに。祝膳には、お赤飯、ワカメスープ、鶏の蒸し焼き、小豆餅、果物などが並ぶ(李相祚氏提供)

一升餅を作って背中に背負わせた。長寿とか健康を祝う意味があると思うんだけれど。一升餅は重いから、よちよち歩きをやっとする子がひっくり返ったりするんだけどね」

花子さんの家庭は比較的裕福だったようで、子どもたちには朝鮮の伝統にのっとったお祝いをしている。その時代の状況や、家庭の経済状態に応じてではあるが、こうした朝鮮式のお祝い事も、たしかに受け継がれてきたのである。

しきたりを伝える同胞たち

日本で出産を迎えた在日一世の女性は、幼少のころに親と一緒に、あるいは親戚をたよったり、日本で働く男性と結婚するなどで、若いうちに渡日している。そのため、お産にまつわる朝鮮の風習については、それほど知らなかったと考えられる。

しかし、実際には産後にワカメスープを飲んだり、生まれて百日のお祝いをしたり、なかには産神を祀る人などもいて、朝鮮の伝統は脈々と受け継がれている。こうした風習はどのように伝えられたのだろうか。

親と一緒に渡日していたり、嫁ぎ先に姑がいる場合には、直接教えてもらうことができた。あるいは、近くに身寄りがなくても、集落であれば、年長のハルモニたちが教えてくれたのである。

朴鳳礼さんも、そうした経験をした一人だ。日本に住んでいる姉もそばにはいなかったし、徴用で来ていた夫も身寄りがなく、夫婦二人の生活であった。一七歳で出産したときには、集落のおばあさんたちが朝鮮の風習を教えてくれたという。

「朝鮮集落だから朝鮮人がいっぱいいた。産後、『セデギ（若奥さん）、ワカメスープ飲まなきゃダメだよ、病院から出てきて作ったの？』と言われ、『できない』といったら、『こうやって作るんだよ』と教えてくれた」

ほかにも、「おっぱいが出るように」と、サムゲタン（鶏のなかに朝鮮人参やもち米を詰め、スープで煮る朝鮮料理）を作ってくれたり、産前には、「そんなに動いたらダメだよ」と注意を受けたりしたという。

集落の人々は家族のように同胞の若い人たちを見守り、赤ん坊が生まれれば、産婦に朝鮮の伝統を伝えていたのであろう。

(3) 貧しさの中でもたくましく

休む間もない産後の生活

日本でも朝鮮でも、産前は体をいたわって力仕事などを控え、産後は「三七日」、つまり二一日目の床上げまで、体を休めるのが理想的とされた。

しかし、貧しかった時代にこうしたゆとりのある妊産婦など、ほとんどいなかった。妊娠していても体をいたわることなどできないままに、出産直前まで働き、産後もほとんど休む間もなく、家事や仕事に復帰するのが常であった。

金福必さんが末っ子の男の子を出産したときは、分娩当日まで畑仕事をしていた。陣痛がきたので帰路につき、やっとの思いで家にたどりついた途端、生まれてしまったのである。

「その日（産んだ日）はともかく大変だったから、後産（胎盤）は見えないように落ち葉の中に隠しておいて、二日目か三日目かに、土を掘って埋めたり、川で洗いものを洗って干して。そのときは体がどうってこともなかったけど、一日か二日くらいたってから、やはり体がむくんで。朝は顔がむくんで目が開けられなかった」

夫は仕事に出ると長く帰ってこない。お産直後で体がきつくても、子どもを食べさせていかなければならないので、洗濯などの家事は産後二～三日で、仕事も一〇日くらいで再開した。

かつて、同胞のおばあさんたちから、「お産して二〇日までに、水仕事や力仕事をやったりすれば、年がいってから後遺症が出る場合があるから、よく気をつけなくちゃ。自分でよく考えて、無理なことはしないように」と教えられたというが、とてもそれを守れる状況ではなかった。

五人の子どもを産んだ呉且斗さんは、姑と同居していたため、産後の世話は姑がしてくれた。しかし、一週間経てば、平常通りの生活が待っていた。

「日本の人はあまり食べさせないというけど、（朝鮮では）食べさせて元気にしないと。そのかわり、一週間過ぎれば、自分で起きて、おしめ洗ったりご飯の支度をしたり全部やるけど。今は実家に行って二〇日くらい帰ってこない人もいるけど、私たちは生活が大変だから、そういうのはなかった」

妊娠中も休めなかった。特に戦時中は大変だった。

「子ども一人おんぶして、一人歩かせて、お腹が大きくて、お風呂も遠いところまで歩いていくんだもん。飯場やりながら、子どもを育ててきたんだもんね」

子どもを背負ったまま、ずっと仕事をしていたので、子どもの足がむくんでしまい、立ち上がれないこともあったという。

モノ不足の中で

戦中から戦後しばらくは日本中で食料や物資が不足していた。

梁川福心著『くず鉄一代記』では、著者が一九四二年に出産したときのことがこう記されている。

「産婆さんが湯から赤ん坊を取り上げ、『タオルを』と要求した時、私はぼろぼろになったパンツをタオル代わりに渡したのです。極貧のわが家にはタオルなんて気の利いたものはなかったのです。出産前に用意したおしめも下着もすべて、古くなってもうほとんど着られない肌着を夜遅くまでかかって再生したものばかりでした」

また、呉且斗さんが、一九四八年に四番目の子どもを出産した当時は、とにかく食べ物がなかったという。

「おなかに子どもがいるし、食べるものはないし、どうすることもできない」

且斗さんは、闇タバコを巻く手伝いをして、生活費を稼いだ。タバコを巻く機械を家にもっていき、ばれないように少しずつタバコを出し、夜は寝ないで巻いていた。おなかをすかせてタバコを巻いていると、きつくて、目が回ったりしたという。そのお金で米を買った。「やらなかったのは泥棒だけ」というほど、いろいろなことをして働き、子どもを養ったのである。

出産を乗り越えて

戦時中から戦後間もなく日本で出産した在日一世の女性たちは、一〇代の若さで結婚・出産している人も多い。まだ知識も経験も少ないまま、慣れない異郷の地で迎える出産は、さぞや戸惑いや不安が大きかったに違いない。

この時代は、日本中で生活物資や食糧が不足していたし、医療設備もまだまだ整っていなかったから、日本人女性たちにとっても、出産は大変なことであった。しかし、朝鮮人は差別を受けて限られた職業にしか就けないため、日本人以上に貧しい家庭が多かったし、仕事を求めて転々と移り住まざるを得ないなど、その置かれた状況は日本人よりも厳しかった。

にもかかわらず、在日一世の女性たちは、記憶をたどり、感覚を研ぎ澄まし、その場その場で必要なことを判断して、お産という大仕事を自力で乗り切ってきたのである。

五人の子どもを産み育てた呉且斗さんは、産婆を呼ばずにお産したときのことを、「困ったこともあったんだけど、全部ちゃんとできてます」と語ってくれたが、こうした言葉の端々に在日女性たちの強さ、たくましさを見る思いがする。

〔門松由紀子〕

婚礼・葬礼・祭祀(チェサ)――故郷の風習にできるだけ近づけて

朝鮮の人々の多くは儒教の教えを生活のすみずみまで広く取り入れてきた。日本で暮らすようになっても、その風俗習慣を持ち込み、とりわけ、人生儀礼の中でも最高礼とされる冠婚葬祭において顕著であった。

例えば、婚礼においては四柱(サジュ)(新郎新婦の生年月日時を干支であらわしたもの。これで二人の将来を占う)の交換をしたり、伝統的な婚礼衣装を着用したり、また葬礼については「アイゴー、アイゴー」と大きな声で哭(な)くことを職業とする「哭き女」を呼んだり、白喪服を着たり、さらには先祖への孝行をするための祭祀を一族みんなが集まって丁重に行うなどである。

それぞれの手順は複雑で、全部行うには時間もかかり、経済的負担も大きいことから、本国に比べると、かなり簡略化されたものであったし、また、日本社会における差別や蔑視のため、戦時中などは、亡くなっても葬儀も行われず、埋葬されるだけということもあった。

それでも朝鮮民族としての誇りとアイデンティティを固持し、表明するため、同胞は互いに助け合って故郷の風習を守ってきた。

現在は婚葬礼とも業者の進出で日本人の場合と同じように行われることが多くなっているが、チマ・チョゴリの婚礼衣装や白い喪服を着用したり、一部に儒教の式次第を組み込むなど、どこかに朝鮮民族のしきたりを入れる形で伝統が受け継がれている。

1 婚礼

(1) 伝統的な婚礼様式

本貫と男系社会

かつて朝鮮半島では同じ本貫同士の結婚ができないことになっていた。本貫とは始祖の出身地を示すもので、同じ姓で同じ出身地の場合は同族と見なされるためである。この結婚禁止制度は一九九七年に廃止されたが、現在でもまだ慣習として避ける傾向は残っている。

また儒教に基づく男系社会が続いてきたこともあり、女性に対しては従順、貞淑などが厳しく求められ、結婚についても親の決めた相手に嫁ぎ、嫁してはどんなことがあっても夫に従うよう教えられた。しかも嫁ぎ先での嫁の地位は家族の中で一番低いものであった。

四柱

このような本貫と男系社会の中で行われる伝統的な婚礼は、四つの儀礼を経て行われた。互いの結婚の意志を打診する「議婚(ウィホン)」、結婚式の日取りを決める「納采(ナプチェ)」、結納にあたる「納幣(ナッペ)」、婚礼当日の儀式「親迎(チニョン)」である。このうち、結婚式の日取りを決める「納采」の前には「四柱」を書いた紙を交換するのが慣わしだった。

「四柱」は生年月日時を干支で表したもので、これで運勢を占ったり、名前を付けるときの参考にしたりするほか、特に結婚を決める場合に重要視され、新郎の四柱を新婦に送り、二人の四柱を合わせて、将来、幸福になれるかなどを見るのである。

現在ではある程度、形式的なものになったが、かつては「四柱」が合わないと破談になることも多かった。

結婚式の式次第

式は新婦の家で行い、それから新郎の家へ行くのが慣例であった。

新婦の家では部屋の奥に屏風を立て、その前に膳を置き、膳の上には棗（なつめ）、栗、米、餅、酒瓶、雌雄のオシドリなどを並べた。オシドリは生涯連れ添う意味に、種子のある棗は男性の象徴、栗はいったん植えるといつまでも実をつけることから、婚家に根ざす女性の象徴としてそれぞれ用いられた。

新郎は東側、新婦は西側にと立つ位置が決まっており、そこで相見礼をし、夫婦の契りの盃を酌み交わす。こうした儀式の後、新郎の家に行くのだが、このときは二人の行く道を青紗提灯（チョンサチョロン）で照らすのが昔からのしきたりであった。赤（男性の象徴）の絹布に青（女性の象徴）の絹布を巻いてかぶせた提灯である。婚家へ着くと、舅が新婦のチマに棗を投げることになっている。これは男児を産むようにという風習である。

青紗提灯は現在では新婦の家の門にかけ、まもなくこの家で婚礼があることを近所に知らせる目印として使われるようになっている。また、式場もホテルが一般的になったが、それでも「四柱」の交換や棗を膳に並べるなど、一部に伝統様式を入れる形は受け継がれている。

伝統的婚礼衣裳

多くは中国の唐時代やモンゴルの服制を模倣したもので、それを朝鮮王家が取り入れた後、庶民にも婚礼のときだけ着用が許されたと考えられている。

新郎はパジ・チョゴリの上に官服と呼ばれる上着を着て、官帯を締め、表を黒い革で覆った木靴を履き、紗帽をかぶる。新婦もチマ・チョゴリの上にウォンサムという上着を羽織る。ウォンサムの身ごろには蓮、牡丹、鶴などの吉祥文様が刺繍され、いずれにも末永く幸せであるようにとの願いがこめられている。このウォンサムの上に大帯を胸高に締め、

伝統的な結婚式の盛装（山本俊介氏〔元高麗美術館研究員、京都市〕所蔵、国際日本文化研究センター提供）

髪は後ろにまとめ、ピニョと呼ばれる長い簪（かんざし）を挿し、花冠を頭に載せ、梅花模様の花靴（コッシン）を履き、両頬と額に紅を丸く塗るというのが一般的な装いである。

契（ケ）

地域にもよるが、かつて朝鮮には「契」という互助組織が多く見られた。日本の「講」にあたるといえるもので、加入者が平等に同じ金額のお金を出し合って積み立て、定められた目的のために運用する仕組みである。珍島（チンド）の例では「生活改善契」「機械契」「技能契」「ワカメ契」などがある。

冠婚葬祭のときもこの「契」を使うことで、大きな出費をまかなうことができ、利用者にとっては心強いものであった。例えば、当日の飲食を提供して近隣所お互いが助け合う「米契」「餅契」「豆腐契」などが挙げられる。

(2) 在日の婚礼

解放前

在日朝鮮人の場合も解放前は親や周囲の大人が結婚相手を決め、それに従うことが多かった。式場は自宅や同胞が多く住む地域の集会所というのが一般的で、屏風や棗、オシドリなど、故国と同じような品は揃えられなかったものの、できるかぎり、古くから伝わるしきたりに添って行われた。

婚礼衣裳も同様であった。内鮮融和を図るために作られた日本の組織「協和会」により、新郎新婦とも和装で行うよう強制されたり、さらに戦況が厳しくなると、男性は国民服、女性もモンペの標準服と指定されたが、それでも一生に一度のハレの日をできるだけ民族服で飾りたいとの思いから、伝統衣裳を着用する人も少なからず見られた。

1940年頃の在日朝鮮人の婚礼衣裳（李相祚氏提供）

解放後

解放後もしばらくは親や周囲の大人が決めた結婚に従っていたが、次第に自分の意思で相手を選ぶようになり、「四柱」交換も形式化していく。さらには、日本人とだけは結婚するなという風潮ゆえに、同胞同士の結婚が圧倒的に多かったのが、一九七〇年代半ば以降は日本人との結婚のほうが増えていく（図7－1）。

これは、狭い同胞社会だけで相手を見つけることが難しくなってきたこと、若者の間には、かつてほど日本人に対する憎しみが強くなくなってきていること、自分の子どもや孫が日本人と結婚することには絶対反対だった一世も老い、しぶしぶ認めるようになってきたことなどが理由として考えられる。

現代はホテルなど専用の結婚式場を使い、男性は背広、女性もウェディングドレスというのが多くなった。ただ、そんななかでもお色直しに伝統的な婚礼衣裳を着たり、故郷の料理を並べたりと、どこかに昔から伝わる風習を取り入れることが多い。

図７－１　在日韓国・朝鮮人の婚姻状況

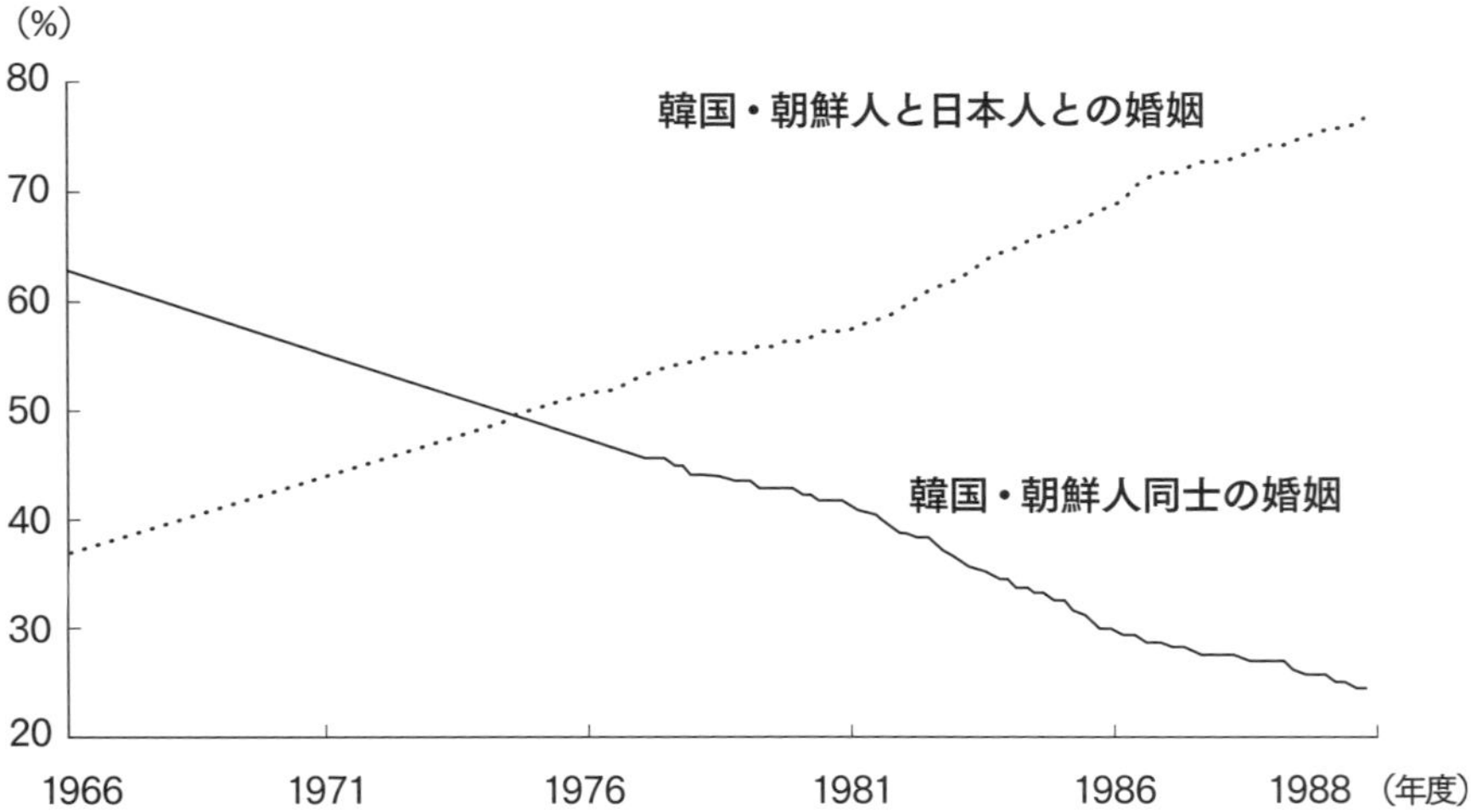

（『在日韓国・朝鮮人の健康・生活・意識』明石書店、1955年より）

(3) 聞き書きと在日文学にみる在日の結婚

では実際の在日の婚礼はどのように行われたかを紹介してみる。

解放前

金性太（キムソンテ）さん（一九二二年生まれ）は一九三八年、一七歳のときに、仲立ちの勧める人と朝鮮で結婚した。すでに渡日していた新郎が朝鮮へ戻ってきて、新婦の家で挙式。昔は親戚以外の男に声をかけてはいけなかったので、式の間も新郎の顔を見ていない。

衣裳は赤と青のチマ・チョゴリ、新郎もパジ・チョゴリを着て帽子をかぶった。部屋の奥に屏風を立て、新婦側に生きている雌鶏、新郎側に雄鶏、あとは外皮を剥いた栗などを置いた。料理は、トック（餅入り雑煮）や豚肉料理は大変だったので、末永くの意味がある長い麺をみんなで食べた。

挙式後、新婦を残して新郎はいったん日本へ帰り、半年経ったころ迎えに来た。行った先は愛知の製糸工場だった。そこで一年半くらい夫と別居しながら住み込みで勤めた後、盛岡へ疎開。戦後に川崎へ来て、夫は日本鋼管で、性太さんもくず鉄拾いなどをしながら働く。やがて土地を借りることができ、そこにバラックを建て、くず鉄屋を切り盛りしながら必死に子どもたちを育てた。

金壬守（キムイムス）さん（一九二六年生まれ）の場合もすでに渡日していた女性が結婚を決めた。相手はその人の長男で、一九四四年、一八歳のときに挙式。やはり新郎が一人で朝鮮へ来て壬守さんの家で行った。祝いは三日間続き、村人が大勢出て手伝ってくれた。

衣裳は母が縫ってくれたチマ・チョゴリを着用。頭には冠をかぶり、吉祥文様のついた飾り布も後頭部から肩、胸へと垂らした。新郎もパジ・チョゴリだった。料理は縁起物のうどんに餅やどぶろくなどが出た。

式では新郎新婦が立って互いにお辞儀をするのだが、二人の間に、逃げないよう足を縛った生きている雌雄の鶏が置かれ、それが米（餌）を入れた器の中の米をついばんでいた。

挙式後、夫は自分の親戚のところへ寄ってから一人で日本へ帰り、頃合いを見て夫の母親が迎えにきた。婚家でも近所の人たちが物資のないなかで作ってくれた料理をみんなで食べたが、このときは婚礼時と違うチマ・チョゴリを着た。

こうして結婚生活が始まったが、のちに、若いときの怪我がもとで夫がギプス生活を余儀なくされるようになり、そんな夫に代わって、闇米の買い出しやどぶろく造り、焼鳥屋や焼肉店を開くなど、どうやってくらしてきたんだろうと思うほど働く日々のなか、懸命に子育てをしてきた。

尹千石（ユンチョンソク）さん（一九二八年生まれ）の場合は、相手の顔は知っていたが、結婚を決めたのはやはり本

尹千石さん近影。今もキムチ専門店を経営している（筆者撮影）

人ではなく、父親であった。

千石さんは、日本で働いていた父を追って一九三八年、一〇歳のときに渡航した。挙式は一九四四年、一六歳のとき。鉱山で日本人の現場監督に殴られ、大怪我をして入院した父が、同室に入院していた在日青年を見初めたのだった。

式場は、そのころ住んでいた東京中野の町内集会所を借り、衣裳は、千石さんの母が朝鮮から持ってきた赤と緑のチマ・チョゴリを、新郎もパジ・チョゴリを着た。伝統衣裳よりずっと質素だったが、モンペの標準服と指定されていたなか、どうしても民族衣裳を着たくてそれにした。

膳の上に飾るオシドリや米、棗もなく、料理はキムチやチヂミなどの手作りで、祝いのときのトック（雑煮）もなかった。このころは日本全体が食料難ということもあり、ましてや朝鮮人には売ってくれなかったことによる。

参列者は千石さんの家族（両親と三人の妹弟）、

新郎の兄（同じく日本に来て働いていた）、それに双方の職場の同胞と近所の日本人数人だけで食事をしただけのささやかなものであった。

しかし結婚して一年にもならない一九四五年八月六日、夫は広島の土木工事現場で被爆する。遺品も何も、影すら残らず、工事現場が全滅したということで夫は亡くなったことになっているが、死亡通知は未だ受け取っていない。

それからは千石さんが家族を養うために働かなければならなかった。どぶろくや闇米販売、朝鮮初中級学校寮の給食作り、キムチ店経営などをし、現在も働き続けている。

金芯先（キムシムソン）さん（一九二五年生まれ）も、相手の顔は知っていたが、決めたのはやはり父親だった。芯先さんも先に渡日していた父を訪ね、一九三七年、一二歳のときに日本へ来た。父はダム工事などに従事。芯先さんも紡績工場や染物工場などに住み込みで働いた。

結婚したのは一九四四年、一九歳のとき。芯先さんの兄が徴用に取られたことから、娘も挺身隊に取られるのではないかと心配した父親が、同じ朝鮮人集落に住む自分の友人の息子を紹介した。

式場は町の集会所を使い、衣裳もチマ・チョゴリを着た。伝統衣裳というより、ちょっときれいな余所行き（よそゆき）で、夫は普通の背広だった。お色直しに日本の着物と角隠しを勧める日本人もいたが、それは着なかった。

祝いの膳も、日本全体が物のないときだったので、質素だったが、それでも木製のオシドリと竹、米などを並べることができた。あとは手作りの料理にどぶろく。それを集まった人たちで食べた。

しかし間もなく、結婚したばかりの夫に召集令状が来る。その半年後に日本の敗戦。

夫の両親も芯先さんの両親も帰国するが、芯先さんは一人、日本に残って夫の復員を待った。そうし

金芯先さん近影（著者撮影）

てやっと夫が帰ってきたときには、帰国する船もお金も無く、結局二人で日本に留まることになる。以来、街で下肥を集めて農家に売ったり、廃品回収、パチンコ屋など、しない仕事はないというほどいろいろな仕事をしてきた。

成順烈（ソンスニョル）さん（一九一五年生まれ）は、大人によって一方的に結婚相手を決められている。すでに渡航していた親戚に、「日本へ行けば白いご飯がいっぱい食べられるから」と言われて一九三〇年、一五歳のときに日本へ渡って来たのだが、着いてみると結婚が待っていたのである。

朝鮮では若い娘は長い髪を編んでリボンを結び、結婚するときに髪の毛を上げるのが慣わしであったが、「今日、髪をほどく」と親戚の人にいきなり言われ、驚いて「嫌だ」と言いながら髪の毛の尻尾をつかんだものの、大人の力にはかなわない。泣く泣く髪の毛を放してしまう。

そうして余所行きのチマ・チョゴリを着せられ、初めて会う相手の隣に座らされ、親戚たちが勝手に「今日はいい日だ」と言って酒を飲んでおしまいという式が行われた（『百萬人の身世打鈴』）。

以上、解放前に結婚した女性五人の話を見てみると、相手の顔を知っていたか、式で初めて会ったかの違いはあるものの、五人とも周辺の大人や親の決めた縁組に従っている。

順烈さんは、来てみたら結婚が待っていたという。性太さんと壬守さんは仲立ちが間に入り、渡日していた新郎が朝鮮の新婦の家に来て、新婦の家で挙式。またすでに日本でくらしていた千石さんと芯先さんは父親が相手を選び、町の集会所を会場にしている。

いずれも、民族服を着用し、生きている雌雄の鶏、棗を飾り、どぶろく、キムチ、麺など、質素ななかでもできる限りのご馳走を並べて朝鮮式に行っている。

解放後しばらくの間

これが解放後になると、衣裳や料理は少しずつ華やかで豊かなものになっていくが、結婚相手は周辺が決めるというのはなおしばらく続く。

金道禮（キムドレ）さん（一九二七年生まれ）は一九四六年に一九歳で結婚したが、決めたのは双方の親同士であった。式は川崎の新婦の自宅で行い、衣裳はピンクと緑のチマ・チョゴリを着て冠も付けた。チマ・チョゴリは新郎の方で用意してくれた。それは「死んだら一緒に棺に入れるように」と今も大切にとってある。夫もパジ・チョゴリを着た。

式場のテーブルの上に足を縛った生きた鶏を置き、新郎新婦が立って互いにお辞儀をし、杯を交わしているとき、新婦側の鶏が卵を産んだ。それを新郎にあげればよかったのに、他の人が飲んだと言って姑が怒り、大変だった。

飾り物は棗や果物などを高盛りにしたが、料理はそんなに多くはなかった。麺類が出たかは覚えていない。器は金属製のものが全部供出させられていたので、日本の茶碗や丼などを使った。

また、一九五一年に一九歳で結婚した洪花子（ホンファジャ）さんも、「親が決めて、行けって言われたから」という結婚をした。

花子さんは一九三二年に大阪で生まれた。父母が渡日したのは花子さんが生まれる四、五年前の一九二七～二八年ごろと思われ、父の仕事は背広を着て映画館の支配人をしていたことは覚えているが、それ以前の仕事についてはわからない。

新郎は横浜で建材を扱う自営業をしていて、彼が来阪し、新婦の家で挙式した。祝いは三日三晩続いた。といっても物資のない時代だったから、トックもなく、鍋にうどんの一つでも作ってみんなにふるまおうという感じ。あとはキムチやナムル、それにどぶろく。それでもとにかく三日三晩続き、余興も出た。

---

column

東床礼（トンサンレ）

新婚旅行を終えて新婦の家に戻って来た新郎を裸足にして足首をくくり動けなくして、新婦の親戚や友人たちが質問攻めにする。「何しに来た？」と聞いて「嫁を貰いに来た」と答えると「泥棒だ！」と、寄ってたかって新郎の足の裏を乾いた明太や棒で叩き、なれそめや新婚旅行でのあれこれを白状しろと迫り、答えられないと「答えろ」と叩き、曖昧に答えると「はっきり答えろ」と叩き、うそを言うと「正直に応えろ」と叩き、正直に答えると「厚かましい」と叩く。最後に新郎を救うのは、新婦の母で「そろそろ許してあげなさい」と皆に料理をふるまう。幸せな新婚の二人をからかって親睦を図る「賀礼」の一つだ。在参列者は家族親戚（渡日していた親戚は少ない）に近所の同胞だった。近所の人たちは入れ替わり立ち替わり祝いに来てくれて、なかには、一度来て帰り、夕飯時にまた来るという人もいてにぎやかだった。

衣裳はピンクと緑のチマ・チョゴリを着て、冠も付けた。チマ・チョゴリは上手な人に頼んで縫ってもらった。夫はスーツだった。初夜の晩に栗など簡単な品と酒を二人の部屋に入れてくれてあったが、オシドリはなかった。

大阪での三日三晩の後は横浜でもまた同じような宴会をした。ここでは同じ料理を載せたテーブルが新婦用、新婦の父用、仲人用の三つ用意され、実家のより豪華であった。いずれも親戚や近所の人が総動員で作ってくれた。

衣裳は婚礼時と違うチマ・チョゴリを着た。余興は新郎を酒の肴にして冷やかし、足の裏を叩いたりする遊び（東床礼（トンサンレ）：コラム参照）をした。三日三晩

日朝鮮人のコミュニティーでも一九八〇年代ごろまで行われていた。

かつて朝鮮半島の北側、平安道地方では新郎に漢詩を詠ませ、うまく詠むとまたほかのお題を提示して何度も詩を作らせた。そのためこの地方では新郎に漢文が得意な親戚が同伴するのが常だったという。詩を披露した後、新婦の家では知識の豊富な婿を得たと料理をふるまった。

東床は婿のことで、この呼び方は中国の故事に由来し、朝鮮語では婿を「東床」とは言わない。

〔金淑子〕

column

も自宅で宴をすると料理作りや後片付けが大変なので、今は専用の式場を使うようになり、東床礼などの遊びもなくなったが、昔は娯楽が少なかったから、大変だと言いながら、結構楽しんでいたと思う。

以上、一九四六年と五一年に結婚した道禮さんも花子さんも結婚相手はまだ親が決めているが、料理や飾り物などの内容は戦後の物資不足のなかながら戦前に比べればかなり豊かになっている。

一九七〇年代以降

一九七六年になると、結婚相手は自分で決め、民族服だけでなくウェディングドレスも着用、披露宴もホテルで行っている。

Aさんは一九五〇年、福井県生まれの在日二世である。朝鮮人の多いいわゆる朝鮮人集落に住み、そこでは冠婚葬祭を始め、何か事があるとみんなで行ったり来たりして助け合い、大人たちは集まるといつも朝鮮の歌を歌ったり踊ったりした。小さいときからそんな姿を見て育ったので、民族意識は自然に芽生えていた。

そんなAさんの相手は新潟朝鮮初中級学校の同僚で、自分で決めた。新郎がAさんの実家のある福井へ来て、その後、新郎の実家のある新潟市でも披露宴をした。

福井での式は町の公民館を借り、参列者は朝鮮人集落の人たちはもちろん、朝鮮学校関係者や同胞など大勢だった。新郎は背広、新婦はウェディングドレスを着て、その後、お色直しを二回した。一回目は赤緑、二回目はピンクのチマ・チョゴリ。衣裳はいずれも大阪鶴橋の同胞の店で購入した。

料理は朝鮮人集落の人たちが手作りをしてくれた。なかでも多かったのは豚肉料理で、豚は家族繁栄の象徴であり、ハングルでトン（お金）ともいうように、金運に恵まれる意味もあることから、祝いの席には欠かせないことによる。

他にもキムチ、チヂミ、果物、菓子などたくさんの料理が並んだ。飲み物はビールや朝鮮の焼酎、日本酒などだった。

結婚式では東床礼という余興も行われた。トンサン（東床）とは新郎を指し、新郎が東側、新婦が西側に立つ慣習からきている。式に参列した独身の若者たちが新郎をやっかみ、「どこで知りあったか」「いつ手を握ったか」などと聞きながら、細い枝や、紙を細い棒状にしたもので新郎の足を叩き、告白させるものである。

きわどい話になると新郎はなかなか言い出せない。それで新婦が助けに入る。するとますます足叩きが始まる。そこで新郎は新婦の母に助けを求め、かわいい婿を救うため、新婦の母がさらに客に酒や肴を勧めるという趣向である。

新潟市での披露宴はホテルを使い、料理は一般的なホテル料理だったが、このときも大勢が参列して賑やかだった。Aさんは三人男子が続いた後の初めての女子ということもあり、父にはとてもかわいがられた。その父が、平素は無口なのに、披露宴で情にあふれた挨拶をしてくれて、それが何よりうれしかった。四国への新婚旅行にも行ってきた。

「新婚旅行なんてとんでもなかった」という在日一世に比べ、二世のAさんは新婚旅行に出かけ、お色直しをし、伝統的な東床礼も行っている。

こうした伝統的な式次第や作法については一世に教えてもらったり、同胞向けの本などを見て受け継ぐのが一般的だが、そんななかで消えていく風習もある。雰囲気を盛り上げるのにとてもいい東床礼もその例で、これには盛り上げる人、つまり役者が必要なのだが、それのできる一世が亡くなってきていることによる。

配偶者と子どもの国籍問題

同胞同士の結婚ではなく、日本人との結婚となると難しい問題がいろいろ出てくる。まず反対する在日の親が多い。筆者が聞き書きした尹千石さん、金道禮さん、Aさんも「日本人とだけは結婚するな」と親に言われ、自分の子どもにもそう言っている。

また、反対しつつも、仕方ないとあきらめる親もいる。

つかこうへいの作品『広島に原爆を落す日』では、主人公が母親に好きな人がいることを告げると、「その方、日本の方ですね」「はい」「では、もうこれで国には帰れませんね」と母親は涙を流す。朝鮮の男が日本の女と結婚することは、息子の人生だから仕方ないと思うものの、内心は許せないのである。

日本人の方にも蔑視観から反対する人が多い。それは家族にとどまらず、金贊汀（キムサンティ）著『甲子園の異邦人』によると入籍手続きに市役所へ行った日本人女性が、「何でや、何で日本人が韓国籍なんか取るんや！」と担当職員に嫌味を言われたという。

こうした反対を押し切って日本人と結婚した場合、今度は生まれてくる子どもの国籍の問題が出てくる。『甲子園の異邦人』でもそのことに触れている。韓国人男性と日本人女性の結婚に双方の家族が反対。特に女性の家族が猛反対だったため、彼女は家出して結婚したが、反対されたこともあって入籍しなかった。その結果、生まれた子どもは母方の籍に入り、「私生児」になってしまうという実情である。

金贊汀によると、このように家族の反対で正式な結婚の届出をしないまま、韓国・朝鮮籍の父親を持つ日本国籍の子どもは少なくないという。

つかこうへいの『娘に語る祖国』では、作者の両親も日本人に差別された経験から日本人女性と結婚することだけは許さないという考えだった。それに日本人と結婚することは同胞たちの間では肩身が狭いことであり、習慣の違いでなかなかうまくいかないという風評も流れていた。

しかし周りにいるのは日本人ばかりで、顔も似ているし、そもそも少ない同胞の中から探すのは容易なことではない。作者もとうとう素敵な日本人女性に出会ってしまい、結婚を決意する。ソウルオリンピック開催（一九八八年）を機に、その数年前から韓国へ旅行に行く日本人が増え、チマ・チョゴリが一種のファッションになるなど、「かつての植民地時代の悲惨さ、戦後も続く差別、いじめを体験している世代からは理解できない日本社会」になっていたころだった。

新婦も過去の歴史についてはほとんど知らない。それで、婚礼衣裳はウェディングドレスの他に赤いチマ・チョゴリと和服でのお色直しをし、司会者に「こりゃあ、どこの国の結婚式ですかね」と言われるような結婚式をする。

時代は変わり、こんな和気藹々（あいあい）の式なのに、それでも作者は妻の国籍を韓国籍に入れるかどうかで悩むのである。無邪気な妻は韓国人になる気でいたが、作者は韓国人であることでの辛さを知っている。そんな思いを妻にはさせたくない。それに妻を韓国籍に入れると、生まれてくる子どもも韓国籍になり、将来、子どもが官公庁に勤めたいと思ってもそれはできない。仕事の選択幅が狭くなる。悩んだ末、作者は妻を日本国籍のままにする。

その思いを娘に語る。祖国というのは「二人がおまえをかけがえなく思うまなざしの中に」あるのだと。

かつて日本人との結婚に猛反対していた在日一世。逆に蔑視から在日コリアンとの結婚に同じように猛反対した日本人。それが一九七〇年代以降になると、民族色の強い一世たちも年老いて、子や孫の結婚に反対する力を失い、あきらめ顔で認めるようになっていく。

こうして在日コリアンと日本人の結婚の障害は以前ほどではなくなってきているように見えるが、しかし子どもの国籍をはじめ、まだまだ根深い問題が横たわっている実情にある。

2 葬礼

(1) 伝統的な葬礼様式

哭（コッ）

人が亡くなると、遺体を清め、寿衣（スウィ）（喪服）を着せ、入棺し、葬儀を行い、墓地へ行って埋葬する。それから家に帰り、位牌の前で祭祀を行うというのが大略の手順だが、この一つひとつの手順の間には「哭」をするという風習があった。

哭とは、死者を哀悼するために「アイゴー、アイゴー」と大声を上げて泣く一種の儀礼的な泣きのことで、葬儀中は泣き声を途切れさせないように哭をする。哭をしながら弔問客を待ち、哭をしながら悔やみの言葉を交し合う。遠く離れていても父母が死んだという知らせを受けるとすぐ哭をするというように、亡くなってから喪があけるまで絶え間なく哭の続くのが理想的とされた。

哭は家族親戚参列者の誰もがするが、中心的にするのは女性である。家族の中の女性が哭をするだけでなく、遺族の悲しみを世間に伝えるために哭くのを職業とする「哭き女」という女性集団も葬式に呼んだ。

「哭き女」は今はごく少数となったが、声を出し、胸を叩いて悲しみを表現する方法は今日でも日常的に行われている。

埋葬

かつては土葬が一般的であった。墓地の位置は、遺族の中の年長者が風水師を伴い、山を歩きながら風水を見て決めた。風水とは陰陽五行思想に基づいて吉凶禍福を占うもので、墓地の位置を決める場合も風水が良ければ亡くなった人は永く幸を受け、生きている子孫もその福を受け取ることができると考えられている。

そんな風水のいい場所を選んで穴を掘り、棺を降ろし、丸く盛り土をする。

墓は一人ずつ別個に作るのが原則だが、夫婦を一つの墓に合墳する場合や一族門中が同じ山にまとまる場合もある。この場合は上から下に古い世代順に設けられる。盛り土だけの墓や墓碑を建てるのもあるが、墓碑には一般的に個人名と族譜が記録される。

現代は土地の入手が困難になってきたこともあり、火葬による納骨堂方式が積極的に推奨され、火葬場も各地に増設されてきている。ただし、今なお、年

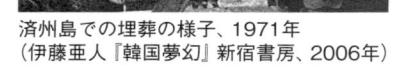

済州島での埋葬の様子、1971年
（伊藤亜人『韓国夢幻』新宿書房、2006年）

長世代においては土葬に対する執着が強い。

喪服

一般的に近親の男性は麻のトゥルマギ（上着）を着て麻の頭巾をかぶり、頭巾の外側を縄でしばる。そして、足には脚絆（きゃはん）を巻き、草履を履いて、喪主は杖も持つ。

近親女性は白い木綿のチマ・チョゴリを着て、白い足袋を履く。

参列者は黒系統の洋服を着て、受付に弔儀金（香典）を出した後、式次第に従って祭壇の前に進み、献花か焼香をする。焼香を終えたら喪主に一礼するが、このときは両者の間で年下の者が先に礼をするのがしきたりである。

昔から葬礼は隣近所総出で行ったが、現在は業者に頼み、葬祭場を使うようになっている。

(2) 在日の葬礼

火葬が勧められる

土葬を重んじる儒教にならい、植民地時代初期には、船で遺体を運んで故国に埋葬する人が多かった。しかしそれには大変な費用と日数がかかることから、日本で火葬後、遺骨を郷里に運ぶようになり、さらには労務動員による渡日が増える一九四一年以降では、埋葬も日本で行われるようになっていく。

しかし火葬に対しては当然のことながら大きな抵抗感があった。大阪猪飼野地域で一九三五~三六年に発行された朝鮮語新聞『民衆時報』には、「火葬を励行しよう」という投稿記事が載っている(金賛汀『在日コリアン百年史』)。

「(略)人の死骸は結局土になる。全てに綺麗な火葬が、どうして土葬よりも悪いといえるのか。土地の値段が高い日本で、土葬を行うのは経済的に見ても大変なことであり」「故国に土葬のために死体を送る」のはもっと大変である。

しかるに「葬儀を行うため死体を搬送し故郷に帰り、日本に戻ってきたときに仕事を失い、悔やんでいる親友たちがいかに多いことか」「土葬から解放されなければ一個の死体のために何人もの生命が飢餓線上で脅威にさらされる。土葬から解放されよう。火葬を励行しよう」というものである。

儒教の教えに従って土葬を固く守りたくとも、経済的な負担と失業の危機という現実の前で火葬に移行していかざるを得ない在日の苦悩がうかがえる。

金史良(キムサリャン)の作品「無窮一家」(『光の中に』所収)にも火葬を忌む話が載っている。

奴隷にも似た飯場で、ある日、一人の労働者の遺体が同胞たちによって近くの火葬場へ担ぎ出された。その遺骨を引き取りにはるばる朝鮮からやってきた老父を在日の老人が慰める。二人は同じ村出身で、二七、八年来の再会だった。

「黄色っぽい白菜漬」を肴に「三十銭分の焼酎」

を飲みながら、老父は息子の遺体が焼かれることを歎く。そして幼馴染の在日老人に言う。それでも自分は朝鮮の空の下に埋めてもらえる身だが、あなたは日本で死んだら火葬にされるのだ。だから早く故郷へ帰るべきだと。

金達寿（キムダルス）『わがアリランの歌』でも同じように火葬を嫌う話が出てくる。

一九二八年、日本にいる父が死んだという知らせが入り、しばらくすると叔父が日本から父の遺骨を持ち帰って、墓に葬った。葬式後、朝鮮に残っていた家族みんなで渡日することにしたのだが、作者の祖母だけが、「日本へ行って死ねば死体が焼かれるから嫌だ」と言い張って一人残り、故国で貧乏と孤独のうちに亡くなる。火葬がどれほど怖れられていたかがわかる。

葬儀と墓

解放前、日本の鉱山やダム工事現場で劣悪な条件の下に働かされた人たちのなかには、埋葬されるだけで葬儀も行われず、墓も作ってもらえなかった人も大勢いた。しかし解放後は葬儀社に頼んで、地域内の寺や葬祭場を会場に葬儀が行われるようになっていく。

その場合、大阪や東京など在日の多い地域では同胞が経営する葬儀社に頼み、朝鮮の伝統にのっとった葬儀を行う人もいるが、多くは、日本の葬儀社や葬祭場を使い、内容の一部に朝鮮式を入れるというのが一般的であった。例えば遺族は白喪服を着たり、哭をしたり、朝鮮の供物を並べたり、戒名をつけないなどである。

墓については、故郷の墓に納骨する人もいたが、しばらくは日本にある朝鮮寺や日本の寺に遺骨を預ける人が多かった。その後、一九七〇年代半ば以降になると次第に日本に建てる人が増えていく。

形は日本の墓と同じものが多いが、側面に族譜を綴ったり、墓誌が本名あるいは通名だったり、ある

在日コリアンの葬礼。上は1957年、下は1976年（在日韓人歴史資料館提供）

いは家族の中でも祖父母は本名で、両親は通名など、さらには今もまだ寺に預けたままの人も少なくないなど、墓にも在日の置かれている状況の大変さが現れている。

墓もない、あるいは無縁仏として

宋甲得（ソンカプドゥク）さん（一九一六年生まれ、男性）は、同胞の遺体を砂の中に埋めたと証言している。宋さんは一九三三年、一七歳のときに姉を頼って日本へ来た。あちこち転々とするうち、大分で空襲に遭い、そこで朝鮮人の仲間を亡くした。みんな、まるで豚の丸焼けのようになって死んでいった。カマスを探してきて遺体を入れ、近くの海岸まで運び、砂に穴を掘って埋めるのが精一杯だった（『百萬人の身世打鈴』）。

鄭雲模（チョンウンモ）さん（一九二一年生まれ、男性）は一九四二年に足尾銅山へ入った。坑内は常に死と背中合わせだが、朝鮮人が落盤で亡くなっても、蓆（むしろ）を掛けて放置されたあと、「犬猫みたいに葬式もしないで埋められ」るだけであった（同上）。

鄭承博（チョンスンバク）の「山と川」（『裸の捕虜』鄭承博著作集第一巻、小説1所収）には、「飯場で病気になると困りますね」「死んだら、そこらの山に埋められてしまう」「葬式もせずにですか」「そんな贅沢なものが土方にあるか。気の利いた奴がおれば、どぶろくの一杯も、上から掛けてくれるかな」という会話が出てくる。

一九三四年の紀伊山脈を舞台に、山奥から木材を積み出すための林道やトンネル工事現場で働く朝鮮人のことを描いた作品で、ここでも葬式もせず、そこらの山に埋められ、墓もない朝鮮人のいたことがわかる。

かろうじて遺骨が市役所に預けられた人もいる。

金貴南（キムギナム）さん（一九二一年生まれ、男性）は、同胞の遺骨を市役所に預けたと証言をしている。

貴南さんは一九四一年、二〇歳のときに徴用で日本へ来て、仕事を転々としながらも、夜学だが学校を出ていたし、日本語もできたので、くらしには比較的余裕があった。それで困っている同胞が来ると世話をし、亡くなると葬式も出してあげた。しかし身寄りのない人、故郷のわからない人の遺骨は市役所に預けるしかなかった（『百萬人の身世打鈴』）。

また、無縁仏として合同の墓に入っている人もいる。

鄭正模さん（一九一八年生まれ、男性）は、一九四〇年ころに労務動員で渡日した。戦後、亡友の遺骨を求めて盛岡の検察庁（戦前の特高警察）へ行き、一九四四年ころ「ここで二人殺された。肉はお前たちみんなが食ってしまっただろうが、骨は食っていないだろうから、骨を返してもらいたい」という文書を出した。

すると「ここではわからないから法音寺へ行ってくれ」と言われ、法音寺であちこち電話して聞いてもらったが、わからない。そのうち、岩手医科大管轄の慰霊碑じゃないかとなり、そこへ行ってみたら、およそ三〇センチくらいの高さの墓石みたいなのが三〇〇くらい並んでいて、みんな無縁仏であった（同上）。

宗秋月の作品「未練」（『猪飼野タリョン』所収）でも恋人の父が無縁仏の墓に納骨されている。舞台は「日本の中の朝鮮」と言われた大阪猪飼野地区。恋人の父がある日、競輪場で行き倒れになり、身元不明のまま無縁仏の墓に納骨される。酒癖が悪くて家族に見放され、息子とも行き来をしていなかったのだ。

数日後、ようやく知らせを受けた恋人と「私」で、遺骨のない「魂」だけを前にした「日遅れの通夜」を行う。小さな丸い卓袱台の上に、牛乳瓶に入れた二輪の菊と葉書大の写真立て、生米を盛り上げた茶碗、四号瓶の酒、リンゴ、夏ミカン、同胞の店で買ってきた「香木」を供え、紫煙をくゆらせた。

香木は朝鮮古来の葬式作法にあるものだ。それを前に恋人は「これでアボジも浮かばれる」と喜ぶ。

そして、「ぎこちない古式にのっとった三拝の礼を」行い、卓袱台の上の酒を二つの湯呑茶碗にあふれさせ、二人で飲む。

その後、恋人は「私」に一緒に北朝鮮へ行こうと誘うが、「私」は「かんにんな。日本で日本の毒を喰い続けたるからな」と断るという物語。

李起昇(イキスン)の「風が走る」(『群像』一九八六年一一月号所収)は遺骨がゴミとして捨てられてしまうという残酷な物語である。

登場人物は在日コリアンの老ヤクザ、同じく在日コリアンでポルノ女優を目指す若い女性、日本人の若者ヤクザで、三人は一緒にくらしている。老ヤクザは、若い娘をポルノ女優にしないで、日本人の戸籍を買い、普通の日本の娘としてくらしていけるようにしてやりたい。さらに若者にも新聞くらいは読めるだけの勉強をさせてやりたいと願っていたが、癌で死ぬ。

若者ヤクザは老人の骨壷と遺影をしばらく部屋に置いていたが、だんだん気味悪くなってきて、ある日、ゴミステーションに出す。収集員は疑うこともなく、車に放り込み、走り去る。その後、日本の若者ヤクザは在日コリアンの娘をポルノ女優にして映画をたくさん撮り、麻薬で大いに稼ぐという物語。

無縁墓に入れるしかなかったり、亡くなったことに関心も持たれず、墓どころか、「ゴミ」のように扱われたりするほど最下層社会に置かれている在日コリアンの人権について暗喩的に描かれている。

コリア式か日本式か

金道禮さんは一九六六年に姑を、一九八一年に夫を亡くしたが、姑の葬儀のときは、当時経営していた焼肉屋を会場に、白喪服を着てコリア式の葬儀をした。さらに夫のときも、本当は自宅で行いたかったが、改築中だったため、再び店舗を使い、家族みんなでやはり白を着用した。このころになると黒にする人も多くなっていたので、白喪服姿に参列者は驚いたようだった。

一九七七年に夫を亡くした金壬守さんの場合は、自宅を会場にし、日本の僧侶を呼んだが、祭壇に並べた供物などは同胞の年寄りが並べてくれたので、コリア式、日本式、どちらともいえないものであった。

趙弘子(チョホンジャ)さん(一九五七年生まれ)は一九九七年に姑を亡くしたが、そのときの会場は葬祭場が混んでいたため、日本の寺にしたものの、喪服は男女とも白を着用した。白喪服は近くに売っておらず、揃えるのが大変だったが、朝鮮の風習についていろいろ教えてくれた姑だったので、できる限り伝統様式にしたいと思ったからである。

霊柩車に棺を載せるときも、車の前に茣蓙(ござ)を敷き、お膳を置いて飯と汁と酒などを小さな皿に盛って供えた。皿は車が出た後、手伝いの人に割ってもらった。膳を供えるのは、この世の最後の食事という意味であり、また皿を割るのは、亡くなった人が身につけていた品は一切残さないという風習である。

洪花子さんは一九六六年に父を、二〇〇五年に夫を亡くしたが、日本の寺に墓を建てた(日本の僧侶を呼んで日本式の中に一部故国の方式を取り入れる葬儀内容)。

Aさんは一九八九年に父、一九九九年に母の葬儀をしたが、やはり日本の寺に墓を建てた(日本の葬祭場に日本の僧侶を呼び、白喪服を着用し、故国の料理を並べた)。でも本当は故国に墓を作ってあげたいし、自身の墓もそうありたいと望んでいる。

こうしてみると、会場は自分の店(焼肉屋)、自宅、寺、葬祭場といろいろだし、日本の僧侶を呼んでいるが、ほぼ全員が白喪服を着て、故郷の供物を並べ、霊柩車の前に飯と汁を供えて最後の別れをするなど、可能な限り、伝統様式を取り入れていることがわかる。

また墓については花子さんとAさんが日本の寺に建てたと答えているが、Aさんは、できれば故郷に建てたいと望んでおり、Aさんのような人は多いと考えられる。

金石範（キムソクポム）の「夢、草深し」（『鴉の死　夢、草深し』所収）では日本に墓を建てる決心をするまでの逡巡が描かれている。

七〇歳を過ぎて亡くなった母の遺骨は、しばらく大阪の朝鮮寺に預けられていたが、ようやく、大阪郊外に墓を建てることができた。ただし、二人の異父兄がお金を出し合って建てたもので、その日暮らしの貧乏をしていた「私」は費用を兄たち任せにしたことと、他にもある親不孝ゆえに、「母の墓石の前に跪くのが耐えがたく、ひたすらおそろしい」ため、墓参りに行かないでいた。

しかしある日、長兄から電話がきて、何十年も墓参りをせぬ親不孝者はオモニの墓に入れてやらないと次兄が冗談を言っているから、とにかく一度墓参をしようと強く誘われ、ようやく重い腰を上げるという物語。

「七十余年の一生を寡黙と苦労のし続けで世を去った」母への、深くも屈折した息子の心象風景の背景には、日本に墓を建てる決心をするまでの在日の苦難の歴史が横たわっている。

戒名と墓碑銘

戒名や墓碑銘も問題になってくる。

飯尾憲士の「ソウルの位牌」（『ソウルの位牌』）に出てくる父の位牌には「春厳慈弘信士－俗名飯尾弘」と日本の戒名および通名があるだけで、本名は刻まれていない。それが、歴史に翻弄された生涯を物語るように姜、江崎（創始改名）、松田（渡日のとき）、飯尾（妻の姓）の四つの姓を持った父親の終の名前であった。

そんな父の位牌を持って「私」は父の故郷を訪ねる。それまでは、朝鮮人が花見で踊っているそばを通っても「ただ見るだけ」。朝鮮人の悪口を言われても、「相手を冷笑して耳を伏せ」、朝鮮人の血を引いていることをひたすら隠して生きてきた「私」なのだが、五四歳で亡くなった父の年代に近づいたことからようやく「父の国」について考えてみようと思い立ったからだった。

父の国の親族たちは、朝鮮名のない父の位牌を儒教式の深い拝礼で迎え、「よく、きてくれた、ね」「あがれ」と「私」をあたたかく迎えてくれた。そのあたたかさを前にし、父が朝鮮人であるゆえに受験や就職差別を受けたのだと父を責め、ひたすら日本人に徹してきた自分を「私」は恥じる。「父および父の国へ」の痛烈な挽歌である。

高史明（コサミョン）の『生きることの意味』に出てくる「母」の土饅頭の墓標には「裵景順之墓」という朝鮮名が墨で刻まれている。

「母」は「わたし」が三歳のときに死んだ。先に来ていた父から、日本ではお米のご飯がおなかいっぱい食べられると聞かされて母も来たのに、満足なご飯も、写真一枚、櫛一枚、衣服の一枚も残せないほどの貧乏裏に死んだのだった。

そんな母の墓だが、「わたし」にとっては父に叱られたり、学校で朝鮮人であることでいじめられたりしたときに慰められる場所であり、母の記憶につながる唯一無二の名前であった。

貧乏のどん底ながら、墓標に通名ではなく本名を記すことで、人間としての尊厳や矜持を守ろうとする意思が描かれている。

3 祭祀（チェサ）

(1) 伝統的な祭祀

朝鮮半島では、死後も祭祀の日には家族の元へ帰ってくるという観念が日本よりはるかに強い。そうした先祖を敬うための祭祀を行えば、子孫が繁栄するとも言い伝えられているため、祭祀は葬礼同様、きわめて丁重に行われる。

また祭祀は、散らばっている親類縁者が一堂に集まることで一族の結束を確認し、若い世代に伝統風習を伝える大切な場にもなっている。

対象は高祖父母、曽祖父母、祖父母、父母の四代祖で、五代祖以上になると位牌を墓の側に埋めて、家庭での祭祀は廃止し、墓参りだけをする。

祭祀を行うのは本家の長男で、かつては毎月のように祭祀をした家もあった。しかし料理を作る女性（特に嫁）に大きな負担がかかること、さらには経済的にも大変なことから、韓国では一九七三年に「家庭儀礼準則」が施行され、簡略化してきている。

現在は、地方や各家庭の事情により違いはあるものの、祖父母、父母の命日、正月（旧正月にする人もいる）、秋夕（チュソク）の年五、六回というのが多くなってきた。ただ、回数は少なくなっても、先祖に対して礼を尽くす精神にはいまだ深いものがある。

祠堂（サダン）

四代祖までの位牌を安置する建物で、一般的に長男の家あるいは本家にある。季節ごとの穀物や果物がいつも供えられ、婚葬礼のような行事があるときや、遠い旅行をして帰ってきたときなど、まず祠堂の先祖に挨拶をして報告するのが慣わしである。内部は四つに仕切られ、左から古い順に、右端に両親の位牌が祀られる。祭祀を担当した長男が亡くなり、その息子が祭祀を行うようになると、最も古い先祖の位牌は墓に埋められ、亡くなった夫婦の位牌を新たに祠堂に祀る。

現在は家屋の構造が変わり、社会も現代化され、祠堂を見かけるのは難しくなっている。

祭祀の式次第

地方や家庭により違いはあるが、まず、体を清めた男性だけで祭祀の日の前日に祭床を設置する。その際、男性の位牌（神位）は西側、女性は東側に

両班住宅の祠堂外観（撮影：生活史研究所）

両班住宅の祠堂内部。祭祀台の前に莫蓙が敷かれている
（撮影：生活史研究所）

農家の祠堂。正面の高い椅子に位牌をのせる
（撮影：生活史研究所）

置く。祭床には香炉、燭台、茅沙器（酒を注ぐ器）、穀物、果物、菓子などの供物を並べる。

当日は、祭主が家の戸を開けて霊を迎え入れ、焼香をし、神位に向かって献杯をする。続いて、女性も参加して肉や餅、飯、湯などの供え物をし、飯に匙（スッカラ）を、肉や魚の上に箸（チョッカラ）を置き、祝文（神に祈る文）を読む。

この一連の儀式の後、匙を取り、ご飯の器に蓋をすると終了である。すべての供物と祭床を片付け、参列者一同で食事をする。このとき、親戚や近所にも食べ物を分けるのが慣わしである。祭祀の膳に供えた食べ物は先祖から与えられた福の食べ物であるという考えから、それをいただくことで生きている者も必ず幸福になれると言われ、これを飲福（ウムボク）という。

逆説的に言えば、祭祀は飲福をするためにあるとも言われ、昔は供え物が四〇種類もあった。しかし、現在は少なくなり、作法も簡略化されてきている。

忌祭（キジェ）

命日に行う祭祀で、昔は高祖父母、曽祖父母、祖父母、父母の四代まで祀られたが、現代は祖父母、父母の二代までの忌祭が多くなっている。

亡くなった本人だけの祭祀を行う方式と、夫の命日に妻の祭祀も一緒に行う（逆に妻の命日に夫の祭祀を行う）方式があり、この場合は匙や箸など二人分を供える。

秋夕

旧暦八月一五日に行われ、一年の農作業が無事終わったことを先祖に感謝する行事で、元日と並び、朝鮮では最も盛大に祝う伝統行事の一つである。

秋夕にはソンピョン（松餅）が欠かせない。これは、粳米（うるち）の粉を湯で練って半月の形にし、松葉を敷いて蒸した餅のことで、餡を入れる場合は中身のある人間になるように、何も入れない場合は志や心を広く持つようにという意味があると言われている。

秋夕当日は、朝にまず、新米で作った飯や酒、ソンピョン、果物、栗などを祭床に供え、それから家族で、ソンピョンを食べ、続いて先祖の墓参りをする。墓の手入れをし、持って行った秋夕の食べ物を墓に供え、みんなで朝鮮式の深いお辞儀をして先祖に挨拶をする。その後、墓の前で供物をみんなで食べる。

ソンピョン

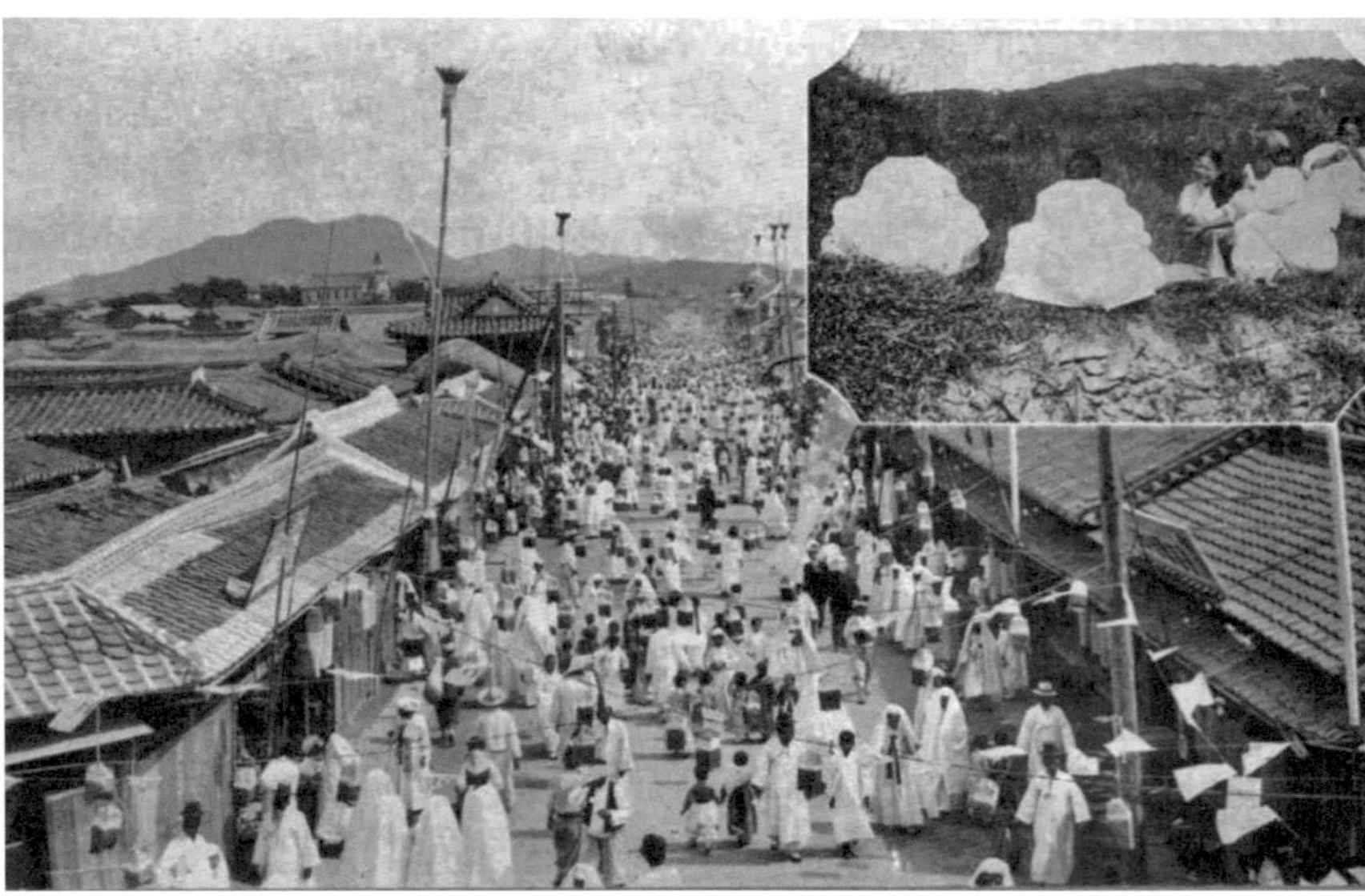
観燈（花祭）と秋夕（墓参 右上写真）
（山本俊介氏〔元高麗美術館研究員、京都市〕所蔵、国際日本文化研究センター提供）

(2) 在日朝鮮人の祭祀

聞き書き

尹千石さんは、父、再婚した夫、弟、長男の命日及び正月と秋夕の六回、祭祀をしている。小さな祭床に遺影と位牌を安置し、酒や果物、菓子を飾り、その前で家族みんなで食事をする。千石さんは新潟朝鮮初中級学校の寮の給食作りをしたこともあり、料理が得意なので、たくさん作ることは苦労でない。それよりも、こうした機会に家族が顔を揃えて、「おいしい」と言ってくれることが大きな喜びであり、食べながら、あそこのアボジが退院したとか、どこそこの孫が小学校に入ったなどの消息を聞くのも楽しみである。ただし、みんなが集まるのは夫の命日と秋夕くらいになってきた。

金芯先さんは夫の命日と正月、秋夕の三回行っている。子どもと孫が集まり、芯先さん自身が料理を作る。食べた後、みんなで遺骨を預けてある寺へ行く。その時、芯先さんは骨壺を包んでいる白い布を毎年新しく取り替えることにしており、これが芯先さんにとってのささやかな祭祀だと思っている。

金道禮さんの場合は舅姑、舅の前妻、夫の命日と正月、盆の六回行っているが、やはり、みんなが集まるのは夫の命日と盆が多い。一人息子が三代続いているし、しきたり通りに四代祖までするると経済的に大変なので、自分の裁量で回数を減らし、内容も簡略化している。

方法は姑に教わった。屏風を立て、写真や位牌ではなく、故人の名前を書いてそこに貼り、線香や蝋燭を立てて深いお辞儀をする。名前を書いた紙は最後に燃やす。

料理は餅、魚、鶏肉、果物、ナムル、チヂミなどで、麺類は作らない。祭祀にはキムチ、ニンニク、唐辛子を使わないのが慣わしだが、肉料理はニンニクを入れないとおいしくないので、今は使うようにしている。

果物は干柿、栗、棗などを高盛りにするのが昔からの方法だが、これも季節の物を一皿にまとめて一緒に盛っている。あとは飯と汁。いずれも後でみんなで飲福して残らない量にしている。

金壬守さんも命日と正月と秋夕の三回である。料理は魚を焼いたり餅をこねたり、鶏を茹でたりといろいろ作るが、故人の好きだったものも供える。昔は「あの家に祭祀があるから手伝いに行こうよ」と大勢の人が集まり、料理もたくさん作ったが、今はそんなに人も集まらないので、数も量も少なくし、式次第もだんだん簡単にすますようになってきた。服装も普通の背広になったし、墓参りも家族親戚全員で行くときもあるし、そうでないときもある。

洪花子さんの場合は夫の命日と盆の二回だが、これは、本当は正月もすべきところを、命日と正月が近いため、一緒にしているという理由による。父は三男だったので祭祀をしなかったし、婚家でもしなかったが、夫を亡くしてからは本を見て供物の並べ方などを覚え、祭祀をするようになった。

作法に従い、一通りの料理を並べるが、高盛はしないで、参列者が食べ切れる量にしている。衣裳も無地の普通の洋服にし、儀式の後は集まった子どもや孫と写真を撮ったりご馳走を食べる。秋夕にも同じことをする。命日に行う忌祭はやらざるを得ないが、大変なので秋夕はやめようかと言ったら、子どもたちが「みんなが集まるいい機会だからやろう」ということになり、続けている。

ここまでは一世の例だが、二世のAさんも趙弘子さんも本を見たり、姑や周囲の同胞年配者に教わりながら、内容的には一世とほぼ同じように伝統にのっとった祭祀を行っている。ただ、その場合の悩みというか、大変だと感じていることとして、長男の嫁であるため、期間中はひたすら料理作りに追われること（Aさん）。正月には野菜やタコ、スイカ、メロンなどの果実が高くなるので経済的負担が大きいこと。それに自分には息子がいないので、祭祀を受け継ぐ人がいない残念さ（趙弘子さん）などを挙げている。

在日文学にみる祭祀

「在日文学」で見ると、飯尾憲士の「鉦」（『ソウルの位牌』所収）では日本の地方の伝統行事に従った祭祀をしている。舞台は、鉦をたたきながら初盆の精霊流しをする風習のある大分県竹田地方。そこで周囲と同じように父の精霊の屋形も川に流すが、屋形は貧富の差を証（あらわ）すように大小さまざまで、父の屋形はその中でも一際（ひときわ）小さかったという物語。

朝鮮人の父の血をひきながら、朝鮮人であることをひたかくしにして「母の国に立った生き方」をし、父の初盆の祭祀も日本の伝統行事で行っている作者の葛藤が描かれる。

つかこうへいの『広島に原爆を落す日』では、兄の五回忌を日本式に行っている。墓のまわりを掃き清め、花を飾り、線香をあげ、住職の読経を聞きながら手を合わせ、それから方丈で茶をご馳走になり、住職と四方山（よもやま）話をするのである。

子どもの目で見た祭祀では、安本末子の『にあんちゃん』がある。父が死んで四十九日目に「私」は、「お父さんは、あしたから、もうこの家にいないのだ」。これからは「きゅう（旧）の一日と十五日しかいない」のだと兄に言われ、とても寂しくなる。「お父さんのおいはいの前にすわると、なんだか、お父さんが私を見ているような気がして、うれしいのです。だけど、一日と十五日しかおそなえをしないなら、ときどきしかあえません」。それが哀しいのだ。やがてその旧正月を迎える。しかし餅一皿と酒しかあげられない。

「お父さんは、むこうで、『きょうは、きゅうのお正月だから、きっと、ごちそうがまっているだろう』と、思われたことでしょう。それなのに、こんなまずしい、へんてこなものを見たら、どんなにがっかりされることでしょう。それを思うと、私は、お父さんにすまない気がして、どうしたらよいかわからない」と悲しむ。

九州の炭鉱で働いていた父を亡くした四人兄妹のくらしを小学生が綴った作品だが、故郷の様式で祭祀を行うものの、旧正月なのに餅一皿と酒しかあげられない現状を子どもながらに申し訳なく思っている。

高史明の『生きることの意味』でも子どもに朝鮮式の祭祀を伝えようとしている。

一枚の写真も一本の櫛も一枚の衣服も形見として遺すことができないほどの貧乏裏に死んだ妻の祭壇には何の供物もない。そんな祭壇の前で「私」は子どもたちに朝鮮式の深いお辞儀をさせ、「オンマアが、オマエタチに会イにキテイルンダヨ。サア、オンマアに顔ヲ見セテ。サア、テイネイニオジギヲシナサイ」と、死者が生きている者に会いにくるという儒教の教えを子どもたちに伝える。

女たちの目で見た祭祀では、宗秋月の「朝鮮女の三位一体」（『猪飼野タリョン』所収）がある。

女たちはまず、精一杯虚勢を張るために市場を駆けずり回って買い物をする。「料理の品数はその家の豊かさ具合を現すもの」だからだ。つまり、祭祀とは「市場を駆け回る女たちの買い物籠から作り上げられていく」のである。

なのに、作った料理は先に「神に、そして男衆や子どもに」振る舞われ、女たちに回ってくるのはその後だ。「残った料理に舌鼓を打ち、色事の話や、手間賃の比較や、姑と嫁の軋轢や、子ども自慢や、亭主の悪口などを言い合う」女たちの祭祀がそれからようやく始まる。

祭祀の表舞台に出るのは男たちで、女たちは買い物に見栄を張り、何日も台所仕事に追われる。そんなふうに苦労して料理を作るのに、食べられるのは神、男、子どもの後である。なかなか大変だ。と言いながらも、案外、愚痴や自慢話に興じる場にしている女たちのたくましさがうかがえる。

梁石日（ヤンソギル）の「祭祀」（『タクシー狂躁曲』所収）は、「きわめて在日的な祭祀」についてかなり諧謔（かいぎゃく）的に描いている。

誰が誰だかわからないほど大勢の同胞が集まっている家へ行き、香典を祭床の盆に差し出し、うやうやしく両手をついての跪拝（きはい）後、別室の卓へつくと、手伝いにかり出された女性たちが次々と料理を運んでくる。

集まっているのは、民団系、総連系、成金、大酒飲み、禿げ頭などなど。そんな同胞が鯨飲馬食のごとく唐辛子のたっぷりきいた料理をたいらげ、大声で自慢話をし、酒量をあげる喧騒さはひとかどではない。「郷では年長者の前で目下の者が、喫煙はおろか、酒を飲んだり、一言半句たりとも言葉をさしはさむことは許されなかった。ましてや祖先の霊前において大声を出すとはもってのほかである」と長老が歎いても誰も耳を傾けない。

しかし、長老はやはり一目置かれていて、彼が午後一一時を示す柱時計に目をやり、咳払いをすると、みんなで祭壇の前に神妙に並び、当主が香木を焚き、霊魂に酒杯を捧げ、鍮器（ちゅうき）に盛った白米と鯛にワカメの汁を祭壇に供え、跪拝をする。祭祀儀式の終了である。

だが、これは第一ステージであり、そこからが無礼講（飲福）の始まりである。祭壇に飾ってあった供物も卓の上に並べられ、酒もさらに追加され、今度は台所にいた女性たちも参加し、再び政治の話、北か南か、北も南も嫌いだ、祖国統一なんかできるもんか、お前はひっこんでろ、こんな飲兵衛と一緒になってどんなに苦労したかなど、ののしり合い、取っ組み合い、夫婦喧嘩が始まり、泣き喚く者も出る。

祖国分断のため、家族の中でも韓国籍を持つ者と朝鮮籍を持つ者とに分かれているのだ。それがみんな祭祀に集うのだから、不穏な空気は始めから流れているのである。

そんな情景を「ぼく」は、「わが同胞に顕著な特徴は、二人寄れば意見が異なり、三人寄れば分裂状態をきたす」とあきれながら眺めている。しかし根っこのところでは、「息子から孫へ、孫から曾孫へと、霊魂は一族一統の血の推力によって垂直的上昇を続けて」おり、自分もまぎれもなくその血の一族であることを、はからずも荒れる祭祀の場で認めるのである。

以上、この項では在日コリアンの婚礼・葬礼・祭祀について見てきたが、儒教の教えを生活のすみずみまで広く取り入れてきた人々は、日本でくらすようになっても、その風俗習慣を多く持ち込み、とりわけ、人生儀礼の中でも最高礼とされる婚葬礼において顕著だった。

規定の手順は複雑で全部行うには時間もかかり、経済的負担も大きいことから、本国に比べるとかなり簡略化されたものであったし、また、日本社会における差別や偏見のため、戦時中など亡くなっても埋葬されるだけということもあった。

それでもコリアンとしてのアイデンティティを固持し、表明するため、同胞は互いに助け合って可能な限り、儒教儀礼の精神を守ってきた。

現在は婚葬礼とも業者の進出で日本人の場合と同じように行われることが多くなったが、チマ・チョゴリの婚礼衣裳や白い喪服を着たり、一部に儒教の式次第を取り入れるなど、どこかに固有のしきたりを入れる形で伝統が受け継がれている。そのような、民族風習を忘れないようにし、伝承していきたいという思いは、異郷にあることで故国の人たちより強いともみてとれる。

〔里村洋子〕

第8章

娯楽——歌とチャンゴで心和むひととき

「朝鮮人はいつも歌に自分たちの思いを託してきた。楽しいときは歌って踊り、悲しいときはシンセタリョン（身世打鈴・身の上を嘆いて歌う民謡）で自らの運のなさを嘆いた」（一九二六年京畿道（キョンギド）生まれで東京在住だった呂運珏（リョウンガク）さん）

故郷を離れ、言葉もわからない日本で、差別や貧困にさいなまれていた在日朝鮮人にとって、故郷の歌や踊りは慰めであり、生活の原動力だった。一人歌う望郷の歌で憂さを晴らし、同じ境遇の同胞たちと踊る農楽で、明日への力を得ていたのである。幼いころ日立市の朝鮮人集落で過ごした姜英主（カンヨンジュ）さんは「彼らの歌にはうらみ、つらみと一緒に、私は朝鮮人だという気概のようなものがあった」と語る。それらは一九四〇年代以降、朝鮮語の使用さえ禁じられた厳しい弾圧の下でも抹殺されることなく、力強く彼らを励まし続けた。そして解放後の民族差別の中でも脈々と受け継がれ、今では在日朝鮮人のアイデンティティの一角を占めている。

1 朝鮮半島の娯楽

(1) 歌と踊り

農楽（ノンアク）

朝鮮の三大名節といわれる正月（ソル）、端午（タノ）、秋夕（チュソク）（旧暦の八月一五日）にはもちろん、一年の農作業の始まりや、田植えや種まき、草取り、収穫など村人が共同で農作業をするときや道や橋を整備するときなど、日常の中で育まれてきた農民たちの民俗芸能である。農民の疲れた体や心を癒しただけでなく、神のための儀式、敵を追いやるための戦闘行為でも使われた。日本による植民地統治時代に、宮廷音楽をさす「雅楽（アアク）」（現在は「国楽（クガク）」）と区別して「農楽」と呼ばれるようになった。従来の呼称は地域によってさまざまで、一般的には「プンムルノリ（風物遊び）」「プンムルクッ」などと呼ばれている。

先頭に「農は天下の本」などと書かれた旗を掲げ、チン（鉦、真鍮で作られた大きな銅鑼（どら））、ケンガリ（真鍮で作られたチンより小さい薄い銅鑼）、チャンゴ（形状は日本の鼓とほぼ同じだが、鼓よりは大きい）、プク（太鼓）、ソゴ（小鼓、持って踊る小さな太鼓）、テピョンソ（日本のチャルメラに似ている）などの楽器を奏でながら踊る。リズムや踊り方は地方によって少しずつ異なる。

舞踊研究家の鄭昞浩（チョンビョンホ）教授は一九八六年に出版した著書『農楽』で「庶民階層で育まれてきた農楽は高尚で優雅な芸能ではないが、土の香のする素朴で、農民の力強い意志と覇気があふれている。……農楽は本質的に共同体的念願を結集する進取的な行為、神明で苦痛を克服する再生と生存の芸能である」と記している。

また植民地当時の一九四四年、印南高一（いんなみこういち）早稲田大学教授は著書『朝鮮の演劇』で、「もっともわれわれの注目をひくことは、農民がこの農楽を中心として団結し、相互に農耕の手伝いをするといういわば今日の隣組制度の確立と実践である。しかもそれが一時的な思いつきや上からの命令によるものでなく、古くからの習俗となっているところに大きな力が潜んでいる」とし、仕事の能率を高め、農民相互の情宜を厚くし、親睦を図り、団結心を養う唯一の方法として「これを助長しなければならないと思う」と述べている。

呂運珏さんは「朝鮮では昔からプマシといって、田植えや草取りなど農繁期には、互いに助け合いながら共同で作業をする習慣があった。そういうときには昼休みを二回とる。食事をとり、マッコリを飲むのだが、マッコリが入ると必ず農楽が始まり、歌って踊る。そうして疲れを癒して、また働いた」と故郷での日々を回想している。

労働謡

労働しながら歌う民謡で長い間集団的に歌い継がれてきた歌をいう。

麦の脱穀のような共同作業では「ヨンチャ、ヨンチャ」「エホ、エホ」など一定のリズムを二手に分かれて交互に繰り返し、手足の動きを合わせた。田植えや草取りのときなどは、それぞれの作業のリズムに合わせて各自が歌を口ずさみながら作業するが、歌のうまい者が前に出て踊りながら歌で働く人の心を代弁し、それを受けて働いている人々が声を合わせて合いの手を入れることもあった。

労働謡に決まった歌詞はなく、「労働謡を歌うこと自体が芸術創作行為」（ウェブサイト「韓国民族文化大百科」）だった。機織りなども、大勢で一つの場所に集まって歌を歌いながらするのが長い間の習慣だった。

糸車をまわしたり、石臼をまわしたり、一人で作業するときもその動作にあわせたリズムやメロディーに、歌詞を乗せて歌った。

農民の「田植え唄」「田を耕す唄」「草取り唄」

「麦の脱穀唄」「地ならし唄」、漁民の「船こぎ唄」「網引き唄」、済州島の「海女の唄」などがよく知られている。また女性の労働謡では「機織り唄」が代表的だ。

一九二六年に慶尚南道晋州（キョンサンナムドチンジュ）で生まれ、一五歳のときに日本に来た東京在住の朴昞琁（パクピョンソン）さんは「薪集めは少年たちの仕事だった。冬が近づくと村の少年たちが集まって薪集めのために山に登る。チゲと呼ばれる背負子を担いで、背負子に木を切るための鎌を引っ掛けていくのだが、その鎌と背負子でチャンダン（韓国特有のリズム）を打ちながら、みなで唄を歌いながら山に登った」と故郷の思い出を語る。

トロット

一九〇七年にコロムビア社が朝鮮で初めてのレコードを制作したのに次いで一九〇八年にはビクター社が朝鮮に進出し、伝統歌謡のレコード販売を始めた。一九三〇年代初めにはトロットや新民謡という新しい分野の大衆歌謡が人気を博し、上記の二社を含む六大レコード会社と群小レコード社は、互いに競争しながらレコードの黄金時代を築いていた。

トロットは単調五音階で二拍子の大衆歌謡で、ネット新聞「プレシアン」のキーワードガイドは「日本の演歌は西洋音楽が日本に土着化する過程で胚胎され、韓国のトロットは日本の演歌が韓国に土着化する過程で形成された」と指摘する。

トロット人気の口火を切ったのは一九三二年に発売されたイ・アリスの歌う「荒城の跡」だった。その後、一九三四年には高福寿（コボクス）の「他郷ぐらし」、一九三五年には李欄影（イナヨン）の「木浦（モッポ）の涙」、一九三七年には張世貞（チャンセジョン）の「連絡線の歌」、一九三八年には南仁樹（ナムインス）の「哀愁の小夜曲」が大ヒットした。特に「木浦の涙」は発売とともに五万枚が売れるという記録を残した。これらの歌はいずれも悲哀を帯びたさびしげな曲に悲しい歌詞で恋人や故郷を失った切ない思いを歌っており、植民地下にあった朝鮮の世情を反映していた。このため関係者は度々高等警察から呼び出された。

「木浦の涙」の歌詞は次の通りである。

木浦의 눈물（木浦の涙）

1. 사공의 뱃 노래 가물거리며
삼학도 파도 깊이 스며드는데
부두의 새아씨 아롱 젖은 옷 자락
이별의 눈물이냐 목포의 설음

2. 삼백년 원한 품은 노적봉 밑에
님 자취 완연하다 애달픈 정조
유달산 바람도 영산강을 안으니
님 그려 우는 마음 목포의 노래

一、船頭の舟歌かすかに
三鶴島（サムハクド）　波沈みゆく
埠頭の新妻　濡れそぼつすそ
別れの涙か木浦の悲しみ

二、三百年のうらみを抱いた露積峰（ノチョッポン）の下に
あなたの足跡はっきりと残り　私の胸を
しめつける
儒達山（ユダルサン）の風も栄山江（ヨンサンガン）を抱き
あなたをしのんで泣く心　木浦の涙

（訳詞：金重明（キムジュンミョン））

この歌が大ヒットすると、日本の高等警察がレコードを販売したレコード会社と作詞・作曲者ら関連者を召喚した。問題になった歌詞は二番の「三百年のうらみを抱いた露積峰の下に」。関係者はこの部分を「三栢淵願安風」と言い張って難を逃れた。しかし実はこの歌詞に続く「露積峰」は、豊臣秀吉が朝鮮に出兵した際に、人々が食糧を積み上げたかのように見せかけて朝鮮側の優勢を誇示し、秀吉軍に

攻撃を断念させたといわれる、日本でいう「文禄・慶長の役」の象徴の山である。当時から植民地支配に至るまで「三百年のうらみを抱いた」というのが本来の歌詞である。

1930年代のレコード盤（在日韓人歴史資料館提供）

しかし一九四〇年にヒットした白年雪（ペクニョンソル）の「旅人の悲しみ」や秦芳男（チンバンナム）の「不孝者は泣きます」以降は、「内鮮一体」の機運を盛り上げようとする当局によって、朝鮮の歌謡界も戦時色一色となっていった。

新民謡

新民謡は民謡などの伝統歌謡をパターンに創作された大衆歌謡で、一九三〇年代中ごろに相次いだ妓生（キーセン）出身歌手の出現で人気を博し、一時はトロットを圧倒する勢いを見せた。トロットが哀愁漂うさびしい歌だったのに対し、新民謡は明るい「充足意識」を表現したものと「むなしさ」を表現したものの二つに大きく分かれる。前者は、豊作を祝い、朝鮮半島の自然をたたえたもので、一九三四年に発売された「朝鮮打鈴」に代表される。「充足意識」を表現した新民謡は、将来こうなればと願う心を、すでにそうなったように現在形にして願いの切実さを表現したものだ。一方「むなしさ」を表現した新民謡としては「ノドゥルの川辺」や、のちに趙容弼（チョヨンピル）が歌って日本でもヒットした「恨（ハン）五百年」などが挙げられる。「充足意識」を歌った新民謡の流れは朝鮮民主主義人民共和国に引き継がれ、韓国では一九六〇年初めに姿を消した。

「アリラン」も新民謡

朝鮮の代表的な民謡として知られる「アリラン」。かつては南北統一の象徴として国際大会に出場する統一チームの行進曲として使われたりしたが、本をただせば一九二六年に釜山の朝鮮キネマで制作された無声映画『アリラン』の主題歌である。

民謡「アリラン」は本来、各地方にそれぞれ伝わるチャンダン（リズム）と歌詞で歌い継がれてきたが、主題歌の「アリラン」は映画のために作詞作曲されたもので、この映画が大きな人気を呼び一〇〇万人を超える観客が映画を観て、クライマックスで女性歌手が歌う主題歌アリランを愛唱したことで、朝鮮民謡を代表する「アリラン」となった。

映画『アリラン』のあらすじは次の通りである。

三・一独立運動に参加して捕まった農村出身の青年・ヨンジンは、獄中で精神を病み、村に戻っていた。村では友人のヒョングと恋仲の妹・ヨンフィに地主の息子・キホが横恋慕していた。村で婚礼が行われたある夜。宴もたけなわ、にぎやかな音楽と踊りで農楽に興じる人々。その隙を狙ってキホがヨンフィを襲おうとする。これを目撃したヨンジンは狂気の中、キホを殺してしまう。そのショックで正気を取り戻したヨンジンが警察に捕えられ、連行されるときに「アリランを歌ってくれ」と言い残す。

この場面で会場に女性歌手が現れてこの曲を歌うのだが、映画に心を奪われた観衆も涙ながらに声を合わせ、場内は大合唱になったという。上映初日、これに驚いた警察は急遽上映を中断させ、二回目の上映からは歌手の出演を禁じた。ところがその場面になると、自然に観客の大合唱が起こったという。

そもそもこの映画は宣伝のビラが警察の規制にか

かり、問題の部分を切り取って配られたことから「警察にビラが切り取られるようなすごい映画」ということで上映前から話題になっていた。

　このようなエピソードも含め『アリラン』は「民族の映画」と呼ばれるようになった。

(2) 演劇・映画

伝統劇

仮面劇（タルチュム）、人形劇（イニョングク）、パンソリなどがある。

　仮面劇では、仮面をかぶった人々が踊りながらさまざまなドラマを演じる。朝鮮時代前期は宮廷の支援を受けていたが、中期以降は受けられなくなり、地域の民俗芸能として発展した。そのため地域ごとに特徴があり、京畿仮面劇、楊州仮面劇というように地域名をつけて呼ばれる。権力者たちの政治腐敗や社会の価値観の変化、家父長制の矛盾などを鋭い風刺をこめたコミカルなドラマに仕立てたもので、根底には、権力や財力、愛情なども泡のようにたわいないもので、死や宗教、日々の営みさえも笑い種に過ぎないという永遠無涯の超越した思想が流れている。

　人形劇は、二〇センチほどの大きさの人形を二〇個あまり用いて仮設舞台で演じられる。仮面劇と同様、政治腐敗や封建社会の家庭倫理を批判し、世俗的な営みのむなしさを描いている。

　パンソリは、数人から数十人で演じる仮面劇や人形劇とは異なり、歌い手とチャンゴの打ち手の二人で物語を織り成す。現在、興夫歌（フンブガ）、沈清歌（シムチョンガ）、春香歌（チュニャンガ）、赤壁歌（チョクピョクカ）、水宮歌（スグンガ）の五曲が残っている。歌い手が扇子を片手に立ち、その脇にチャンゴの打ち手が座ってリズムを取る。歌い手の歌とせりふ、身のこなし、打ち手のチャンゴと合いの手で、長い場合は七～八時間の音楽劇が繰り広げられる。テーマは他の伝統劇とほぼ同様だ。

映画

朝鮮で一般人が初めて活動写真を目にしたのは一八九八年一〇月にソウルに初めて電車が敷かれたころだという。一九〇三年六月二三日付「京城新聞」には、東大門にある京城電気会社の機械倉庫で一般人を対象に、ヨーロッパや米国、ソウルの景観を映した短編映画を上映するという広告が出ている。入場料は一〇銭だ。午後八時から一〇時までの上映には、毎日一〇〇〇人以上（当時のソウルの人口は二〇万人）の人々が押し寄せたという。上映場所の倉庫は「東大門活動写真所」と呼ばれ、一九〇七年には「光武台（クァンムデ）」という名の正式な劇場としてソウルの名所となった。その後も西部劇やチャップリンの作品など数々の欧米映画を上映して人気を博した。

朝鮮映画の初作は一九一九年の『京城全市の景』、次いで一九二三年に劇映画『月下の誓い』が発表され、無声映画の幕が開いた。『月下の誓い』は、朝鮮総督府による節約奨励を目的としたものだったが、初の劇映画ということで話題になった。これを機に数多くの映画社が登場するがすべて短命に終わった。そんな中、「無声映画時代は羅雲奎（ナウンギュ）の登場で芸術的開花を見た」（doopedia 백과사전〔百科事典〕「映画」）。

『アリラン』で俳優としてデビューした羅雲奎は、その後演出、脚本を手がけ自らも出演して『風雲児』（一九二六年）などの問題作を制作、さらにその精神を李圭煥（イギュファン）が引き継ぎ『持ち主のない渡し舟』（一九三二年）、『旅路（ナグネ）』（一九三七年）など「情緒的で郷土色の濃い事実主義を展開した」（上同）。一九三五年には李弼雨（イピルウ）によって初めての有声映画『春香伝（チュニャンジョン）』が公開され、韓国映画はさらに活性化、多くの俳優を輩出するようになる。

しかし一九四〇年以降、日本による映画会社の強制統合や映画関係者の登録強要などで朝鮮映画は暗黒期に入る。日本は朝鮮映画株式会社を設置し、映画制作者を縛って「戦意高揚」「内鮮一体」を鼓吹する親日映画の制作を強要し、映画界は窒息状態に陥った。崔寅奎（チェインギュ）の『授業料』（一九四〇年）、李炳逸（イビョンイル）の『半島の夜』（一九四一年）を最後に、志のある映画人は上海に亡命あるいは地下にもぐった。

新劇

ソウルに王宮の支援で建てられた劇場「円覚社（ウォンガクカ）」（旧「協律社（ヒョンリュルサ）」）で一九〇八年、遠近法を取り入れた山河の絵を背景に、朝鮮の伝統劇の様式に外国の演劇様式を取り入れた唱劇が初めて上演された。初期は春香歌などパンソリの演目を新演劇という名で劇化していったが、しだいに「銀世界（ウンセゲ）」など当時の社会を描いた作品にレパートリーを広げていった。しかし日本の植民地政策が進む中、王政とともに衰退し、一九一四年に劇場が火事でなくなった後は、地方の流浪小劇団に転落していった。

一九一一年一二月、韓国で日本の新派劇を真似た「革新団（ヒョクシンダン）」の演劇が始めて上演された。その後、「文秀星（ムンスソン）」や「唯一団（ユイルタン）」などいくつかの劇団が現れ、日本の人気演目を朝鮮風にアレンジした「長恨夢（チャンハンモン）」や「双玉涙（サンオクル）」のような愛と義理、人情、別れをテーマにした作品を上演して話題を呼び「一〇年代を新派劇時代」にした。しかし「低俗な」新派劇は一九一九年の三・一独立運動以降、急激に衰退した。義理や人情などという前近代的なものよりは、社会の変革に寄与するような演劇が求められるようになった。

一九二〇年春に東京で留学生が劇芸術協会を結成し、翌年には「同友会巡回劇団（トンウフェスネクッタン）」を、その翌年には「蛍雪会巡回劇団（ヒョンソルフェスネクッタン）」や「カルトプ会巡回演劇団」を結成して全国巡回公演を繰り広げ、民族運動の一翼を担った。これを機に朝鮮半島各地で数百のアマチュア劇団ができて、一九二〇年代中ごろまで未熟ながらも演劇を通じた民族運動を活発に繰り広げた。一九二三年に「朝鮮劇場（チョソンクッチャン）」で初公演をし、一九二五年には合資会社の形をとって活動した「土月会（トウォルフェ）」も、やはりこのような流れの中で生まれた東京の留学生中心の劇団だった。

一九三〇年以降は本格的な新劇運動のための「劇芸術研究会」が結成され、八年にわたってヨーロッパの近代劇を上演した。このころにはオリジナル作品を書く劇作家も登場した。一九三五年には演劇専用劇場の東洋劇場が設立された。朝鮮の近代劇が、大衆的な新派劇と西洋の翻訳劇を中心にした本格的な新劇の二つに分類されるようになったのもこの時期だ。

しかし一九四〇年代に入ると事態は一変する。演劇も日本によって国策化され、日本語による「国民演劇」が強要された。それまで民族運動の一翼を担っていた劇作家たちの多くが「国民演劇」に容赦なく組み込まれ、恥辱の歳月を送ることになる。

(3) 遊び

普段のくらしや年中行事で、上記の農楽や仮面劇など歌や踊りとともに、親しまれてきたさまざまな遊びがある。

男性たちは、普段からよく朝鮮将棋を指したり、囲碁を打ったりした。

正月や端午、秋夕（旧盆）にはノルティギ（シーソー）やクネ（ブランコ）で、誰が最も高く飛ぶかを競った。ノルティギは板の両端に立って乗り、クネは一人でも乗るが向かい合って二人で乗ることもある。深くしゃがんで全身の力で勢いをつけて高く飛ぶ遊びだ。クネは女性たちの遊びで、高く飛んだ時になびくチョゴリのひも（オッコルム）やリボンのような髪飾り（テンギ）が美しい。また男性たちは朝鮮相撲で力を競った。

正月にはユンノリ（すごろくのようなもの）をしたり、凧揚げをして遊んだ。

2 在日朝鮮人の娯楽

(1) 朝鮮の娯楽の流入

一九二九年から一九三三年にかけては済州島民の年間の渡航者、帰還者は済州島における朝鮮人人口の一〇%程度を占めていた。日本と朝鮮半島の間の往来は今では想像もできないほど盛んだったのだ。正月や秋月の名節や親の還暦、子どもの誕生などで一時的に帰郷する在日朝鮮人も多く、一、二世の在日朝鮮人と故郷の関係は、経済や文化においても、きわめて緊密だった。

一九三〇年代には日本に朝鮮語のレコードや書籍を扱う店があり、舞踏家の裵亀子（ペグジャ）や崔承喜（チェスンフィ）、作家の張赫宙（チャンヒョクチュ）、金史良（キムサリャン）、声楽家の金永吉（キムヨンギル）らが日本内地でも活躍し高い評価を受けるようになっていた。一九三一年には朝鮮半島を拠点にしていた「朝鮮俳優新興劇団」が大阪の「今里劇場」に出演し、一九三三年には映画『長恨歌』や『アリラン』が日本内地で上映されていた。一九三〇年代に大阪市大正区小林町の朝鮮人集住地で生活していた崔碩義（チェソギ）は次のように記している。

「日帝下の朝鮮人は『木浦の涙』とか『他郷ぐらし』といった哀愁に満ちた歌謡曲が好きでした。京城から南仁樹という人気歌手が来たというので千日前の劇場まで、大人の後から見物について行ったことがありましたが、集落の広場にも時たま芸人たちがやって来て、六字ベギ（ユッチカ）（朝鮮南部で歌われる民謡のひとつ）やパンソリを唸ったり、あるいは長鼓（チャンゴ）を荒々しく打ち鳴らしながら民族舞踊を踊っていました。これらの一座は、恐らく神戸の永田とか、港区の船町、各地の朝鮮集落を巡業しながら興業していたと思われる」（「私の原体験　大阪、小林町朝鮮部落の思い出」『在日朝鮮人史研究』第二〇号、一九九〇年一〇月）

しかし一九三六年に映画『洪吉童伝』の上映が禁止されるなど、一九三〇年代半ば以降は統制が厳しくなっていった。

外村大の『在日朝鮮人社会の歴史学的研究――形成・構造・変容』によると、一九三〇年代半ばにはすでに行政当局によって在日朝鮮人の独自な結びつきや活動を規制しようという動きが始まり、さらに一九三九年には戦時体制の構築を背景としてそのような動きは全国で徹底したものとなっていった。さらに一九四〇年代以降はそれまで形成維持されていた在日朝鮮人の独自の社会的結合と文化、同時にそれに対応した意識は日本国家によって破壊され、変容を強いられることになった。しかし民族的な社会的結合は、依然として在日朝鮮人の生活の基礎となっており、また同化政策の展開にもかかわらず、独自の文化はある程度存続していた。外村は、「朝鮮人である自分を否定し侵略戦争を下支えする体制に組み入れられながらも、また個人レベルで見れば日本の国家の教化に染まっていたりそこに期待をかけていた者がいたとしても、ほとんどの者が朝鮮人である自己を意識せざるをえない状況があった」と指摘している。

(2) 朝鮮人集落の娯楽

●解放前　在日朝鮮人の多くは日本人労働者の半分の賃金で日雇い人夫や見習い職工、雑役夫として危険な工事や不潔な仕事に従事し、長屋や、川べりや山間などの日本人のいない空き地に廃材で立てた掘っ立て小屋で集落を作って住んでいた。いわゆる朝鮮人集落である。一九二〇年代後半にはこのような日本社会とは異なる在日朝鮮人の空間が形成されるようになっていた。

尹健次は著書『「在日」を考える』の中で朝鮮人集落について次のように述べている。

「朝鮮人部落（引用ママ）は文字通り朝鮮人の町であった。朝鮮人部落（引用ママ）に日本人が住むことは少なく、朝鮮人と朝鮮語、朝鮮語の夜学校などが幅を利かせる場所であった。日本語も十分にわからず、常に警察に監視されているという緊張感を緩めて安心して生活ができるのは朝鮮人部落(引用ママ)だけであった。部落(引用ママ)では地縁・血縁的相互扶助作用が強く働き、就職その他の生活上の便宜が比較的容易に得られ、貧しいながらも飢えにさらされることもなかった。いわば朝鮮人にとって、日本社会そのものが敵対的な差別構造を持っていた中で、朝鮮人部落(引用ママ)は自衛と生活、安息の場所であった」

　キムチやマッコリ、飼育する豚のにおいが漂う集落の片隅にはいつも朝鮮将棋や囲碁、花札を打つ男たちがいて、トロットや新民謡を口ずさみながら家事に勤しむ女たちがいた。大人たちが話す朝鮮なまりの日本語の合間には「オンニ」（お姉さん）、「ソバン」（だんな）、「ネンビ」（鍋）など朝鮮語の単語が混じり、話がクライマックスに差し掛かると「アイグー、チュッケッタ」（何てことだ、死んじゃうよ）などと朝鮮語の決まり文句が飛び出す。子どもに内緒の話をするときは決まって朝鮮語が使われた。

　皆、何かといっては庭に集まって酒を飲み、チャンゴを奏でて歌って踊る。それは故郷の農村で踊った農楽であり、故郷で流行っていた、あるいは最近故郷から来た人に習った流行のトロットや新民謡だった。別れや望郷を歌った当時の流行歌は、故郷を離れて日本に住む彼らの心に響いた。

　一九二六年に慶尚南道で生まれ一五歳で日本に来て岡山の集落にいたという朴昞琁さんは「学校では朝鮮語を使うと教師に殴られ、どこに行っても朝鮮人と馬鹿にされた。朝鮮語が聞こえて朝鮮の歌が聞こえる部落(引用ママ)に戻るとほっとした。朝鮮の歌を歌って朝鮮の踊りを踊って、部落(引用ママ)がわれわれの空間だった。たまに警官が見回りに来ると、みなおとなしくして家の中に入ったが、それはそのときだけのことだ」と解放前の様子を語っている。

一九三八年に慶尚南道で生まれた姜英主さんは二歳のころ親に連れられて日本に渡った。東京に住んでいたが、一九四四年、激しくなる空襲を避けて親戚を頼り茨城の日立鉱山近くの久慈郡中里村入四間木の根坂の朝鮮人集落に疎開し、中学に入学する一九五一年までをそこで過ごした。集落には「労務動員計画」による「募集」で日立鉱山に来た朝鮮人が大勢いた。

「同胞たちは毎日とはいかなくても、週に二、三回は部落（引用ママ）の空き地に集まっては酒を飲み歌って踊っていた。寒いときは火を焚いてその周りで農楽のように列を描いたり、円を描いたりして踊り、「アリラン」や「トラジ」など民謡を歌って踊ることもあった。「番地のない酒場」や「木浦の涙」、「旅人の悲しみ」、流行歌もよく歌っていた。結婚式などお祝い事のあるときはもちろん、人が亡くなったときも、葬儀のときは哭（な）き女が現れたりしたが、通夜のときはにぎやかな歌や踊りで送り出すのだと、まるで宴会のような騒ぎだった」

●解放後　各地の朝鮮集落には二世の子どもたちのための国語講習所が設けられ、やがて朝鮮学校に発展していった。朝鮮学校は子どもたちの学びの場であると同時に在日朝鮮人の生活の中心でもあった。

「部落（引用ママ）には解放前からインテリの若い先生がいて、大人たちはその先生に朝鮮語の読み書きを習っていたが、解放後すぐ、近所にいくつもあった部落（引用ママ）の同胞たちが力を合わせて国語講習所を設けた。しばらくそこに通った後、一九四六年八月からは本山高鈴にできた朝連の小学校、朝連日立初等学校に、家から一時間以上の山道を歩いて通った。学校の運動会や学芸会は児童の行事というよりは、同胞たちのお祭りだった。貧しいながらも弁当をしつらえ、家族総出だった。競技も同胞たちの出るものが多かった。一九四九年一一月には、県内の朝鮮学校が合同で大運動会を開催して四〇〇〇人の同胞が集まった。学

海辺でチャンゴに合わせて踊る女性
（川崎在日コリアン生活文化資料館ウェブサイトhttp://www.halmoni-haraboji.net/）

校の運動会なのか、同胞の運動会なのかわからないような感じで。シルム（朝鮮相撲）や農楽ももちろん行われた。春には花見に出かけ、夏には県下の同胞が集まって海水浴を楽しんだ。そんなときはみなで木炭車に乗り込んで水戸まで行った」（姜英主）

一九四九年にGHQによって在日本朝鮮人連盟が強制解散させられ、公職追放となった詩人の許南麒（ホナムギ）がこの集落で三カ月ほど身を隠していたことがあったという。

「身を隠していた許南麒先生が、部落（引用ママ）の若者を集めて演劇を上演した。うちの姉も出演した。もうタイトルも思い浮かばないが。部落（引用ママ）の若い人たちが二〇人くらい出演して部落（引用ママ）の集会場のようなところで上演したのだが、大盛況だった」（姜英主）

許南麒は一九五八年、この集落を再び訪れて詩を書いている。朝鮮語で書いたこの詩の中で彼は「李トンムの掘っ立て小屋が見える／崔おじいさんの網

1946年8月15日解放記念の日を喜ぶ在日同胞。大阪西成区（辛基秀編著『映像が語る「日韓併合」史：1875年～1945年』労働経済社、1987年）

戸が見える／夫を亡くして息子をなくし／チリ山のカラスがヒューと飛んでいくという歌ばかり歌っていた／南原（ナムオン）（全羅北道のチリ山のふもとにある町）のおばあさんの豚小屋が見える」と当時の集落の様子をうたっている。

二〇〇八年当時、英主さんは電気工事会社を営む傍ら近所の総連分会の事務所にオーディオ機器をそろえ、同胞を対象にトロットや新民謡など懐メロの鑑賞会を定期的に開いていた。一世や二世の同胞が多い日には三〇～四〇人集まり、キムチや豚肉を肴に酒を酌み交わしながら、昔の歌を聞き、カラオケに興じた。参加者たちは昔貧しかったころ、助け合って生きていた同胞たちの姿を思い出し、「こういう歌にこそ在日朝鮮人の原点がある」と語る。休みの日には、機材を持って関東の各地にある長寿会をたずねる。高齢の同胞たちが大歓迎してくれるそうだ。

「一九七〇年ごろ、友人の持つ李成愛（イソンエ）のテープに昔、部落（引用ママ）に住んでいたときに聞いた歌がたくさん入っていた。初めて聞いたときはかつてのイメージというか、漠然としたものが心の中をよぎっていって。懐かしいとか、幼いときの情景とかというように言葉ではっきりいえない何かが。それまで歌とは縁のない生活だったのに、それを機に懐メロに狂ってしまった。昔、部落（引用ママ）で大人たちはいつもこんな歌を歌っていた。彼らの歌にはうらみ、つらみと一緒に、私は朝鮮人だという気概のようなものがあった。在日朝鮮人の「恨（ハン）」というのだろうか……」

解放後、農楽は在日朝鮮人の権利を守る運動や朝鮮戦争後の朝鮮復興を支援する運動などにも多く取り入れられた。デモ隊の合間に農楽隊がいくつも組まれ、農楽の衣装を着て楽器を鳴らして踊りながら街頭を練り歩いたという。在日朝鮮人の新聞「解放新聞」一九五四年一月二三日付には「民戦大阪府布施地区委員会では朝鮮人学校の新学期を前に一月二日から九日まで農楽隊を動員して市内を巡回し、民主民族教育死守発展を広くアピールした」という記事が、さらに二月にも三重県桑名で農楽隊が三日間街を練り歩き、朝鮮の復興支援を呼びかけたという記事が出ている。

朝鮮人集落は一九二〇年代から形成され、朝鮮人人口の増加とともに日本各地に増え続けた。しかし一九四五年に二〇〇万人といわれた在日朝鮮人は解放直後の帰国で一九五〇年には五五万人弱にまで急減。また一九五九年に始まった朝鮮民主主義人民共和国への帰国でさらに一〇万人が日本を去り、朝鮮人集落も減少した。さらに一九五〇年代以降の日本経済の高度成長は在日朝鮮人の経済状況や学歴の多様化を促進し、在日朝鮮人の世代交代も進んで一九六〇年代以降は次第に姿を消していった。

四、五世が中心となった今の在日朝鮮人社会で当時の歌はすっかり懐メロになってしまった。しかし在日朝鮮人のための「民族学級」や「子ども会」「学生会」では今も必ずといってよいほどチャンゴのリズムが響いている。農楽のリズムは朝鮮語同様、かつて朝鮮の農村から日本に渡ってきた在日朝鮮人のアイデンティティの一角を占めている。

(3) 文化活動

演劇

朝鮮半島での演劇活動の中心となったのが東京の留学生だったことからもわかるように、朝鮮人の日本での演劇活動は一九二〇年代以降活発だった。

朝鮮人の文化活動が厳しく統制された一九四〇年代以降も内務省警保局の記録には、一九四三年七月一日に下関市で大阪市西成区若山町の唱村歌劇団が、同七日には大村市、長崎市などで大阪市西貫島松宮町の朝鮮歌劇団が、六月一九日にも横浜市の鶴見演芸場で東京四谷旭町の永昌社演芸部（半島楽団）が公演を行っていたと記されている。これらの公演はいずれも朝鮮語で行われたうえ、内容にも問題があるとして「戒告」もしくは「警告」を受けている。（外村大）

呉圭祥（オギュサン）の『ドキュメント　在日本朝鮮人連盟一九四五－一九四九』によると、解放直後、在日本朝鮮芸術協会（芸協）が結成され、一九四六年六月に東京神田共立講堂で第一回公演を行ったが内容、技術ともに未熟で、観客数も少なかった。

ところが翌年四七年、東京で青年たちによる移動啓蒙劇団が編成され五月一九日から六月一九日まで都内各地を回って一五日間で三〇回の公演をし、九四〇〇〇人の観客を集めたのをはじめ、兵庫で移動演劇隊が四月一一日から五月一〇日まで巡回公演を行い、島根でも同胞慰安隊が演劇「社会の苦情」を五回上演、神奈川県では民青演芸倶楽部が演劇「新アリラン」「帰ってきたアボジ」「興甫伝」「解放の日」などを上演し、京都では慰安演芸大会を学生団体と婦人団体が共同で八月一六日に開催し、音楽、舞踊、

1948年頃の朝鮮高等学校で演劇を鑑賞する生徒たち（金鐘淳氏提供）

演劇などを上演、三多摩、群馬、静岡などでも演劇団結成の準備が進むなど、各地で一斉に演劇活動が始まった。

さらに翌年の一九四八年三月には民青東京・荒川のメンバーが正式な演劇研究会を発足させ、その後荒川演劇班として民青結成一周年記念公演で「パンは誰のものか」「国連朝委風刺寸劇」などを上演し、好評を得た。荒川演劇班はその後、民青東京本部演芸隊とともに慰問演劇隊を構成し、五月二三日から約二週間、一陣と二陣に分かれて神戸、大阪で演劇「われわれは戦う」などを披露し、当時活発に繰り広げられていた民族教育を守る運動を激励した。荒川演劇班の結成を機に神奈川や大阪、神戸、福岡などでも劇団が結成され、八・一五解放を記念し全国各地で開催された前夜祭で日本の青年団体と文化交流会を行うなど、活動をスタートさせた。八月には民青総本部で新しい劇団「希望座」の結成が決定され、専門劇団員の養成指導や地方劇団の指導について話し合われた。「希望座」の第一回公演は一〇月の一、二日、青年文化の夜で上演した「黄昏」「鞭打たれる家」「北緯三八度線」各一幕で、「多くの成果をあげた」と「解放新聞」は評価している。

一九五〇年には事務所と練習場を持つ劇団「モランボン劇場」が発足し、これが一九六五年の在日朝鮮演劇団へ発展していった。同演劇団は一九七四年一二月に解散するが、現在もいくつもの劇団が活発な活動を繰り広げている。

また一九五四年の「解放新聞」には文化宣伝隊のニュースがたびたび掲載されている。宣伝隊はそれぞれの地域で演劇や歌、踊りなどを同胞たちに披露する団体で、各地ごとに結成されていたが、同年には中央文化宣伝隊も誕生した。五月一日付の同紙の報道によると、中央文化宣伝隊は総勢一七人（男子一二名、女子五名）で演目は、演劇「オモニ」（チョン・テウ作）三幕五場、それ以外に単幕二作、歌や踊り、漫談などのアンサンブル「祖国賛歌」（パク・ウォンジュン作）となっている。

映画

朝鮮映画を見ることは在日朝鮮人にとって貴重な娯楽の一つだったが、解放後はさらに、在日朝鮮人の映画関係者が日本人とともに自らをテーマにした映画作りを始めた。彼らが作る映画は、特に識字率の低かった在日朝鮮人一世にとって貴重な情報源となり、力付けとなった。

総連映画制作所の元所長・呂運珏さんの「総連映画制作所の歩み」によると、一九四五年一〇月に在日本朝鮮人連盟が結成されると教育文化部の中に映画課が設けられ「朝連ニュース」の制作が始まった。翌年四月にはこれを母体として民衆映画株式会社が設立された。同映画社は日本の記録映画作家たちとの混合チームだった。一九四七年一〇月までに一三本の「朝連ニュース」と日本の記録映画を制作したが、資金難で解散となった。

一九五三年、中国で朝鮮民主主義人民共和国の代表から手渡された同国の初の劇映画『郷土を守る人々』のフィルムの持ち込みを日本の税関に阻まれ、これに抗議する運動が繰り広げられた。その後何とか入手した同フィルムに字幕を入れて各地で上映し、同胞から大きな反響を得た。これを機に映画を志す在日朝鮮人が結集し、現在の総連映画製作所の前身といえる在日朝鮮映画人集団が結成された。

一九五五年の在日本朝鮮人総連合会（総連）結成後は、一九五九年に在日本朝鮮文学芸術家同盟が結成され在日朝鮮映画人集団は同同盟映画部となり、現在は総連映画製作所として、在日朝鮮人のくらしをホームページ「エルファネット」を通じて伝えている。

一九九〇年代以降は『月はどっちに出ている』（監督：崔洋一（サイヨウイチ）、原作：梁石日（ヤンソギル）、一九九三年）、『GO』（監督：行定勲、原作：金城一紀、二〇〇一年）、『パッチギ』（監督：井筒和幸、製作総指揮：李鳳宇（リボンウ）、二〇〇五年）をはじめ在日朝鮮人をテーマにした作品が注目を集め、数々の賞を獲得するなど高い評価を得ている。また『アリランラプソディ』（監督：金聖雄（キムソンウン）、二〇二三年）など在日朝鮮人一、二世の生涯を描いたドキュメント映画も数多く制作、上映されている。

〔金淑子〕

教育――母国語と尊厳を取り戻すために

一九四五年八月一五日の日本の敗戦は、朝鮮の植民地統治からの解放を意味した。この日を機におよそ二〇〇万人いた在日朝鮮人の多くが故郷への帰還を目指した。ところが日本で生まれ育った在日二世の子どもたちのほとんどは朝鮮語を話せなかった。大人たちは帰郷を前にまず子どもたちに朝鮮語を習得させようと、長屋の一室や町工場や近所の学校の一角を間借りして「国語講習所」を開いた。この動きはまさに雨後の筍のように日本全国に広がった。しかし目指した故郷は解放後の混乱で、とても新たな生活の足場を築ける状態ではなく、日本に引き返してくる者さえいた。おまけに日本からの財産の持ち出しも制限され、五〇万人あまり（一九四七年）の在日朝鮮人が足止めを余儀なくされた。故郷への道は遠のいたが、集住地ごとにあった「国語講習所」は、朝鮮語だけではなく、朝鮮の歴史や音楽、算数や理科を教える朝鮮学校へと発展していった。

1 戦間期の在日朝鮮人二世

(1) 就学率は六〇%

日本で小学校に通っていた朝鮮人児童は一九三六年に五万一二三三人、一九四一年には九万八八三二人で、この数は就学期にある朝鮮人児童の六割ほどに過ぎないという（「在日朝鮮人教育の実情」『近代民衆の記録10』）。学校に通えなかった最も大きな理由は貧困で、次いでいじめによる不登校などであった。

一九三二年に兵庫県姫路市で生まれた咸博（ハムバク）は、「学校では、日本は遅れた朝鮮に港湾や道路、工場を作ってやり、産業の発展に大きく貢献した。朝鮮併合は天皇のお恵みなのだ。だから大日本帝国のために尽くすのは当然だというようなことが強調された。教室でこのようなことが話されると、同級生たちの視線が一斉に朝鮮人児童に向けられ、私たちは針で刺されるようないたたまれない気分になって思わずうつむいていた。一九四〇年の創氏改名以前から本名で通う朝鮮人児童はいなかったが、誰が朝鮮人なのかは当時、言わずと知れたことだった」と述べている（『私がつづるアリランの詩』）。

一九四二年、咸博が尼崎の公民学校に転校してすぐのことだ。廊下を走っていたという理由で海軍兵曹上がりの浜田という教員に「朝鮮人のたるんだ精神を入れ直して、大和魂を教えてやる」と言って樫の木の棒で力いっぱい何度も尻をたたかれた。目から火が出るようだったが、反発はできなかった。

「私の周りの朝鮮人は皆貧しく、どう見ても文化的ではなかった。インテリなど見たこともなかった。学校で『劣った民族』と言われても、それを否定できる知識も状況もなく、ただうなだれるだけだった」という。

一九一五年生まれの張斗植（チャンドゥシク）は私小説『ある在日朝

鮮人の記録』で、「とにかく私は、日本人から『朝鮮人のくせに……』とか『朝鮮人め！』と言われない人間になりたかった」と述べている。

勉強が得意だった彼は名門の県立横須賀中学校への進学を希望していた。

ところがある日、担任に呼ばれ「そうだろうなぁ、やっぱり県立に行きたいだろうなぁ。ところがなぁ張、はっきり言うが、県立は朝鮮の人はだめらしいんだよ」と告げられる。『『県立横須賀中学は、朝鮮の人は取らない』という民族差別に私は今更ながら憤りを感じないわけにはゆかなかった。いま歩いているこの細長い道がどこまでつづくのか、またそれが切れても別な道が果てしなく続くであろう。その長い長い道は、朝鮮人であるこの私が、これから生きてゆく悲しみの長さに相通ずるものなのではないだろうか」と光が差しそうにない将来への絶望を語っている。

1930年代に、貧困のため志半ばで学業を中断しなくてはいけなかった在日朝鮮人の日々が記されている

学校や教員たちの公然の差別は、子どもたちの中でより色濃く頻繁に在日朝鮮人の子どもたちを苦しめた。「ニンニク臭い」「汚い」などとはやし立てられることは日常茶飯事だった。

小学校四年生の時に千葉で終戦を迎えた鄭洙敦（チョンスドン）は、通学路で同級生たちの集団に「敗戦の仕返しをする」と言って両手両足を縛られ、茂った桑畑に首から下を埋められた。大きな声で叫んでも通る人もいなかった。半日くらいしてようやく気付いてくれる人がいて助けてもらった。畑の水で服に覆われていない部分は白くふやけていたという。

(2) 自分の中の「朝鮮」消して

地域を表す「朝鮮」という言葉は差別語として日本社会に深く根付き、それにまつわる人や文化のすべてが蔑視の対象となっていた。

このころ、在日朝鮮人のほとんどは、朝鮮人集住地で暮らしていた。キムチや朝鮮味噌の壺が並び、小さな畑には青唐辛子やニンニクがなり、髪を後ろにまとめたチマ・チョゴリ姿の女性たちが日本語まじりの朝鮮語で談笑しながら、祭祀（チェサ）の準備やマッコリ造りにかいがいしく動き回る。長屋の軒下から「イノムチャシギ（こいつめが）！」と子どもを叱るおじいさんの声が聞こえる。朝鮮の農家を再現したようなそんな空間で育ったにもかかわらず、二世の子どもたちは朝鮮語を話せなかった。

朝鮮そのものの一世とは違い、二世たちは自分の中の「貧しくて劣った朝鮮」を何度も何度も塗りつぶし、親たちの話す朝鮮語に耳をふさぐほどに、徹底的に拒絶したのだった。高学歴な者ほど朝鮮語の会話能力は低かった。彼らは日本人に生まれなかったことを呪いのように感じながら、心の片隅に重くて固いしこりを抱えて生きていくしかなかった。

2 国語講習所から朝鮮学校へ

(1)「三食を二食にしてでも」

朝鮮の解放を迎え、新たな生活を求めて帰郷を目指した朝鮮人たちは、まずは子どもたちに朝鮮語を教えるため、集住地ごとに「国語講習所」を設けた。それまで地元の公立学校で学んでいた子どもたちに加えて学校に通えていなかった子どもたちも「国語講習所」に通った。

兵庫・西脇で一九四五年秋ごろに地元の公立小学校から「国語講習所」に転校した呉亨鎮（オヒョンジン）は、「父親

1945年当時の大阪の国語講習所（『大阪民族教育60年誌』学校法人大阪朝鮮学園、2005年12月25日）

のような人もいるし、母親のような人もいるし。それが一緒に座って、勉強するんですよ、カギャ、コギョと。友だちもよかったし、年上の先輩たちもかわいがってくれました。朝鮮部落（引用ママ）の中に学校を作っているので、勉強している時も、アボジ（父）、オモニ（母）たちがのぞきに来るんですよ。うちのアボジとオモニも来ていました。どんなふうに勉強しているのか気になるんでしょうね」と当時を語る（『朝鮮学校のある風景』二〇号二〇一三年六月）。

　ところが間もなく朝鮮が混乱していてとても新しい生活基盤を築ける状況にないことがわかると、「金のあるものは金で、労力のあるものは労力で、知恵のあるものは知恵で、われわれの学校を建てよう」を合言葉に各地で「学校づくり」が始まった。一九四六年初めのことである。

　結婚指輪や簪（かんざし）を寄付したおばさん、一着きりのオーバーを売って寄付した知識人、「玄界灘を渡る時ははだかだったんだ」と言って寄付する商人、工事

学校建設をする大阪・西成の在日朝鮮人、
1973年3月（金裕『同胞』）

に加わる労働者たち……。

こうして一九四六年九月には、全国で五二五の初級学校（児童四万二一八二人、教員一〇二二人）、四つの中学校（生徒一一八〇人、教師五二人）、一二の青年学校（生徒七一四、教師五四）の教育網が築かれた。朝鮮学校としての出発である。朝鮮語の教科書を使った教育が始まった。一九四八年四月までに九二点、一〇〇万部の教科書も刊行した（『在日朝鮮人教育論　歴史編』）。

大阪の鶴橋朝鮮小学校を卒業した姜善和（カンソンファ）は「私が通い始めた一九四七年にはすでに校舎がありました。そういえばオモニ、アボジが仕事を終えて、毎晩出ていくので、『どこ行くの？』と聞いたら『ハッキョ（学校）を建てに行く』と言っていました」という（『朝鮮学校のある風景』48号）。

しかしその運営は決して楽ではなかった。城東第一ウリ学校父兄会長の李俊達（リチュンダル）は創立一周年記念式で「困難な学校運営を助けるため、学父兄たちは一日三食の食事を二食にして、また三杯飲む酒を一杯にして学校運営に財をまわそう」と呼びかけている（『朝鮮新報』一九四七年三月九日）。

一九四八年当時、東京朝鮮第三初級学校に通っていた金龍煥（キムリョウファン）は「校長は李泰興（リテフン）先生でした。昼食の時間になると、弁当を持っていくことができなかった私にコッペパンを半分分けてくださいました。ジャムやバター、バターピーナッツを付けたパンを食

東京朝鮮中学校第一期卒業生たち1948年10月5日（金鐘淳氏提供）

べるトンム（友だち）もいましたが、先生は何かをつけるとパンを一つしか買えないので、何もつけないコッペパンを二つ買い、その一つを生徒たちに分けてくれていたのです。空腹のためでしょう、先生が教壇でめまいを起こし、座り込んでしまうことも一度や二度ではなかったので、半分のパンをとてもありがたくいただいていました」と振り返っている（『私たちの東京朝鮮第三初級学校物語（証言編）』）。

職も得られず、底つく貧困の中で、「学び」は解放された朝鮮人の希望の灯だった。

朝鮮語を学んだのは子どもたちだけではなかった。各地で「文盲退治運動」が繰り広げられ、集住地ごとに設けられた識字教室からは、それまで学ぶ機会を与えられなかった大人たちが「カギャ、コギョ」と諳んじる声が響いた。

(2) 朝鮮学校閉鎖令

そんな矢先、一九四八年三月三一日の山口や兵庫などを皮切りに、各地自治体から朝鮮学校閉鎖命令が下された。学校に警官隊を送り込んで強制的に閉鎖しようとする日本当局に抗議する在日朝鮮人の闘いが繰り広げられた。特に在日朝鮮人が多く住んでいた阪神地域では、各朝鮮学校を守りながら県庁、府庁周辺で大規模な集会が連日開かれた。

兵庫・西脇の朝鮮学校の児童だった呉亨鎮は当時の様子を次のように語る。

「一九四八年の四月一〇日に兵庫県の岸田幸雄知事が朝鮮学校に閉鎖命令を出した数日後だったと思います。突然警察が大挙学校に押し入ってきて警棒を振り回して、立ち向かう先生や父兄を殴るんです。先生やアボジ、オモニたちが血みどろになって。私たちはびっくりしてパニックになって『先生を殴るな』って泣きながらとびかかるんですけど、とてもかなわない。その一方で私たちを追い出した教室のドアが釘付けにされて。血みどろで手錠を掛けられた先生や父兄が連れていかれて『先生返せ！　先生返せ！』って地団駄踏みながら泣き叫ぶんだけど、どうしようもなくて。そんな時警官の後ろでジープに乗ったMPがニヤニヤ笑っているんですよね。……アボジたち大人はトラックに乗り込んで片道二〜三時間もかけ神戸の県庁前での闘いを支援しに行っていました。私のアボジも部落（引用ママ）の同胞と一緒に米軍や警察の『朝鮮人狩り』にあって数日間拘束されました。オモニは、アボジが銃で撃たれて殺されるんじゃないかとずいぶん心配していました」

また大阪・鶴橋の朝鮮小学校に通っていた姜善和（カンソンファ）は、当時の様子を次のように語っている。

「ある日警官隊が学校に押し寄せてきたのは覚えています。先生たちはすぐに逃げました、捕まってはいけないから。先生がいなくなった学校で上級生が皆を集めてデモをしたことははっきり覚えています。上級生たちが自分たちだけでデモをしようと言って、学校の近くの疎開道路を皆で行進しました。上級生が「座れ！」と言ったら座り込んで、「走れ」

愛知県の朝連守山初等学院で、警官によって教室から放りだされる児童、1950年12月20日（『東京朝鮮中高級学校1946-1961』）

と言ったら一斉に走って。何日かそんなことをしていたのですが、そのうちに六年生の男子と女子の児童が警察に捕まって、三日間拘留所に入れられました。釈放された上級生たちが皆の前で話をしてそれを聞きながら、大変な思いをしたんだと皆で泣いたのを覚えています。当時ハッキョ（学校）は殺伐としていました。今の第四初級学校（大阪・生野区）、当時の第十朝鮮小学校に警察が押し寄せた時は、オモニたちが学校前にあおむけに寝て『私たちを殺してから入れ！』と言って抵抗したそうです」（『朝鮮学校のある風景』48号）

連日の集会では朝鮮人を取り締まろうとする警官により多くの負傷者が出たが、四月二六日にはとうとう死者が出た。大阪府庁前で集会に参加していた一六歳の朝鮮人少年が、警官の銃弾によって死亡したのだ。

またこれに先立ち二四日には、神戸市で「非常事態」が宣言された。市内の各方面の出入り口に検問所が設けられ、列車内まで検問されて、朝鮮人の出入りは禁圧され、片っ端から無差別検挙が行われた。一〇名以上の朝鮮人の集会は禁止されたが、事実は三人以上の集合は検挙された（「朝鮮人学校事件の真相」『近代民衆の記録10』）。

翌一九四九年九月には在日朝鮮人団体の在日朝鮮人連盟（朝連）が強制解散となり、一〇月には閣議決定に基づいて朝連経営の学校とみなされた九二校が閉鎖され、さらに一一月には私立学校の認可を申請していた一二八校のうち三校を除くすべてに閉鎖が命じられた（『ドキュメント　在日朝鮮人聯盟　1945－1949』）。

こうしたすさまじい弾圧の下でも自主（四一）、公立（一四）、公立分校（一八）、特設（七八）、夜間（二一）などの形式で一八二の学校（児童・生徒数一万七一六九）がかろうじて残った（一九五二年四月現在、『都立朝鮮人学校の日本人教師』）。

3 都立となった朝鮮学校

(1) 二人の担任

東京都では、一九四九年一〇月一九日に初級学校一二校と中学校一校、高校一校の朝鮮学校に閉鎖令が通告され、一二月二〇日に都に移管された。移管と同時に各朝鮮学校には日本人の校長と教師たちが赴任し、東京都教育庁は①日本語を使うこと、②民族科目の国語、歴史、地理などは課外教授とすること、③現在ある施設以上の拡張はしないこと、④朝鮮人教員は正科を教授できないなどの「四項目」を指示した。しかし朝鮮人教員や生徒たちの激しい反発と彼らに理解を示す日本人教員たちの協力によって、これらの項目は実行されなかった。

また朝鮮中高等学校の朝鮮人教員には都立学校教員の資格がないためクラス担当はできないとし、民族科目だけを課外で教える専任講師または時間講師とした。実際に都の朝鮮人教員に対する処遇は課外講師だったが、中学校と高校では、クラス担任は日本人教師と朝鮮人教師の二人が担当した。

(2) 朝鮮学校ならではの風景

当時の学校生活を生徒の視線から描いた朴基碩（パクキソク）による『ぼくらの旗　君はあの頃（都立）の東京朝高生を知っているか』には、当時の生徒たちの悩みや友情の話が躍動感をもって描かれている。また梶井陟による『都立朝鮮人学校の日本人教師』には都立の朝鮮学校に赴任した若い日本人教師の苦悩が鮮明に記されている。

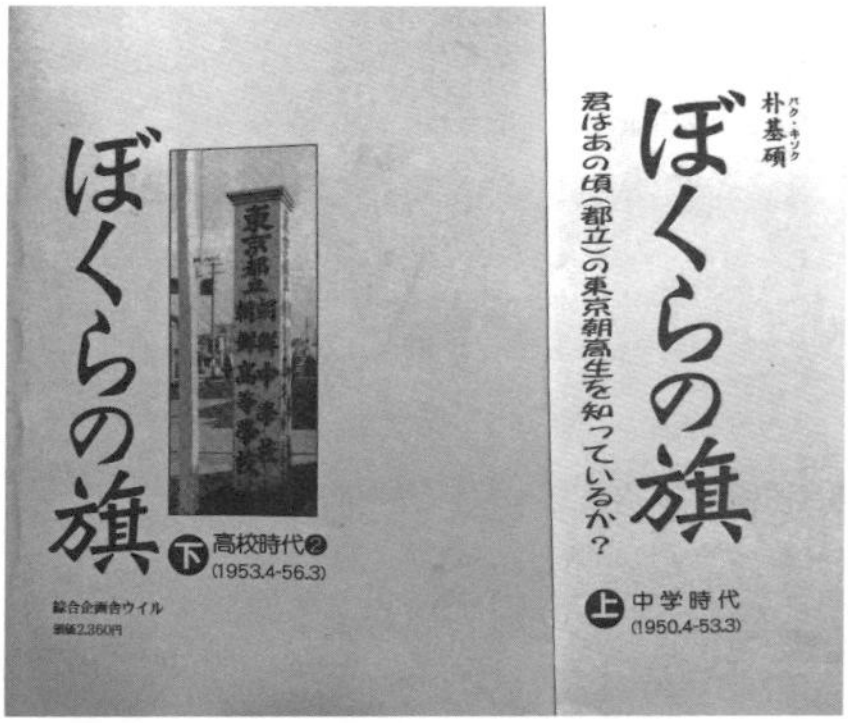

都立時代の朝鮮学校を生徒の視線でつづった『ぼくらの旗』

『ぼくらの旗』の主人公・金錫哲（キムソクチョル）は、疎開先の栃木県宇都宮市の大谷村国民学校一年の時に終戦を迎えた。一家はその後東京に戻り、錫哲は一〇月には荒川区にある三河島の「国語講習所」に通った。当初の「国語講習所」は、都電線路わきの集合アパートに小さな黒板と板切れの長い座卓を置いただけの寺子屋のようなところで、七歳から三〇歳までの三〇人ほどが三つの部屋にすし詰めになって学んだ。数年後日暮里の新校舎に移転するが、このころには児童が二〇〇人以上に増えていた。

錫哲には、林太一（リムテイリ）と趙勝玉（チョスノギ）という幼馴染の親友がいた。錫哲の家は父がくず鉄屋を営んでいた。朝鮮特需で儲けをあげるが、故国の戦争で儲けることにジレンマも抱える。

朝鮮語を学ぶ日本の学校からの編入生（『東京朝鮮中高級学校1946-1961』）

都立朝鮮人学校の寄宿舎の食堂（『東京朝鮮中高級学校1946-1961』）

太一は小学校四年の時に日本の学校から三ノ輪の朝鮮学校に編入してきた。「平和荘」というオンボロアパートの六畳間に六〇になる母親と高校三年の姉の三人で暮らしていた。生活保護を受け、チマ・チョゴリの仕立てと送金されてくる長男からの小遣いで娘と息子を学校に送っていた。長男は国立大で金属工学を学んだが就職口がなく、当時はやりのパチンコ屋の裏周りをしていた。のちに妻の実家からの援助でパチンコ屋を始める。勝玉は、父は行方知れずで、母を早くに亡くした。大阪に住む姉と妹と離れて葛飾の親戚の家に厄介になっている。早朝の新聞配達やバイトに励む夏休みなど、誰もが貧しい時代だった。

　本好きの錫哲は太一と競うように本を読み、三人で卓球場や映画館に行くのが楽しみだった。中学校一年の時に隣席になった愛知県の奥三河から来た寮生・朱英順（チュヨンス）との初恋。ホームルームの時間にプレイヤーとレコードを持って現れる蔡容得（チェヨンドク）先生の「クラシック・レコード鑑賞会」で聞いたショパンの話は興味深かった。

　そんなどこの学校にもあるような日常に加え、朝鮮学校には朝鮮学校ならではの風景があった。

　例えば「南植（ナムシク）と太一は弁当をカバンから取り出して食べ始めた。蓋を開けたとたん、二人の弁当箱からキムチの臭いがぷーんと匂った。秀一が弁当を持ってこなかったと知ると、二人は蓋を裏返しにして、ご飯とおかずをのせて秀一に押し付けた。『ありがとう』。秀一は自分のカバンからすばやく二本の鉛筆を取り出して箸にし、ご飯を口にかき込んだ」というような同じ貧しい境遇の朝鮮人同士の気安さである。互いの家庭環境への理解は、彼らのつながりをより深いものにしていた。

　そして朝鮮語への愛着、朝鮮や故郷の人々への思いである。

　当時の朝鮮学校には朝鮮小学校から進級してきた大多数の生徒と日本の学校から編入してきた生徒に

加え、少数だが、韓国から来た流ちょうな朝鮮語を話す少し年上の生徒たちがいた。彼らの流ちょうな朝鮮語は他の生徒たちの憧れだった。

一九五〇年から五三年は朝鮮戦争の時期でもある。「祖国の危急存亡のなかで、僕らにできることは何か」、それは彼らの共通の課題だった。生徒自治会は三つの方針を立てた。一つ目は生活の規律を高める。二つ目は祖国の生徒の分まで学ぶ意気込みで本分としての勉強に励む。特に朝鮮語や歴史・文化の習得に努力する。そして朝鮮戦争に反対し、原爆投下を許さず、米軍の朝鮮からの撤退を要求して闘う。自分たちのルーツのある朝鮮にいつも注目し、そこに住む人たちと共にしたいという朝鮮学校生徒会ならではの方針だった。

(3) 警戒する生徒たち

このように朝鮮学校は「差別の日常の中で武装する意識・自衛の殻をまとわざるを得ない」(「経るべき歴史の通路について」『近代民衆の記録10』)在日朝鮮人の子どもたちが、構えることなくありのままで成長できる貴重な場所だった。しかしそんな朝鮮学校の特性は、朝鮮学校閉鎖令などによって常に存亡の危機に瀕していた。そこに入り込んできた日本人教師を生徒たちは警戒した。

『都立朝鮮人学校の中の日本人教師』の著者・梶井先生(『ぼくらの旗』には「梶先生」で登場)も例外ではなかった。彼の朝鮮学校での初授業で、生徒たちは挨拶をしないばかりか、先生の存在を無視して騒ぎ続けた。たまりかねた梶井が「静かにしたまえっ」と怒鳴りつけると、待っていましたとばかりに男子生徒が立ちあがり「先生、みんなが騒いでいるのは、みんなが朝鮮人で日本語が解らないからなんですよ。先生は朝鮮語を知っていますか」「先生、朝鮮語を知らないで先生は本当に朝鮮人を教えられると思うんですか」とまるで噛みつかんばかりの剣幕でまくし立てた。梶井は腹立ちまぎれに教室

大勢の警官隊が東京朝鮮中高級学校校内になだれ込んで、生徒たちを襲った。
1950年3月7日（『東京朝鮮中高級学校1946-1961』）

を飛び出していった。

(4) 悩む教師、監視する教師

教師の体面を保ちながらどう切り抜けるべきなのか梶井は悩んだ。

「私たちには日本政府という強力な後ろ盾があったし、『東京都立』という看板があった。生徒たちがどんな要求を出そうとそんなものは無視して、ただひたすら自分の授業を進めていればそれでよい。しかも先（閉校の日）は見えていた」

しかし生徒の顔とことばは何日も頭にこびりついて離れなかった。

「生徒たちが日本語がわからないで騒いでいるのだという いい分はうそである。子どもたちはどちらかと言えば、日本語の方が達者なくらいだった。そんなことは私だって知っていた。だが、だからこそかれらはこういう要求をつきつけたのではないかと言えるのではないだろうか。私は生徒たちの要求の中に、理屈や言葉だけではどうにも誤魔化しきれない真実が含まれていると感じたのだ」

その後、彼は「せめてノートにだけでもかれらの国語で記録を残せるようにしてやることはできないか」と、足を棒にして探し当てた『日韓対語対訳集』という古ぼけた辞書を片手に教材を翻訳し、日本の学校から編入してきた生徒たちの朝鮮語授業に潜り込んで一緒に学んだ。

『ぼくらの旗』によると、生徒たちの反発を受けた梶井はじめ日本人教師の授業は二カ月後に再開された。顕微鏡を手に白衣を着て現れた梶井はまず「出席を取る」と言ってたどたどしい朝鮮語で名前を読み始めた。驚いた生徒たちは、かたずをのんで自分が呼ばれるのを待ち、呼ばれれば、誰もが元気いっぱいの声を張り上げて返事した。時間をかけて出席を取り終えると、次は授業の要点をハングルで黒板に書き始めた。授業の終わりに梶井は「この学校にいるかぎり、私は君たちに負けないで朝鮮語も学ぶつもりだ」と話した。「先生ッ、ありがとうございます。一緒に勉強しましょうッ」という最年長生徒の言葉に皆がうなずいた。「授業は日本語でも、ノートすべき要点を朝鮮語で書いた梶先生の評判は瞬く間に全校中の話題をさらった」という。

翌年の一九五一年二月から三月にかけて朝鮮学校の教師や生徒を愕然とさせ、憤慨させる大事件が続いた。二月二八日の早朝、警官と警察予備隊数百名が朝鮮人中高等学校とその寮に侵入(二・二七事件)して女子生徒たちをからかうなど悪態をついたうえ、一週間後の三月七日の白昼、今度は武装警官と警察予備隊約三〇〇〇人が学校を包囲し、その一部が校内になだれ込んで生徒や教師に暴行を加えて多数の負傷者を出したのだ(三・七事件)。

三・七事件の時、梶井は、生徒を教室に入れようとして職員室から校庭に出たところを、ちょうど正門を突破してなだれ込んできたばかりの警官隊の渦の中に巻き込まれ、こん棒でこずかれなぐられしな

1952年に錦糸町の公園で行われた朝鮮人学校の連合運動会（『東京朝鮮中高級学校1946-1961』）

がら校門の外に放り出された。そして校門から十条駅の側をとおる大通りに出るまでの約一〇〇メートルの道を、両側をびっしり埋めて並ぶ警官たちの冷笑と蛇のような視線を受けながら歩いた。

「近所の家から心配そうに覗いているおかみさんたちの顔や、怒りに燃える目で警官の顔をにらみ続けながら、次々に追い出されてる子どもたちの顔を見ていると、私は激しい憤りと同時にこの警官たちや彼らをくわえタバコで手足のように動かしている人々と、同じ日本人であったということのいらだたしさ、恥ずかしさがこみあげてくるのを抑えようもなかった」とその時の心情を記している。

『ぼくらの旗』には、梶井以外にも「落ち着いたら、今度は君たちが私に朝鮮語を教えてほしい。私もせめて三カ国語ぐらいはしゃべれるようになりたいからね。お互いに国際人になろうじゃないか」と言った英語の広田修先生、「苦しいだろうが、つらいこともあるだろうが、日本で生まれ育った君たちが両国のかけ橋の役割を果たせると思っているんだ」と述べた世界史の下山三朗先生、校内写生で「音楽と背景の裏山の構図がいい。特に裏山の樹木や全体の配色がとても個性的だ」と何度もほめてくれた美術の先生、どこかとぼけた感じの日本語の山下和夫先生など、朝鮮学校生徒に寄り添ってくれた先生たちが多数出てくる。

もちろん朝鮮人生徒たちを理解しようとする教師ばかりではなかった。多くの教師は給料が上乗せされた朝鮮人学校をただ腰掛的に利用し、ほんの一握りではあったが積極的な監視役として入り込んだ教師もいた。

「日本の再軍備は必要だ」「朝鮮に対する過去の植民地教育は決して悪い事ではなかった」などと述べて生徒の反発を買い、授業をボイコットされた教師たちや、「赤い朝鮮人学校」「私はそれを狂病院と呼ぶ」「一日本人教師の手記」などと扇動的なタイトルの記事を「読売新聞」に一〇回にわたって連載した教師もいて、生徒たちは校内でも自らの尊厳を守る闘いを強いられたのだ。

在日朝鮮人たちの困窮した経済状態で学校を運営するのは難しいと、在日朝鮮人や多くの日本人教師が都立朝鮮人学校の存続を求めたが、一九五五年三月、都立朝鮮人学校は廃校にされ、日本人教師たちは他の都立学校に赴任していった。東京の朝鮮学校はなんの公的支援も受けられない各種学校となった。

4 再び朝鮮学校として

(1) 朝鮮からの援助

一九五五年五月二五日、在日朝鮮人の新たな団体として「在日本朝鮮人総連合会」(総連)が結成され、朝鮮学校は総連が運営する学校となった。日本当局の介入なしに、朝鮮語で在日朝鮮人の歴史や文

朝鮮から送られてきた民族楽器を演奏する生徒たち（金裕『同胞』）

化を思う存分学べるようになったという喜びもつかの間、学校はたちまち財政難に陥った。日本は経済の高度成長期を迎えていたが、根強い民族差別の中で在日朝鮮人を受け入れる企業はなく、その多くがいまだに底辺の生活を強いられていた。

そんな矢先の一九五七年四月、朝鮮戦争からの復興真っただ中の朝鮮民主主義人民共和国（以下、朝鮮）から赤十字を通じて一二万英ポンド、日本円にして約一億二〇〇〇万円の教育援助・奨学金が送られてきた。思いもよらない巨額の援助に在日朝鮮人たちは歓喜に沸いた。財政難で虫の息だった朝鮮学校はこれが生命水となって、再び息を吹き返した。その後、援助費は、朝鮮で「苦難の行軍」と言われた一九九〇年代の厳しい時代にも滞ることなく毎年送られてきている（二〇二三年現在の総額四九四億円）。それ以外にも朝鮮は教具や教材などを提供し、国語や歴史教員たちの講習会を開き、さらに一九八〇年代からは高級部や大学の卒業生の修学旅行を受け入れるなど、さまざまな面から朝鮮学校を支援している。

一九五九年から始まった朝鮮への帰国で*1、その準備のために入学する児童生徒が殺到し、六〇年代、朝鮮学校は最盛期を迎えた*2。その後、七〇年代以降は在日朝鮮人の中で日本での定住志向が強まり、朝鮮学校でも、それまでの帰国を前提とした教育内容を日本で生活するためのカリキュラムへと切り替えていった。

(2) 教育制度からの排除

一九六〇年代に各自治体から「各種学校」の認可を受けた後は少額ながら助成金を支給する自治体も現れ、九〇年代前半にはサッカーやバレーボールなど高校体育連盟が開催する公式試合への参加が認められ、JR通学定期に学割が適用されるようになった。高校卒業と同等の学力を認めて受験資格を認める大学も増えている。

一方、日本でさまざまな「北朝鮮バッシング」が繰り広げられるたび、朝鮮学校の児童生徒はその標的とされてきた。学校への嫌がらせや無言電話は数知れず、一九八〇年代~九〇年代には各地で通学時に女子生徒の制服だったチマチョゴリが切り裂かれる事件が多発した。そのため朝鮮学校ではチマチョゴリによる通学を取りやめた。二〇〇九年一二月には「在日特権を許さない市民の会」(在特会)メンバーたちが授業中の京都朝鮮第一初級学校前に集まり、五〇分間にわたり拡声器で「朝鮮学校を日本から叩き出せ」などとヘイトスピーチを繰り返す事件もあった*3。

さらに第二次安倍政権は、発足直後の二〇一二年一二月二八日「拉致問題の進展がないこと、朝鮮総連と密接な関係にあり、教育内容、人事、財政にその影響が及んでいること」(下村博文文科相)を理由として、外国人学校の中でも唯一朝鮮学校だけを「高校無償化制度」から排除することを発表。その後、一九九〇年代半ばまでにほぼすべての地方自治体から支給されていた助成金も大部分が打ち切られた。

日本政府は、「学校教育法第一条」が定める学校*4に該当しないという理由で朝鮮学校を排除してきたが、二〇〇〇年以降、グローバル化の中で増え続けるインターナショナルスクールや外国人学校への対応を迫られると、あからさまに朝鮮学校だけを排除するようになった。保護者からの授業費と在日朝鮮人や日本人支持者からの支援金、朝鮮からの奨学金などで運営される朝鮮学校は現在、さらに厳しい財政難に見舞われている。

(3) 日韓市民の支援の中で

このような厳しい中でも、日本や韓国の市民団体の支援の輪は広がっている。

朝鮮学校は、創設当初から人権を重視する人々や労働団体、朝鮮学校周辺の住民たちの支援を受けてきた。特に一九九〇年代前半の朝鮮高級学校の全国高等学校体育連盟加盟や朝鮮学校児童生徒へのＪＲ通学定期の学割適用、自治体の助成金給付などは、日本の主要メディアが朝鮮学校に寄り添ったニュースやドキュメントを連日報道し、世論の力強い後押しで実現した。

朝鮮高級学校への高校無償化制度適用についても、排除の動きが見えた二〇一〇年三月にはいち早く日本の学校の元教職員たちが中心となって「朝鮮学校『無償化』排除に反対する連絡会」（連絡会）を結成し、抗議集会や署名活動、政府への要請を展開した。連絡会は、二〇一四年四月に東京朝鮮中高級学校の生徒六二人が原告となり、日本政府を相手取って国家賠償請求訴訟を起こすなど各地で朝鮮高級学校の処遇改善を求める裁判が始まると、裁判費用のカンパ集めや学習会、国会議員や自治体への要請活動と同時に、毎週金曜日に文科省前に集まって朝鮮学校への差別に抗議する「金曜行動」を行った。これは

東京地裁は朝鮮学校を高校無償化制度から排除したことを「適法」とした。
2017年9月13日（筆者撮影）

現在も続いている。

大阪の第一審を除くすべての裁判で敗訴したのを受けて二〇二〇年以降は「地域から世論を変える」との方針を立てて、朝鮮学校ごとに支援団体を作って地元の人々の力で学校を支えるというこれまでの活動に拍車をかけた。朝鮮学校のバザーや納涼会に地域の人々も出店して大人同士の交流を図り、読み聞かせ会を開いたりスキー教室に同行したりして児童たちと直接接する機会も増えている。クラウドファンデングによる財政支援も活性化している。

韓国では、北海道の朝鮮学校を韓国の監督が長期取材したドキュメント映画「ウリハッキョ」（金明（キムミョン）俊（ジュン）監督）が二〇〇七年に公開されたのを機に、朝鮮学校が知られるようになった。二〇一一年三月一一日の東日本大震災で被災した朝鮮学校を支援しようと同月二〇日に芸能人たちが中心になって「モンダンヨンピル」を結成、韓国内の各地でチャリティコンサートを開いて支援にあてた。その後は韓国内で朝鮮学校を知らせる活動を展開して会員を増やした。現在も年に一度、朝鮮学校が所在する日本各地の都道府県を訪れてプロの歌手やダンサーによるチャリティコンサートを開催し、会員たちと児童生徒や地域の在日朝鮮人たち、日本の支援者たちと交流を重ねている。釜山でも二〇一八年に「朝鮮学校とともにする市民の会」が結成され、支援活動を続けている。

さまざまな困難の中でも、現在の朝鮮学校の子どもたちは、支援してくれる地元や韓国の人々と直接接することで、彼らに守られ、大切にされていることを実感しながら育っている。

〔金淑子〕

＊1　一九五九年一二月から一九七六年末まで九万二七四六人の朝鮮人が朝鮮民主主義人民共和国に帰国した（樋口雄一『同成社近現代史叢書④　日本の朝鮮・韓国人』）

＊2　一九七一年一月現在北海道から九州に幼稚園から大学まで一五五校、二〇二二年二月現在は六二校

＊3　二〇一四年一二月、最高裁が在特会側の上告を棄却。学校半径二〇〇メートル以内での街宣活動禁止と約一二〇〇万円の損害賠償を命じた一、二審判決が確定

＊4　学校教育法第一条　この法律で、学校とは、幼稚園、小学校、中学校、義務教育学校、高等学校、中等教育学校、特別支援学校、大学及び高等専門学校とする。

第10章

職業——アイデアと工夫でサバイバル

戦争中、「二級国民」だった朝鮮人は、戦争が終わると間もなく外国人登録を義務化され（一九四七年五月）、日本のさまざまな公的システムから排除された。生計を立てるにも就職口さえなく、排除された場所で生き残りをかけたサバイバルを繰り広げるしかなかった。日本人は口にしないホルモンを料理して闇市で売り、どぶろく（タッペギ）を造って警察や税務署の摘発を受け、くず鉄屋を始めると窃盗の疑いで警察に呼び出され、パチンコ店を開業すると暴力団との関係を問いただされた。在日朝鮮人のアウトローなイメージは助長され、民族差別の根はますます深まった。しかし生きるために選択肢はなかった。そこで彼らは、排除の重圧の下で、貧困から抜け出し、なおかつ日本社会に受け入れられるための努力を続けた。そんな積み重ねの結果、終戦からおよそ八〇年が過ぎた今、闇市から始まった焼肉業は外食産業に欠かせない存在となり、パチンコ業は反社会勢力とは無関係の遊技業に育った。

土木は戦中・戦後を通じて最も多くの朝鮮人が従事した職業だった　静岡県田方郡、1970年2月（金裕　写真集『同胞』）

1　在日朝鮮人の職業

戦前戦後に日本に渡った朝鮮人の多くは、炭鉱や鉱山、工場や工事現場などでの単純労働で生計を立てていた。地域別にみると、炭鉱がある北海道や福岡県では鉱業、大阪府では繊維、化学、金属工業、京都府では繊維工業に従事する者が多く、愛知県豊橋地方では繊維工業、瀬戸地方では窯業に従事する

表 10－1　在日朝鮮人の職業（1956 年）

分類		実数			構成比
		経営者	従業員	合計	
一次産業	農業	7,044	2,553	9,597	4.12%
	畜産	3,329	1,216	4,545	1.95%
	林業	1,977	1,793	3,770	1.62%
	漁業	376	680	1,056	0.45%
二次産業	紡績	1,606	5,368	6,974	3.00%
	機械	744	4,001	4,745	2.04%
	ゴム	475	2,255	2,730	1.17%
	飴菓子	1,097	984	2,081	0.89%
	皮革	504	1,307	1,811	0.78%
	靴	735	571	1,306	0.56%
	印刷	87	476	563	0.24%
	その他	2,571	15,497	18,068	7.76%
	土木	2,272	24,481	26,753	11.46%
三次産業	くず鉄類	9,929	5,682	15,611	6.71%
	遊戯	4,255	6,218	10,473	4.50%
	運輸	1,049	5,943	6,992	3.00%
	料理・飲食	4,428	2,480	6,908	2.97%
	古物商	2,572	1,598	4,170	1.79%
	ブローカー	1,531	561	2,092	0.90%
	旅館	424	272	696	0.30%
	貿易	312	297	609	0.26%
	金融	139	146	285	0.12%
	その他	7,341	6,511	13,582	5.95%
	知的労働	228	4,240	4,468	1.92%
	失業者			82,653	35.5%
合計		44,652	91,361	232,808	100.00%

日本赤十字社「在日朝鮮人の生活の実態」1956年より作成

者が多いなど地場産業との関連による特徴もうかがえる。

いずれの場合も危険で非衛生的な環境での長時間の重労働で、賃金は同じ職場の日本人労働者よりも低かった。一九三五年の勤労者世帯の実収入平均が九〇円五六銭だったのに対し、東京市在住の朝鮮人の平均収入は二四円九三銭だったという統計からも、朝鮮人世帯の貧しさがうかがえる。

戦後は、土建、くず鉄類販売、その他の製造業に就く朝鮮人が多く、くず鉄類販売や古物商、料理・飲食業、遊戯業などを自営する者たちも多く現れた。料理・飲食業の自営の多くは、敗戦直後の闇市から始まった焼肉店であり、遊戯業の多くはパチンコ店経営だった。

しかし何よりも注目すべきは失業者の多さだ。根強い民族差別により日本企業への朝鮮人の就職の道は絶たれ、一九五六年には働くべき在日朝鮮人の三分の一以上が失業状態にあった。

2 限られた職種

(1) 焼肉店

闇市のトンチャン料理

終戦直後、働いていた軍需関連の職場はなくなり、連日押し寄せる帰還兵たちが我先に働き場所を求める状況で、朝鮮人が職にありつくことは至難の業だった。そうして男たちが失業に追いやられるなかで、家父長制の下、集住地の外にほとんど出ることのなかった、日本語もうまく話せなかった女性たちが立ち上がった。日本では誰も口にせずに捨てていた牛や豚の内臓を仕入れてヤンニョムで味付け、煮たり焼いたりした、いわゆる「トンチャン(内臓)料理」と、自家製のタッペギや焼酎を闇市で売ったのだ。生き残るための女性たちの挑戦だった。するとこれら集住地での日常の食べ物が、「食べられるものならば何でも食べなければならなかった日本人の胃袋をいたく刺激し、それまでは見向きもしなかったホルモンがいかにおいしいものであるかを胃を持って体得した」（宮塚利雄）のだ。

間もなく闇市が姿を消すと、朝鮮人集住地周辺で、在日朝鮮人や地域の労働者を相手にトンチャン料理や酒を提供する店が現れた。東京・新宿の「明月館」や大阪・千日前の「食道園」など格式張った焼肉店もあったが、多くは女性たちが家の一角で営む大衆食堂のようなものだった。

鄭大聲（チョンデソン）は、焼肉店で提供される牛肉の部位名の、「テッチャン」は朝鮮語の大腸、「カルビ」は朝鮮語のあばらを指す音をそのまま、また「ハチノス」は朝鮮語のポルチェ（ハチの巣）、「センマイ」はチョニョプ（千枚）を訳したもので、「焼肉店が在日の韓国・朝鮮人の生活の中から戦後に新しく生まれたものであることを裏付けてくれる」と指摘している。

生活を守るための彼女たちの挑戦は、その後次の世代に受け継がれ、焼肉は外食としてはもちろん、日本人の一般家庭の食事メニューとしても定着した。

焼肉店の前で野菜を洗う女性。1980年代、川崎市・池上町（川崎在日コリアン生活文化資料館サイト　http://www.halmoni-haraboji.net/）

外食業界の一角を占めるまで

在日朝鮮人の集住地周辺で女性たちが始めた焼肉店は、次の世代に受け継がれ、地元の繁華街などで町の焼肉店として定着していった。日本の肉食普及と相まって、需要は増え続け、在日朝鮮女性たちが収入を得るための手段の一つともなった。とはいえ、重労働なうえ、夜の繁華街での仕事となればトラブルはつきものだった。

一九七〇年代から九〇年代に焼肉店を経営した在日朝鮮女性たちの話を聞いた。

「不眠不休でやりましたよ」

——愼順妼(シンスンピル)さん(一九三六年生)

一九七〇年代に錦糸町駅前に「焼肉　カナン」をオープンした愼順妼さんは、喫茶店やパチンコ店を開店して成功した同級生たちや周りの同胞たちの話を聞きながら「お金を儲けなきゃ」という気持ちがだんだん芽生えてきたという。最初は喫茶店を開こうと珈琲館に修業に行ったものの、当時の在日朝鮮人の金融機関だった朝銀(朝銀信用組合)に「金を儲けるなら焼肉だ」と言われ、焼肉店を経営していた甥にも「応援する」と言われて、偶然見つけた空き店舗で焼肉店をオープンすることにした。

「お客さんがかわいがってくれて、何カ月もしない間にお客さんがうじゃうじゃ来て、有名人も来たりして。店が小さかったんですよ。いろんな人がもっと大きくやれって、裏に売り物件があるからって。それで朝銀に言ったら買いなさいと、お金いくらでも貸すからと」

ところが長男に資金の相談に行こうと乗ったタクシーで交通事故に遭ってしまう。

「苦しんだね、四年ほど。店をどれくらいの期間やったかは忘れたけど、権利を売ったのもあって、朝銀の借金はすべて返済できたわ」

いつ治るんだろうという不安を忘れるために楽しいことに目を向けたらどうですかと医師に言われて、

しばらく演劇を観たりコンサートに行ったりしていたが、「自分のことばかり考えていると子どもたちが婚期を逃してしまう。母親としての自覚を持ってくれなきゃ困る」と親戚の人に言われてハッとして、発奮。やっぱり焼肉だなということになって、門前仲町に店舗を見つけて、オープンした。

「このとき私は、命懸けだと思って、死んでもいいくらい没頭しちゃって、チンドン屋と一緒になって、ちらし撒いたりして。そのかいもあって店が大繁盛して行列ができました。有名人がたくさん来てサインをもらったりして。お相撲さんも来たし。商店のオーナーたちがよく来ました、ご近所の方も」

しかし実はこのとき、順姒さんは事故の後遺症で、トレンチを持ったら体が震え、レジも打てない状態だった。オープン後はひたすら病院に行って、家で寝て、たまに店に出て……を長い期間繰り返した。

「でもお金の力かもしれません。お客さんがたくさん来て店が繁盛すると、売り上げは私が数えるんですけど、それが結構あって。万札を何枚も数えるうちに神経が戻ってきました。お金の力がすごい。間違えちゃいけないし、治りたい気持ちを込めて。時間が経つにつれて、できるようになりました。でも常に自分の体と相談しながらでした」

そんな母の店を大学生のころから手伝っていたのが、三男で焼肉チェーン店を展開する株式会社トラジの代表取締役社長・金信彦（キムシノン）さんだ。

母の順姒さんが初めて焼肉店をオープンしたのは、信彦さんが小学校低学年のころだった。

「当時は都営団地に住んでいたんですが、２ＤＫの家に七人家族が住んでいたので、みんな川の字になって寝ていたんです。オモニが帰ってくると焼肉のにおいが立ち込めて、あんまりいい印象はないです。オモニが苦労して焼肉屋をやっていたから、生活ができて学校も行けてというのは、わかっているんだけれども、感謝の気持ちもありながらも、なんでそんな苦労しているのかなと、子どもなので理解できないまま勝手に思っていました」

「店やる前は苦しかったんじゃないでしょうか、アボジ一人の働きでは。勤めていましたからね、トラックやったり、土木の基礎工事やったり。それで都営団地に住んで子どもを五人も育てるって大変だったんじゃないですかね。皆、朝鮮学校に行かせ、大学も出していますし。あとから聞いたところによると、親戚から援助もあったようですがね。オモニからするとどうにか自立したいとかあったんだと思うんですよね」

門前仲町で店を再開したころ、大学生だった彼は、週末には戻って店を手伝った。

「オモニは、昼からたれを作って肉も切って仕込みを一から十までキッチンでやって、店は朝方までやって。……うちのアボジが早くに亡くなったんです。亡くなったのが深夜だったんです。その日もオモニは仕事していましたね。病院から電話が入って、店から行きましたから。お店を守って家族を守りたかったんでしょうね」

大学を卒業した信彦さんは母が経営する焼肉店に就職した。

「これで晴れて親孝行できるんだろうなと、支えられるかなと思いました。ところが任せてくださいと言っても任せないで全部自分でやってしまうし、大学卒業して二二歳で、子ども扱いなんですよね。そういう歯がゆさはありましたが。バブル景気で、うちのお店も繁盛していましたし。商売って苦労も伴いますが、繁盛していると疲れは飛んじゃうんですよね。楽しい思い出いっぱいあります」

信彦さんが会社を始めた最初のころは、新店オープンの前日に順姒さんが来て、「キッチンを見たり、肉の仕込みを見たりして、文句ばかり言って帰っていましたね」という。

「うちのオモニは鮮度ですかね。鮮度。きれいに、きれいにって。食に安全、安心て当たり前ですけど、オモニの言葉では『きれいに出しなさい』と。女性ならではだと思うんですけどね。男性は料理をダイナミックに作るんですけど、女性がやっている焼肉店ですごく細かかったですね。掃除もそうですね。テーブルの表を拭いて裏も拭いて、椅子の足も全部拭いているような感じでした。正直、大学出て二二歳くらいのころは、面倒くさいなと思っていました。毎日拭かなくてもお客さんには見えないでしょと。いつも怒られていました。お客さんが見ていなくてもやらなくてはと。それを今、自分の従業員に言っていますけど」

肉を焼く煙や匂いを抑えるためにさまざまな工夫がされた

順姒さんは「商売は楽しいですよ。何百キロの肉でも重くない。私、不眠不休でやりましたよ。家にも帰らない、楽しくて、楽しくて。ソファーで横になって寝ちゃう。楽しいし、いいことばっかりだった」と話す。

彼女の子どもたちは現在、皆それぞれ焼肉店を経営している。屋号もそれぞれだ。

「(屋号には) 特にこだわらないですね。ただお店やればいいんじゃなくて、勉強しなきゃいけないんですよ。オモニは去っていく身だから、その後は自分たちでやってもらわなくてはいけない。店の内装することで自分を発揮する。内装ができると大きな仕事をしたという自信ができるんですよ。基本的にはご飯食べられればいいと、それで子どもを学校に送れればいいと思っています」

「強くないと商売はできない」

——李斗致（リドウチ）さん（一九三〇年生まれ）

李斗致さんは、早くに夫を亡くした。いくらかあるお金で何かしなくてはと思っていたところに、店を譲りたいという話を聞いて、武蔵新田で小さな焼肉店を始め、その後川崎で店舗を購入してオープンした。

「最初は、川崎の人と全然付き合いがなくて、知り合いがいない。これ困ったなと。そんなとき新聞記者の前川恵司さんという方が訪ねてくださって、新聞社の方やジャーナリスト関係、神奈川新聞とか東京新聞とかそういう人を紹介してくださって、それで商売が成り立ったんですよ」。

メニューにも工夫をこらした。

「骨付きカルビを薄くそいで味付けしてくるくると巻いて、韓国のあれを私が始めたんです。そしたら珍しいじゃないですか、ハサミで切って食べるし。それと冠婚葬祭のときの料理（礼物（レムル））をやると一回で二〇万（円）とか三〇万（円）とか、それを作ってあげていたから。主に結婚式の、いろんな料理をアレンジできて、一番楽しかった。川崎のお店はすごく繁盛したの。川崎で一〇〇選のお店に入ったから」

自宅のある品川からの車での往復も、白菜をいくつも水洗いしてキムチを漬けることも辛いとは感じなかったという。「女殺しの仕事」と言われる焼肉の網洗いや店の掃除は近くのアパートの人に頼んだ。

「ちょうどバブルのさなか、あそこでは一、二年くらいやったのかな？」

店をやめた後、斗致さんは葛飾区で小さな焼肉店を開いたが赤字続きでやめて、キムチやナムルなどの朝鮮料理を宅配販売したり、自宅近くの戸越銀座の店先で売ったりした。

「私が感じたのは、商売というのはバックグラウンドがなきゃ大きくならない。主人がいて、主人がバックで応援してくれると、伸びると思いますよ。ところが私は女一人でしょ。従業員なんか使うとね、やはり私が女一人だと思うから、バカにするわけですよ。言うこと聞かないの。ヤクザが来ることもあったし、川崎では、あまりにごねる人がいたので、腹が立ってムナグラつかんで外に出したの。『お金いらないから、家に帰りなさい』って。一番のお得意さんの会社の職人さんだったんだけど、その人『御免なさい』って謝りましたよ。強くなかったらできない、商売は」という。

「精肉屋に怒鳴り込んだ母」

——徐斗里（ソドゥリ）さん（一九三八年生まれ、次男・尹台祚（ユンテジョ）さんの話）

株式会社メイブリーズの代表取締役社長を勤める尹台祚さんの母・徐斗里さんは、一九八七年、地元の在日朝鮮女性団体での活動をやめて、茨城県水戸市に焼肉店をオープンした。

「私と兄が大学に行く時期が重なったので、お金を稼がなくてはいけなかったんです。おまけにアボジが東京で事業に失敗して大きな借金を抱えちゃって。オモニが何か商売しなくちゃって」

カウンターに八席、二階にテーブルがあって一〇人が入れるほどの小さな店だった。

「アルバイトを一人雇って、二階に上がった常連さんには、一階まで料理を取りに降りて来てもらう、そんなお店でした。日本はまさに、株式や不動産によるバブル景気真っ只中で、朝の四時や五時ごろまで、お客さんが絶えませんでした。それで二人の息子を大学に行かせることができました」

大学の休みに帰省して店を手伝っていた台祚さんは、母に頼まれて仕入れ先の精肉屋についていったことがある。精肉屋に向かう途中、母の斗里さんは「今日オモニ、肉屋に怒るけど、演技だから止めなくていいから……」と台祚さんに念を押した。

精肉屋の二階に入っていくと、斗里さんは笑顔で「〇〇ちゃん、こんな肉くれるんだ、こういう肉を売るお店なんだ」と皮肉いっぱいに店員に声を掛けた。手を止めて申し訳なさそうな顔をしている店員たちの奥から社長が出てきて「しょうがないじゃないか、ないんだから」と言い訳すると、斗里さんは肉が入った袋を調理台にバンっと置きながら、「ふざけないで！」と言い放って店を出た。その日は肉がなかったので店を臨時休業したが、翌日、精肉屋の社長が、申し訳なかったと言いながら、上質の肉を渡していったという。

「私はそういうのを見せられて、生きるっていうのは大変なんだなと、小さいお店は苦労が多いことを知りました。その後はたまたまお客さんに精肉関連の人がいて、その人を通じて仕入れることになったんです」

リニューアルオープンの当日に、沸騰した鍋をひっくり返して足に大やけどを負ったときも斗里さんは店を休まなかった。教員をしていた台祚さんに連絡して、台祚さんが病院に行こうというのも聞かずに足下に水を流しながら仕事を続け、翌日も水ぶくれをつぶして軟膏を塗って店を続けた。

両親がともに入院して、当時アメリカに留学中だった台祚さんが休学して帰国し、半年ほど、店を切り盛りしたことがあった。

「お酒を飲んでるお客さんからいろんな無理な注文をされたり、反社（反社会勢力）のような風情の方に脅されたり、難癖をつけられたり。常連なのに、オモニがいないからと、無銭飲食しようとしたお客さんがいて、自転車で逃げようとするので、走って追いかけて、交番に連れていったこともありました。オモニが家族のために、こうして夜に、一人でがんばっていることに、あらためて感謝し、私自身の家族観や世界観、そして、価値観が大きく変わりました」という。

「私のオモニは、大学に進学したかったという思いが強くて、昼間は、よく本を読んでいました。ある同胞が塾をしていて、韓国の古典を翻訳する勉強会にオモニは週一で参加していたのですが、その勉強会が楽しみで、一生懸命やっていました。わからないところがあると、いつも私に聞いたりしながら」

店で仕事の合間に岩波書店の月刊誌『世界』を読んでいるところを、朝日新聞の支局長が見つけて斗里さんのファンになり、支局員たちが連日、入り浸るお店になったりもした。

「オモニはアボジが事業を失敗したことによる借金を完済し、私たち兄弟二人は大学を卒業させてもらいました」

台祚さんは今も、オモニ秘伝のタレのレシピをパソコンの中に大切に保管しているという。

(2) くず鉄屋

「くず鉄屋は元手がいらない、つぶれたり壊れたりした日本の会社から、そこの人夫たちが鉄くずを拾って、売りに来る、それを買って、高く売っていた」と金福順(キムボクスン)さんは言う。

古物商は戦時下でも多くの朝鮮人が従事した職業だったが、一九四九年にくず鉄が取り締まり対象から除外され、朝鮮戦争でくず鉄の値が高騰すると、リヤカー一つで確実に現金を手にすることができる職業として多くの朝鮮人がこの職に就いた。

「夫が運転手、妻が助手席に座る。あてもなく工事現場を駆け巡り、スクラップを現金買い。夕方、最寄りの問屋に乗りつけ、積み荷を吐き出す。今では珍しい一、二トン積みの三輪トラックを使っている人も少なくない。で、「三輪車部隊」の異名があった。……以前は、さらにその下にリヤカーを引いて、一般家庭から鉄、紙、布屑を回収して歩く人も

くず鉄業を営む在日朝鮮人、北海道・稚内1975年5月（金裕　写真集『同胞』）

大勢いた。『リヤカー部隊』と呼ばれ、やはりかなり多くの部分が在日朝鮮人だった、という」（『65万在日朝鮮人』）

最盛期、愛知県にはこうしたブローカーが一〇〇〇人近くいて、うち七割ほどを在日朝鮮人が占めていたらしい。問屋に吐き出されたくず鉄は、問屋から地元製鉄メーカーに運ばれる。しかし朝鮮人にはメーカーに直接納める権利が認められていないため、日本人が経営する商社代行店をはさんで代行店の名義で納入しなくてはならない。「メーカーの買い入れ価格は、ときにブローカーの末端価格の十倍を超える、と言われ」た。（同前）

さらにブローカーの間でも在日朝鮮人は不利だった。名古屋市の朴（パク）さんが言う。

「わしらは真っ先に仕事がなくなる。普段でも定期的に大量のくず鉄が出る工場は、日本人業者に抑えられとるし、小さな工事現場でも、『同じ値段なら日本人に売る』と足元を見られてね。無理しても高い

値で買わなりません」（同前）

しかしそんななかでも問屋として成功を収めるものもいた。

廃品回収する業者に「他より一円高く買う」と宣伝して多くの客を呼んで商店名を広め、戦争中の軍需工場の解体と設備撤去を請け負ったのを機に、多数の大企業との取引にこぎつけ、暴力団の介入や盗難などを排除して信用を勝ち取り、事業を広げていった梁川(やながわ)福心(ふくしん)さんは、「単なるくず鉄回収を、企業側が取引の相手に選べるようにと梁川商店の社会的ステイタスを高めることにつとめた」。しかし「私たち朝鮮人は、常に日本人より一段低い人種と蔑まれてきたのです」

一九五一年五月、「スクラップの売買で、夫に詐欺の疑いがある」と二人の刑事が自宅を訪ねて来た。刑事たちは、容疑内容も具体的に話さないまま「これはいつ誰から買ったのか」「これには持ち込んだものの住所がないがなぜ書いてないのか」などとしつこく問いただし、福心さんが「お産で休んでいてよくわからない」と答えると、突然、床を拳で叩き「バカヤロウ、日本人でさえ一〇日ほどしか休まんのに、お前は朝鮮人のくせに二週間も休んだのか」と怒鳴ったという。これには福心さんも怒り、「朝鮮人であろうと日本人であろうと女に変わりはない。朝鮮人はお産の後二週間も休んではいけないという法律でもあるのか」と拳で床をドンと叩き、手足を震わせながらやり返した。その後、詐欺の疑いは晴れ、夫は帰宅したという（『くず鉄一代記』）。

一九五〇年の長崎県佐世保市を皮切りに五一年に山口県、福岡県、広島県、五二年に高知県、鳥取県と五八年までに二九の都道府県が相次いで「盗犯防止」のための条例を制定。くず鉄商は取り締まりの対象となっていた。そのため集めたくず鉄に盗難品の疑いがかけられ、警察が訪ねて来たり、警察に呼び出されるということが各地で頻繁にあった。

(3) 遊技業・パチンコ店

パチンコは、ハンドルではじいた一つの玉が釘の間を通って穴に入れば数個の玉が出てくるという仕掛けで、残った玉の数に応じて景品と交換できるというゲームだ。この業界に朝鮮人が参入したのは一九四七年ごろで、当時は今のような大型店は少なく四〇〜五〇台のパチンコ台を置いた零細企業が主で、わずかな資本で始められた。

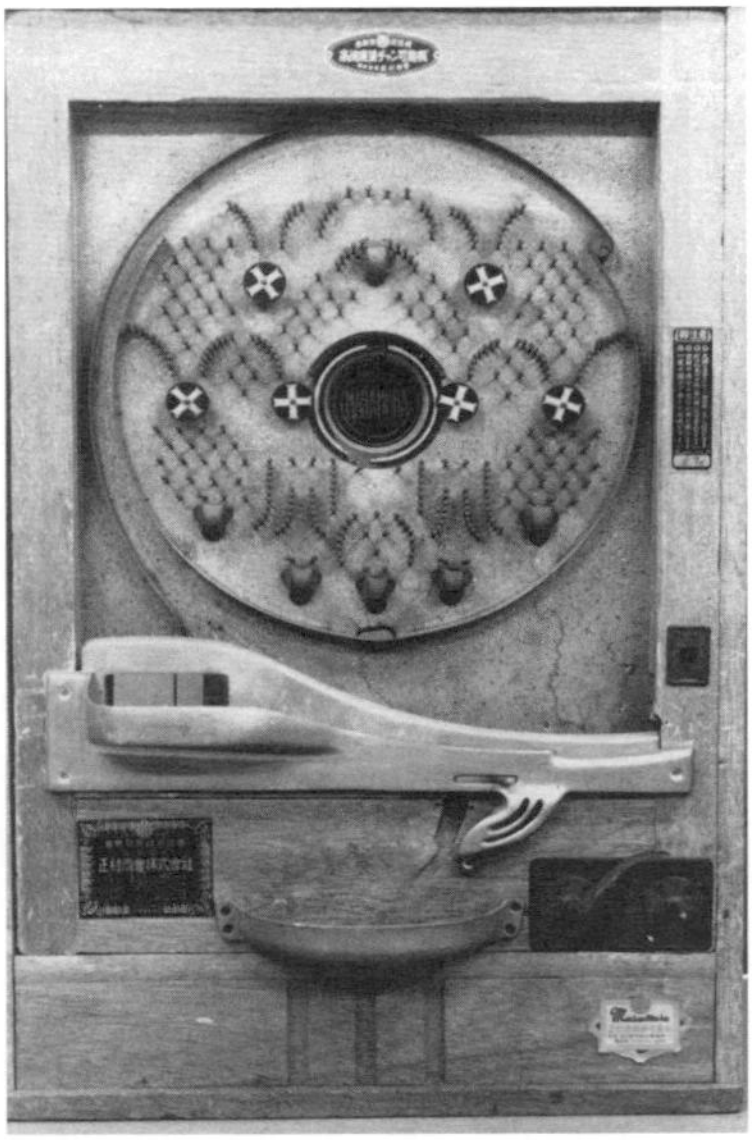
1953年当時のパチンコ台（毎日新聞社）

「パチンコ屋」の名称が初めて「風俗営業取締法」に明記されたのは一九五四年の改正時だった。一九四〇年代末以降の「パチンコブーム」を反映したもので、警視庁の調べによると、四九年に四八一八軒だった店舗数が五一年には一万二〇三八軒、翌年には四万二一六三軒に急増した。

ブームの中、発射ハンドルを弾くたびに玉が発射位置にセットされる機械が開発されて玉を弾くスピードがアップすると、「著しく射幸心をそそる」ということで「連発式を禁止」するなどの規制が敷かれ、一九五六年には九三六五軒まで急減することになった。このころに日本人経営者の多くが退出し、日本人経営者と在日朝鮮人経営者の比率が逆転した。

その後も景品交換を巡る暴力団とパチンコ店の関係などネガティブなイメージから日本人は参入を敬遠したが、選択肢のない朝鮮人の多くがそのまま残り、さらに一九五〇年代に斜陽化した織物などの製造業を営んでいた朝鮮人が転入、また建築土木などで成功を収めた経営者が多角経営の一環としてこれ

パチンコ店の隣にパチンコ店が新装開店（毎日新聞社）

に加わり、パチンコ店経営だけでなく、パチンコ機器メーカーやパチンコ機器関連メーカーの関係者にも在日朝鮮人の占める割合が大きくなっていった。

朝鮮人が新規参入していった背景について北海道大学大学院準教授の韓載香（ハンジェヒャン）は、「在日朝鮮人のコミュニティ機能」を指摘する。コミュニティの中で情報が蓄積されたことに加え、資金面においても一九五二年に設立された同和信用組合を始めとする民族系金融機関がパチンコ産業との取引を積極的に始めたことが重要だった。

一九六〇年代にはパチンコ機の相次ぐ開発で一九五四年以来の不景気を払しょくし「第二期黄金時代」を迎えた。その後、一九六〇年代末のボウリングブームや一九七〇年代末のインベーダーゲームの流行などで度々厳しい時期を迎えるものの、新しいゲーム機の開発などで切り抜けてきた。

急成長したパチンコ業界の中には、一九七〇年代以降、民族系金融機関との取引実績で獲得した信用を土台に、一般の金融機関からより十分な融資を得て多店舗展開をする経営者も出てきた。一九八〇年代には多店舗化、大規模化に加え情報管理のコンピュータ化などの設備投資の負担が大きくなり、「コミュニティ外への依存が決定的なものとなった」(韓載香)。

パチンコ産業の成長には在日朝鮮人が深くかかわってきた。また時代の変化と共にそこで得た利益が在日朝鮮人の企業経営の多様化の土台となったケースも多い。

(4) 製造業

京都の西陣織・友禅染

在日本朝鮮人商工連合会が発行した「在日本朝鮮人商工便覧一九五七年版」を見ると、「紡織産業」では京都が一九〇軒と他県に比べて突出して多い。そのうち西陣織が一二六軒、友禅染が三三軒を占める。次いで大阪が一三七軒、愛知県が七八軒で、大阪はほとんどが「メリヤス加工」で、泉大津市に所在する。

京都の繊維産業には、朝鮮が植民地となる(一九一〇年)以前から朝鮮人が従事していた。

京都府学務部社会課の調査によれば、一九三三年当時、上京区の賃織業に傭人(雇われた人)として従事する五八七人中、朝鮮出身者は一二六人と二割以上を占め、賃織業の世帯主四九三七人中、朝鮮出身者は四九人と一%程度存在していた*1。京都市社会課は「かかる現象は本市に於ける染色工業の規模が何れも極めて小さく、従って最も低廉なる労働力としてのみ他の代行業と対抗し得而(しか)も朝鮮出身者同胞労働は斯(か)かる業者の希望を実現するものとして歓迎され出したといふべきである」*2と述べており、朝鮮人が業界内で低賃金の労働力として重宝されていたことがうかがえる。この時期の朝鮮人の職工の賃金は平均で、日本人の労賃の八割程度だった。

朝鮮人の職工も日本人と同様に、年少のころに日本人経営の織屋で住み込みの丁稚奉公に入り、工場や雇い主の家を掃除したり、子守や家事をしたりしながら西陣織産業に就いたようだ。のちにはそんな親族の紹介で西陣織産業に入る朝鮮人が増えた。

戦後、高度経済成長期に高級着物製品の需要が拡大し、一九五〇年代後半から六〇年代まで西陣織産業は活況を呈した。しかしある朝鮮人の女性が賃織り募集の張り紙を見て西陣織工場を訪ねると、彼女を日本人と見間違えた工場主に「よい人が来てくれた。チョーセンが来たらどうしようと夜も寝られなかった」(『在日一世の記憶』)と言われたというエピソードに見られるように、朝鮮人の就業者が多い業界の中でも日本人の朝鮮人に対する偏見や差別は根強かった。

一方、このときに織機を動かす新しい技術を開発したり、大規模な西陣織工場を経営したり、着物製品で売り上げを伸ばしたりした朝鮮人も現れた。その後、洋装が普及し、一九七三年の石油ショックによる原材料の高騰、一九九〇年代のバブル経済の崩壊の影響などもあって生産量は激減し、産業が停滞・衰退していくなかで、彼らはパチンコや不動産へと転業していった。

友禅染においては「日本人は染工場、在日朝鮮人は蒸・水洗い工場」という産業的すみわけがあった。絵柄の染料を発色・定着させる「蒸」は、大釜を使い約百度の蒸気で生地を蒸す作業で、余分な染料や糊を落とす「水洗い」は、真冬でも凍てつく川に入って行われた。このきつくて危険な工程に日本人が就くことはほとんどなく、昭和初期以降は「半島出身者の独占事業の如き感を呈するに至った」*3。そのため戦時中から朝鮮人が営む蒸・水洗い工場が存在し、そこで働く朝鮮人がいた。

一九四〇年以降は軍需関連に業種転換していた工場も、戦後、繊維産業に回復の兆しが見え始めると再び友禅工場に戻り、そこに職を求める朝鮮人も多かった。当時は蒸工程のための釜の設備投資が必要だったが、水洗いは手動の脱水機があれば、河辺を使用した自然乾燥が可能であった。

一九七一年に水質汚染防止法が導入され水洗の設備投資が必要となった。この時期に工場を開業した在日朝鮮人もいたが、和服需要の減退に伴い、友禅にこだわらず、染色業者で色を置く工程を行った生地を受け取り、色を地に浸透・定着させる工程を担った。しかし一九八〇年代前半からは、輸入製品との競合で経営はさらに厳しくなり、一九九〇年代以降は多くの企業が撤退した。

京都絞りの内職をする朝鮮人の女性も多かった。絹の布を竹の皮で小さく括って染め、絞りの模様を出す京都絞りの「くくり」の作業である。

神戸のヘップ

一九二九年の世界大恐慌で決定的な大打撃を受け、神戸西部（長田区など）のあちこちのゴム工場で大量解雇が行われた。これに対抗して労働者たちが運動を展開、その先頭に立ったのが李民善（リミンソン）（戦後、在日本朝鮮人聯盟委員長）、全海建（チョンヘゴン）（戦後、兵庫県朝鮮人商工会顧問）だったという。

神戸のゴム工場が朝鮮人を雇い始めたのは一九二〇年代後半のことだ。一九〇九年に神戸で操業を開始したイギリスのダンロップ社で技術を学んだ日本人たちが次々と近くに工場を建てた。一九一八年にその中の一つ朝日護謨（ゴム）工場が作った加硫ゴム（生ゴムに加硫して弾性を加え保存性を強めたゴム）のゴム靴がその防水効果から冷寒地で人気を呼ぶと、他の工場が続き、人手不足が続いた。さらに一九二〇年代後半、生ゴム価の乱高下などで徐々に勢いを失うと、その打開策として低賃金の朝鮮人労働者を雇い始めたのだ。

その後ゴム工場は、一九三八年四月に公布された「国家総動員法」によって生ゴムを自由に入手できなくなったうえに、一九四一年一月と一九四三年一〇月に企業整備され、激減した。

戦後、生ゴムは正規ルートでは入手できなかったが、軍人らの「隠匿物資」が闇ルートに流れた。闇市には、闇ルートで入手したゴムで作った靴やタイヤチューブが並び、飛ぶように売れた。これを提供したのが、かつてゴム工場で働いていた在日朝鮮人たちだった。

闇ゴムは間もなく規制され、朝鮮人の企業は正規の生ゴムを手に入れるため組合に加盟した。一九五〇年に連合国軍最高司令官総司令部（ＧＨＱ）のゴム統制は完全撤廃されたが、その後価格が乱高下して倒産が相次ぎ、七〇社が加盟していた兵庫県朝鮮人ゴム協働組合の会員企業は三分の一に激減した。

一九五三年に、足の甲の部分にポリ塩化ビニール合成樹脂を塗った合成皮革を、底にゴム部品を使い、それらを加工ボンドで接合した「ケミカルシューズ（サンダル）」に必要な技術がそろい、その生産量は、一九五五年に二二〇万足、五六年に四九〇万足、五七年に一一二〇万足、五八年に二六四〇万足と毎年倍増の勢いで増え続け、一九六六年には八六〇〇万足に達した。アメリカ映画『ローマの休日』（一九五三年公開）で主演女優のオードリー・ヘップバーンが履いていたことから「ヘップ」「ヘップサンダル」などとも呼ばれた。

その勢いは大阪・生野区の朝鮮人集住地や東京・足立区にも及んだ。

「大阪は内職する人が多いじゃない。私も中学出てすぐヘップの仕事したからね。朝の九時から夕方五時まで。底の部分（中底）と上の部分（甲）を吊り込んで、底ゴムをつけて仕上げる仕事。ほとんど朝鮮人だった。神戸が本場なんだけど、猪飼野（大阪市東成区・生野区にまたがる平野川旧河道右岸一帯）も多かった。作業場がたくさんあったので、ここで気に入らなかったら、他に行ったり。底ゴムを作るのは専門の工場だから、そこには男性が多かったけれど、吊り込みは全部女性だった。バンドの形を裁断する人と社長だけが男であとは皆女性だっ

た」（張春枝（チャンチュンジ）、一九四五年生まれ）

一九七〇年に神戸のケミカルシューズは一億二〇〇〇万足を生産し、そのうちの三分の一をアメリカに輸出していた。ところが一九七一年の為替レートの金本位制から変動相場制への移行やアメリカ側の輸入課税によって、一九七二年には輸出額が半分に、一九七三年には一〇分の一に激減した。さらに一九七三年のオイルショックによって、一九六四年に対米輸出独占率九八％だった合成樹脂履物が一九七五年に〇・八％にまで落ち込んだ。

同時に一九七一年に神戸西労働基準監督署がケミカルシューズ産業に対する大規模な調査を行い、女子労働者の七割がトルエンやシンナーのために白血球が減る「有機溶剤貧血症」であることが報告された。火事も多発しており、労働環境の悪さが問題となった。

一九七〇～八〇年代、重化学工業に欠かせないタイヤやベルトなどを生産する大規模な工場は郊外に移転し、履物産業は長田区に集中した。ブランド化を目指して技術向上を図り、デザイン重視の高級化を目指した。生産足数は四〇〇〇万～五〇〇〇万足で、九九・九％が国内向けだった。

海外からのコピー製品の流通に悪戦苦闘する最中、一九九五年一月、阪神・淡路大震災が襲った。古い木造家屋が密集した長田区は直後に四七五九棟が全焼する大規模火災に見舞われ、一万五五二一棟の建物が全壊し八二八二棟が半壊、一七四四人が死亡する甚大な被害に遭った。この年のケミカルシューズ生産額は二八五億円で一九九〇年（八六六億円）のほぼ三分の一まで落ち込んだ。

その後もケミカルシューズ産業は長田区を拠点に、安価で世界に通じる靴を目指して試行錯誤を重ね、従業員数は減ったものの二〇一四年の生産額は三九一億円に上った。同区には二〇一六年現在も五〇〇〇人近い韓国・朝鮮籍者が住んでいる。

『在日本朝鮮人商工便覧』一九五七年版の「皮革・ゴム・ビニール製品」分野には、神戸七一件、大阪六〇件、東京一七三件の業者が記載されている。神戸の業者のほとんどが長田区にあるように、大阪は生野区と西成区、東京は台東区、荒川区、墨田区が大多数を占める。

解放前に在日朝鮮人が就いていた製造業は、ガラス工、機械金属の鉄工・鋳造と金職工、そして前述した紡織職工、ゴム職工が多かった。彼らの中から終戦直後の闇市を経て、以前の経験を生かした工場を設ける者が出て、そこで同胞を雇用した。そのため多くの地域で解放前の産業の特徴や集住地が解放後も維持された。

〔金淑子〕

＊1　京都府学務部社会課「第二部　調査統計」『西陣賃織業者に関する調査』（京都府学務部社会課　一九三四）6－13（安田昌史「西陣織産業における在日朝鮮人―労働と民族的アイデンティティを中心に―」から）

＊2　京都市社会課「市内在住朝鮮出身者に関する調査」一九三七年　1184（同前）

＊3　京都商工会議所『京友禅に関する調査』一九四〇（同上）

column

朝鮮セイタ（背板）

荷物を背負って運搬するため、梯子状に組んだ木枠に背負い縄や背中当てを付けた道具を「背負子（しょいこ）」という。地方によって「背負い梯子」「背板」などさまざまな呼び名があるが、「朝鮮背板」などの名で伝わるものは、植民地下の朝鮮半島から日本へ渡ってきた人々によりもたらされた道具だといわれている。

法政大学の髙柳（たかやなぎ）俊男教授は、「日本の農山村に残る朝鮮半島の生活文化　信州・伊那谷からのレポート」（『韓国の暮らしと文化を知るための70章』所収）の中で、長野県飯田・下伊那地方で戦後のある時期まで使われていた「朝鮮セイタ」「朝鮮ショイゲタ」について紹介している。「この地域には戦前、草刈りや炭焼きの季節労働者として朝鮮人が多数入って」おり、「そうした彼らが使っていたチゲ（背負子）が便利だということで、地元の人々が戦後も改良を加えて使い続けた」のだという。

朝鮮セイタ（豊田市蔵、撮影：髙柳俊男）

飯田・下伊那地方に残る「朝鮮セイタ」は、二股に分かれた木の枝を木枠の縦木にしている。そのため、突き出した枝を荷台にして炭や草などを乗せれば、縄を一本かけるだけで荷造りが済む。また、縦木の脚が長いのも特徴で、背負って立ち上がるのが容易だ（前ページ写真）。

『聞き書き「在日コリアンの生活史」』（大阪人権博物館編、一九九九年）では、下伊那地方で水力発電所の導水管工事に従事させられた金（キム）泳九（ヨング）さんが一九四四年当時、この地で「朝鮮チゲ」を使っていたことを次のように証言している。

「私は大概トロッコを押すか、昼の仕事は川にバラスを捨てる仕事です。現場では、トロッコは大概二人で押すから、その二人で『何とか逃げられへんかな』と相談した。（略）『米やら衣類やらの荷物を二人で電車の駅まで運んでくれ』と言われて、一緒に仕事をした連れと朝鮮チゲ（背負子）で背負っていった時に、国から持ってきた十五円を使わないでいつでも持っていたのです。『俺は小遣いがあるから逃げようか』と言ったら、わしより二つぐらい若い連れが、『そんなもの班長に怒られるから、道もわからないしやめておけ』と言って行かなんだのです」（後略）

「朝鮮セイタ」が使われた地域は、飯田・下伊那地方以外にも確認できる。愛知県豊田市もその一つで、『新修豊田市史』（愛知県豊田市）には次のような記述がみえる。

（前略）セイタには下部に爪が出ているものと

column

column

出ていないものがある。爪のあるのは朝鮮セイタといい*1、牛地*2では大正五、六年頃に行われた発電所工事の時、朝鮮人労働者が石積みの石を運搬するのに持ってきたのが始まりであるという。この爪を利用したものは荷造りに便利だったので、昭和三十年代後半でも、土地の人が薪をはじめ、いろいろなものの運搬に用いていた。（後略）

また、山口県萩地方にも「朝鮮ニコ」（「ニコ」は萩地方における背負い梯子の呼称）という名の「従来のものに較べ大型で爪木から梯子下端までが長い」背負い梯子が存在し、「少し屈むと下端が地面につき、そのため重い荷物の負い上げや休憩が容易であった」「戦前に朝鮮半島から伝えられ急速に普及した」とされている（「市報はぎ」一九九〇年一二月一日号所収「萩の民具(8)」）。

一方で、朝鮮セイタが日本各地であまねく好意的に迎えられたわけではなかったことにも触れておく必要があるだろう。民具研究者の磯貝勇によれば、この道具を原語のまま「チゲ」と呼んでいた福岡県早良郡（現福岡市西部）のある村では「背負梯子は朝鮮よりはやり来たもの」としてその使用をいさぎよしとしなかったという。また、佐賀県神埼郡のある村でも「朝鮮人のすること」と軽蔑していたとも述べている（磯貝勇「背負梯子について（予報）」『民族学年報 第1巻』民族学研究所、一九三九年）。

こうして歴史を紐解いてみると、朝鮮セイタという道具は日本と朝鮮半島の一筋縄ではいかない関係をも背負っていることが見えてくる。近代日本に根深く浸透していた朝鮮人への苛烈な差別意識、異国の地で過酷な労働を強いられてきた在日の人々の苦難の軌跡、彼の地の優れた技術や文化を古(いにしえ)より受容し続けてきた日本のありよう……そうしたものを思い起こさずにはいられない、貴重な道具だといえよう。

〔渡辺由美子〕

＊1　背負子の形態は地域差が顕著で、西南日本では下方に支えの爪が出ている「有爪型」が一般的であることから、「爪のあるのは朝鮮セイタ」という定義はこの地域に限ったものとしてとらえるべきであろう。

＊2　豊田市内の地名。

column

あとがき

本書ができるまでには多くの方のお世話になりました。

二〇〇九年の企画展の開催、また今回の本書の刊行にあたっては、左記の皆様をはじめ多くの方々にお世話になりました。心から感謝するとともに、御礼申し上げます。

在日韓人歴史資料館元館長 姜徳相氏、高麗博物館元館長 樋口雄一氏、韓国食文化研究所元所長 鄭大聲氏、社会福祉法人青丘社 理事長 三浦知人氏、ふれあい館 在日高齢者の学びと発信の場「ウリマダン」共同学習者 鈴木宏子氏、川崎トラジの会のハルモニたちとボランティアのみなさま、法政大学国際文化学部教授 高栁俊男氏、豊田市役所、元祖平壌冷麺屋本店 張守基氏、株式会社中原商店代表取締役社長 邉龍雄氏、金末順氏、張春枝氏、李英勲氏、姜英主氏、朴昞琁氏、呂運珏氏、愼順姈氏、株式会社トラジ代表取締役社長 金信彦氏、李斗致氏、株式会社メイブリーズ代表取締役社長 尹台祚氏、金裕氏、姜暎姫氏、朴基碩氏、羅基泰氏、尹千石氏、金芯先氏、『月刊イオ』張慧純氏ほか

［編集部注］図録制作時に取材、資料提供などご協力いただいた方のうち一部の方には連絡がとれませんでした。

お心当たりの方は合同出版編集部までご一報くだされば幸いです。

参考文献

《**第1章　在日の人々はなぜ、海を渡ったのか**》

樋口雄一『近現代史叢書4　日本の朝鮮・韓国人』同成社、２００２年

樋口雄一『協和会　戦時下朝鮮人統制組織の研究』社会評論社、１９８６年

小沢有作編『近代民衆の記録10　在日朝鮮人』新人物往来社、１９７８年

労働者ルポルタージュ集団編『日本人のみた在日朝鮮人』日本機関紙通信社、１９５９年

『歴史教科書　在日コリアンの歴史』作成委員会編『歴史教科書　在日コリアンの歴史』明石書店、２００６年

尹健次『「在日」を生きるとは』岩波書店、１９９２年

菊地和子『チマ・チョゴリの詩がきこえる——在日60余年、いま、川崎で老いて』小学館、２００５年

おおひん地区まちなか高齢者センター制作『かわさきのハルモニ、ハラボヂ』２００２年

在日韓人歴史資料館編著『写真で見る在日コリアンの１００年——在日韓人歴史資料館図録』明石書店、２００８年

小熊英二・姜尚中編『在日一世の記憶』集英社新書、２００８年

金賛汀『在日、激動の百年』朝日新聞社、２００４年

金英達『在日朝鮮人の歴史（金英達著作集3）』明石書店、２００３年

朴鐘鳴編著『在日朝鮮人の歴史と文化』明石書店、２００６年

川崎在日コリアン生活文化資料館　http://www.halmoni-haraboji.net/

한국민족문화대백과사전 https://encykorea.aks.ac.kr/

《**第2章　ある在日朝鮮人家族の歴史**》

むくげの会編『身世打鈴——在日朝鮮女性の半生』東都書房、１９７２年

ふるさと検定実行委員会など編『桑名ふるさと検定　桑名のいろは』桑名商工会議所、２００７年

牧野昇・会田雄次・大石慎三郎監修『人づくり風土記24　三重』農文協、１９９２年

月刊「イオ」編集部『日本の中の外国人学校』明石書店、２００６年

朝鮮青年社『在日本朝鮮人商工連合会55年——朝鮮商工会半世紀の歩み』在日朝鮮人商工連合会、２００１年

【コラム】聞き書き——日本で生きて　具且恵

京都市地域・多文化交流ネットワークサロン編『東九条の語り部たち——14人の聞き取り報告』京都市地域・多文化交流ネットワークサロン、２０１２年

《**第3章　住まい**》

『歴史教科書　在日コリアンの歴史』作成委員会編『歴史教科書　在

日コリアンの歴史』明石書店、2006年
金賛汀『在日、激動の百年』朝日新聞社、2004年
おおひん地区まちなか高齢者センター制作『かわさきのハルモニ、ハラボヂ』2002年
菊地和子『チマ・チョゴリの詩がきこえる――在日60余年、いま、川崎で老いる』小学館、2005年
在日韓人歴史資料館編著『写真で見る在日コリアンの100年――在日韓人歴史資料館図録』明石書店、2008年
小沢有作編『近代民衆の記録10　在日朝鮮人』新人物往来社、1978年
樋口雄一編『協和会関係資料集――戦時下における在日朝鮮人統制と皇民化政策の実態史料I～V』緑蔭書房　1991年
夫徳柱「日本国内におけるエスニックマイノリティグループの居住環境に関する研究―大正後期に始まる東京府内に散在した『朝鮮部落』を事例として」学術講演梗概集、日本建築学会、2003年
張赫宙「朝鮮人聚落を行く」『改造』1937年6月号
東京府社会課「在京朝鮮人労働者の現状　社会調査資料第25集」昭和11年
川崎在日コリアン生活文化資料館
http://www.halmoni-haraboji.net/

【コラム】オンドル・電気毛布のある住まい

松下電器産業（株）五十周年記念行事準備委員会『松下電器五十年の略史』松下電器産業株式会社、1968年

《第4章　食生活》

1．在日朝鮮人の食生活

外村大『在日朝鮮人社会の歴史学的研究――形成・構造・変容』緑蔭書房、2004年
東京大空襲・朝鮮人罹災を記録する会編著『東京大空襲・朝鮮人罹災の記録　PARTⅢ「葬り去られる犠牲者」に光を』一粒出版、2010年
「百萬人の身世打鈴」編集委員会編『百萬人の身世打鈴――朝鮮人強制連行・強制労働の「恨（ハン）」』東方出版、1999年

【コラム】冷麺

小西正人『盛岡冷麺物語』リエゾンパブリッシング、2007年
金才順「どうほう食文化　冷麺物語(1)～(14)」『朝鮮新報』2013年8月～2014年3月連載
周永河、丁田隆訳『食卓の上の韓国史――おいしいメニューでたどる20世紀食文化史』慶應義塾大学出版会、2021年
焼肉・冷麺　ぴょんぴょん舎「冷麺」
https://www.pyonpyonsya.co.jp/remen/

2．マッコルリ、タッペギ（どぶろく）

鄭大聲『朝鮮半島の食と酒――儒教文化が育んだ民族の伝統』中公新書、1998年
鄭大聲『食文化の中の日本と朝鮮』講談社現代新書、1992年
鄭大聲『朝鮮の酒』築地書館、1987年
鄭大聲「朝鮮の酒文化」『月刊しにか』大修館書店、1992年

12月号
鄭大聲「伝統酒としてのマッコルリ」吉田集而編『酒をめぐる地域間比較研究』JCAS連携研究成果報告4、2003年
鄭大聲「朝鮮の銘酒2 薬酒の酒」「朝鮮の銘酒11 消される朝鮮の家醸酒」「朝鮮の銘酒12 酒文化の息吹」『統一評論』統一評論社、1984年2月号、11月号、12月号
鄭大聲『酒造文化のルーツについて』1987年
鄭大聲『焼肉・キムチと日本人』PHP新書、2004年
樋口雄一『戦時下朝鮮の農民生活誌 1939〜1945』社会評論社、1998年
樋口雄一『近現代史叢書4 日本の朝鮮・韓国人』同成社、2002年
細井亥之助『朝鮮酒造史』朝鮮酒造協会、1935年
朴容九、朴尚得訳『朝鮮食料品史』国書刊行会、1997年
国立国語院編、三橋広夫・趙完済訳『韓国伝統文化事典』教育出版、2006年
姜徳相編『方貴達オモニの思い出』私家本、1982年
金文善『放浪伝——昭和史の中の在日』彩流社、1991年
姜尚中『在日』講談社、2004年
李又鳳『在日一世が語る——日帝36年間 朝鮮民族に涙の乾く日はなかった』「在日一世が語る」出版会、2002年
在日韓人歴史資料館編著『写真で見る在日コリアンの100年——在日韓人歴史資料館図録』明石書店、2008年
川崎在日コリアン生活文化資料館
http://www.halmoni-haraboji.net/
外村大『在日朝鮮人社会の歴史学的研究——形成・構造・変容』緑蔭書房、2004年
松平誠『ヤミ市 幻のガイドブック』ちくま新書、1995年
宮塚利雄『日本焼肉物語』太田出版、1999年
佐々木道雄『焼肉の文化史』明石書店、2004年
三浦耕吉郎編著『屠場——みる・きく・たべる・かく 食肉センターで働く人びと』晃洋書房、2008年
金賛汀・方鮮姫『風の慟哭——在日朝鮮人女工の生活と歴史』田畑書店、1977年
李御寧・李圭泰・金晩助、李淳鎬訳『キムチの国』千早書房、2000年
李連順『キムチ物語』光村推古書院、2002年
「朝鮮半島1・2」『週刊朝日百科 世界の食べ物』79号、80号、朝日新聞社、1982年

《第5章 衣生活》

荒川五郎『最近朝鮮事情』清水書店、1906年
朝鮮総督府編『朝鮮の服装』朝鮮総督府、1927年
張赫宙「朝鮮人聚落を行く」『改造』1937年6月号
中央協和会編『国民学校に於ける協和教育』中央協和会、1941年
「内鮮融和の禮法」『アサヒグラフ』1941年7月16日号
「博多の水上バラック」『アサヒグラフ』1957年2月3日号

崔南善、相場清訳『朝鮮常識問答――朝鮮文化の研究』宗高書房、１９６５年
金賛汀、方鮮姫『風の慟哭――在日朝鮮人女工の生活と歴史』田畑書店、１９７７年
朴慶植『在日朝鮮人――私の青春』三一書房、１９８１年
魚塘『朝鮮の民俗文化と源流』同成社、１９８１年
杉本正年『韓国の服飾――服飾からみた日・韓比較文化論』文化出版局、１９８３年
鄭清正『怨と恨と故国と――わが子に綴る在日朝鮮人の記録』日本エディタースクール出版部、１９８４年
岩井好子『オモニのひとりごと　五十七才の夜間中学生』カラ文化情報センター、１９８８年
樋口雄一編『協和会関係資料集――戦時下における在日朝鮮人統制と皇民化政策の実態史料Ⅰ～Ⅴ』緑蔭書房、１９９１年
平林久枝『わたしを呼ぶ朝鮮』社会評論社、１９９１年
辛淑玉『韓国・北朝鮮・在日コリアン社会がわかる本』ハローケイエンターテインメント、１９９５年
成美子『在日二世の母から在日三世の娘へ』晩聲社、１９９５年
金子量重『アジアの民族造形――「衣」と「食の器」の美』毎日新聞社、１９９７年
イサベラ・バード、時岡敬子訳『朝鮮紀行――英国婦人の見た李朝末期』講談社学術文庫、１９９８年
樋口雄一『戦時下朝鮮の農民生活誌――１９３９～１９４５』社会評論社、１９９８年

大阪人権博物館・大阪国際理解教育センター編『聞き書き　在日コリアンの生活史』大阪人権博物館、１９９９年
金達寿『わがアリランの歌（復刻版）』中公新書、１９９９年
張福順『オモニの贈り物』潮出版社、１９９９年
李錦玉「白の光景」『朝鮮新報』２０００年11月20日付
李又鳳『在日一世が語る――日帝36年間　朝鮮民族に涙の乾く日はなかった』「在日一世が語る」出版会、２００２年
辛淑玉「ハンメ（おばあちゃん）」『曺智鉉写真集　猪飼野――追憶の１９６０年代』新幹社、２００３年
野崎充彦『コリアの不思議世界――朝鮮文化史27話』平凡社新書、２００３年
江東・在日朝鮮人の歴史を記録する会編『増補新版　東京のコリアン・タウン――枝川物語』樹花舎、２００４年
崔碩義『在日の原風景　歴史・文化・人』明石書店、２００４年
辻本武「第66題　砧（きぬた）」ウェブサイト「歴史と国家」雑考、２００４年　https://www.asahi-net.or.jp/~fv2t-tjmt/dairokujuurokudai
道明三保子・田村照子『アジアの風土と服飾文化』放送大学教育振興会、２００４年
外村大『在日朝鮮人社会の歴史学的研究――形成・構造・変容』緑蔭書房、２００４年
李熙周・植田憲・宮崎清「『閨房歌辭』にみられる『針仕事：バヌジル』――韓国における『針仕事文化』に関する研究（２）」千葉大学工学部博士論文、２００７年

韓東賢『チマ・チョゴリ制服の民族誌（エスノグラフィー） その誕生と朝鮮学校の女性たち』双風舎、2006年
在日韓人歴史資料館編著『写真で見る在日コリアンの100年――在日韓人歴史資料館図録』明石書店、2008年
李玉禮「ポシャギの今と昔」『月刊 兵庫教育』2008年2月号
小熊英二・姜尚中編『在日一世の記憶』集英社新書、2009年

《第6章　出産》

成話会編『目で見る韓国の産礼・婚礼・還暦・祭礼』国書刊行会、1987年
国立国語院編、三橋広夫・趙完済訳『韓国伝統文化事典』教育出版、2006年
韓国文化人類学会編、竹田旦・任東権訳『韓国の民俗体系 韓国民俗総合調査報告書 1 全羅南道篇、3 慶尚南道篇、4 慶尚北道篇』国書刊行会、1989～1990年
今村鞆『復刻版　韓国併合史研究資料30　朝鮮風俗集』龍溪書舎、2001年
楢木末實『復刻版　韓国併合史研究資料31　朝鮮の迷信と俗傳』龍溪書舎、2001年
第八師団軍医部編『復刻版　韓国併合史研究資料53　朝鮮人ノ衣食住及其ノ他ノ衛生』龍溪書舎、2005年
『戦前・戦中期アジア研究資料　1　植民地社会事業関係資料集〈朝鮮編〉14』近現代資料刊行会、1999年
朝鮮農村社会衛生調査会編『朝鮮の農村衛生――慶尚南道達里の社会衛生学的調査』岩波書店、1940年
金渙『韓国歳時記』明石書店、1999年
金両基『日本の文化 韓国の習俗――比較文化論』明石書店、1999年
任東権『民俗民芸双書45　朝鮮の民俗』岩崎美術社、1969年
伊藤亜人ほか監修『新訂増補版　朝鮮を知る事典』平凡社、2000年
鄭大聲『朝鮮の食べもの』築地書館、1984年
鄭大聲『朝鮮食物誌――日本とのかかわりを探る』柴田書店、1979年
尹瑞石、佐々木道雄訳『韓国食生活文化の歴史』明石書店、2005年
姜仁姫『韓国食生活史――原始から現代まで』藤原書店、2000年
李圭泰『性と迷信――韓国の奇俗』東洋図書出版、1978年
黄慧性・石毛直道『韓国の食』平凡社、1988年
佐々木道雄『朝鮮の食と文化―日本・中国との比較から見えてくるもの』むくげの会、1996年
朝倉敏夫『世界の食文化1　韓国』農文協、2005年
梁川福心『くず鉄一代記』私家本、1989年
岩井好子『オモニのひとりごと　五十七才の夜間中学生』カラ文化情報センター、1988年
姜信子『ごく普通の在日韓国人』朝日新聞社、1987年
安順伊『海を渡った家族――そして、遥かなる祖国よ』碧天社、

2004年
大林道子『助産婦の戦後』勁草書房、1989年
在日一世からの夏休み聞き書き事業運営委員会編『2006夏の聞き書き記録集』2006年
『朝日新聞縮刷版』1942年7月

《第7章　婚礼・葬礼・祭祀》

成話会編『目で見る韓国の産礼・婚礼・還暦・祭礼』国書刊行会、1987年
「百萬人の身世打鈴」編集委員会編『百萬人の身世打鈴――朝鮮人強制連行・強制労働の「恨（ハン）」』東方出版、1999年
江東・在日朝鮮人の歴史を記録する会編『増補新版　東京のコリアン・タウン――枝川物語』樹花舎、2004年
国立国語院編、三橋広夫・趙完済訳『韓国伝統文化事典』教育出版、2006年
在日韓人歴史資料館編著『写真で見る在日コリアンの100年――在日韓人歴史資料館図録』明石書店、2008年
金正根・園田恭一・辛基秀編『在日韓国・朝鮮人の健康・生活・意識――人口集団の生態と動態をめぐって』明石書店、1995年
若松實『韓国の冠婚葬祭』高麗書林、1982年
伊藤亜人『暮らしがわかるアジア読本　韓国』河出書房新社、1996年
森田芳夫『数字が語る在日韓国・朝鮮人の歴史』明石書店、1996年
金賛汀『在日コリアン百年史』三五館、1997年
朴禮緒『同胞　冠婚葬祭マニュアル――この一冊ですべてがわかる』朝鮮新報社、1998年
金両基『日本の文化　韓国の習俗』明石書店、1999年
樋口雄一『近現代史叢書4 日本の朝鮮・韓国人』同成社、2002年
崔吉城、舘野哲訳『哭きの文化人類学――もう一つの韓国文化論』勉誠出版、2003年
伊藤亜人『韓国夢幻――文化人類学者が見た七〇年代の情景』新宿書房、2006年
飯尾憲士「鉦」「ソウルの位牌」『ソウルの位牌』集英社、1988年
つかこうへい『広島に原爆を落とす日』角川書店、1986年
李起昇「風が走る」「群像」1986年11月号、講談社
宗秋月「未練」「夢待ち通りの三文オペラ」「朝鮮女の三位一体」『猪飼野タリョン』思想の科学社、1986年
金賛汀『甲子園の異邦人――「在日」朝鮮人高校野球選手の青春』講談社文庫、1988年
李恢成「砧をうつ女」『芥川賞全集第九巻』文藝春秋、1982年
つかこうへい『娘に語る祖国』光文社、1990年
鄭承博「山と川」『鄭承博著作集第一巻、小説1「裸の捕虜」』新幹社、1993年

高史明『生きることの意味――ある少年のおいたち』ちくま文庫、1986年
金史良「無窮一家」『光の中に――金史良作品集』講談社文芸文庫、1999年
金達寿『わがアリランの歌 復刻版』中公新書、1999年
金石範「夢、草深し」『鴉の死　夢、草深し』小学館文庫、1999年
梁石日「祭祀」『タクシー狂躁曲』ちくま文庫、1987年
梁石日『修羅を生きる』幻冬舎アウトロー文庫、1999年
安本末子『にあんちゃん――十歳の少女の日記』西日本新聞社、2003年
「様変わり 同胞社会の葬儀（下）」『民団新聞』2008年5月28日付

《第8章　娯楽》

印南高一『朝鮮の演劇』北光書房、1944年
外村大『在日朝鮮人社会の歴史学的研究――形成・構造・変容』緑蔭書房、2004年
尹健次『「在日」を考える』平凡社ライブラリー、2001年
崔碩義「私の原体験　大阪、小林町朝鮮部落の思い出」『在日朝鮮人史研究』第20号、アジア問題研究所、1990年10月
呉圭祥『ドキュメント　在日本朝鮮人連盟1945-1949』岩波書店、2009年
在日韓人歴史資料館編著『写真で見る在日コリアンの100年――在日韓人歴史資料館図録』明石書店、2008年

〈ウェブサイト〉

▽韓国語

doopedia 백과사전（百科事典）「갑돌회순회연극단（カプトル会巡回演劇団）」https://www.doopedia.co.kr/doopedia/master/master.do?_method=view&MAS_IDX=101013000693391、「영화（映画）」https://www.doopedia.co.kr/doopedia/master/master.do?_method=view&MAS_IDX=101013000731267
한국민족문화대백과사전（韓国民族文化大百科事典）「영화（映画）」https://100.daum.net/encyclopedia/view/14XXE0037843
NAVER지식백과（知識百科）「영화의 발달（映画の発展）」https://terms.naver.com/entry.naver?docId=1187430&cid=40942&categoryId=33091、「노동요（労働謡）」）https://encykorea.aks.ac.kr/Article/E0012687、「신세타령（身世打令）」https://encykorea.aks.ac.kr/Article/E0033115
위키백과（ウィキ百科）「풍물놀이（プンムルノリ）」https://ko.wikipedia.org/wiki/%ED%92%8D%EB%AC%BC%EB%86%80%EC%9D%B4

▽日本語

ウィキペディア「農楽」https://ja.wikipedia.org/wiki/%E8%BE%B2%E6%A5%BD
てじょん　韓国映画と歌と本のページ「釜山でお昼を」https://busan.chu.jp/pusan.html
韓国懐メロ大全　韓国トロット通史

http://tiebukurojinsei.com/archives/7692

〈参考記事〉
「演芸手帳半世紀　映画界②」『東亜日報』1972年10月28日付
「演芸手帳半世紀　映画界⑧」『東亜日報』1972年11月4日付
『解放新聞』1954年1月23日付

《第9章　教育》
小沢有作編『近代民衆の記録10　在日朝鮮人』新人物往来社、1978年
小沢有作『在日朝鮮人教育論　歴史篇』亜紀書房、1982年
咸博『私がつづるアリランの詩』一粒出版、2003年
張斗植『ある在日朝鮮人の記録』同成社、1966年
金日宇編著『〔シリーズ朝鮮学校の歩み1〕私たちの東京朝鮮第三初級学校物語　証言編　創立～20期（1945～1967年）』一粒出版、2007年
樋口雄一『近現代史叢書4　日本の朝鮮・韓国人』同成社、2002年
呉圭祥『ドキュメント　在日本朝鮮人連盟1945-1949』岩波書店、2009年
朴基碩『ぼくらの旗――君はあの頃（都立）の東京朝高生を知っているか?』全3巻、綜合企画舎ウイル、2008年
梶井陟『都立朝鮮人学校の日本人教師　1950-1955』岩波現代文庫、2014年
『朝鮮学校のある風景』一粒出版、2013年6月20号、2018年3月48号、2019年5月55号
『朝鮮新報』1947年3月9日付

〈写真〉
『大阪民族教育60年誌』学校法人大阪朝鮮学園、2005年
金裕『同胞』1991年
『東京朝鮮中高級学校1946～1961』

《第10章　職業》
鄭大聲『焼肉・キムチと日本人』PHP新書、2004年
宮塚利雄『日本焼肉物語』光文社、2005年
外村大『在日朝鮮人社会の歴史学的研究――形成・構造・変容』緑蔭書房、2004年
宮田浩人編著『65万人――在日朝鮮人』すずさわ書店、1977年
梁川福心『くず鉄一代記』私家本、1992年
韓載香『パチンコ産業史――周縁経済から巨大市場へ』名古屋大学出版会、2018年
韓載香『京都繊維産業における在日朝鮮人企業のダイナミズム』東京大学21世紀COE、2004年
宮塚利雄『パチンコ学講座』講談社、1997年
韓載香『「在日企業」の産業経済史――その社会的基盤とダイナミズム』名古屋大学出版会、2010年
韓載香「戦後の在日韓国朝鮮人経済コミュニティーにおける産業動態」『経営史学』第38巻第1号、経営史学会、2003年

安田昌史「西陣織産業における在日朝鮮人の同業者組合に対する考察――1945~1959年を事例に」『국제학논총』第29集、啓明大学国際学研究所、2019年
安田昌史「西陣織産業における在日朝鮮人――労働と民族的アイデンティティを中心に」「同志社グローバル・スタディーズ」同志社大学グローバル・スタディーズ学会、2015年
在日本朝鮮人商工便覧編纂委員会編『在日本朝鮮人商工便覧 1957年版』在日本朝鮮人商工連合会、1956年

〈写真〉

金裕『同胞』1991年

〈ウェブサイト〉

スチール・ストーリー・ジャパン「在日コリアン・鉄スクラップ史」
https://steelstory.jp/korean_ironscrap
高龍弘「ケミカルシューズ産業の歴史」
https://www.hyogokccj.org/wp-content/uploads/2016/12/3119a50f4f0fd52f938f07dc9db439cd2.pdf
川崎在日コリアン生活文化資料館
http://www.halmoni-haraboji.net

【コラム】朝鮮セイタ（背板）

舘野晳編著『韓国の暮らしと文化を知るための70章』明石書店、2012年
角南聡一郎「近現代日本の外来系背負梯子――在日の物質文化研究に向けて」『日本文化人類学会研究大会発表要旨集』日本文化人類学会、2016年
松上清志「伊那谷の背負いばしご――残された朝鮮セイタが語ること」『伊那民俗研究』第24号、柳田國男記念伊那民俗学研究所、2017年

編著者

小泉和子

1933年、東京都生まれ。女子美術大学洋画科撰科修了。東京大学工学部建築学科建築史研究室で学び、工学博士号取得。元京都女子大学教授、生活史研究所設立。

専門は日本家具室内意匠史と生活史。前者では（財）家具の博物館理事（1972-81）、元有栖川宮別荘天鏡閣や小樽の旧日本郵船、旧名古屋高等裁判所をはじめとして全国にある重要文化財建築の家具インテリアの修復・復元。2008年、家具道具室内史学会設立、会長に就任。

後者では吉野ヶ里遺跡、福井県三国町龍翔館、江戸東京博物館ほか、区立資料館、博物館のくらし部門の展示計画を担当、重要文化財熊谷家住宅と河島家住宅の立上げ及び館長（2001-21）。また昭和の庶民のくらしを後世に伝えるべく自宅（登録有形文化財小泉家住宅）を「NPO法人昭和のくらし博物館」として公開。記録映画「昭和の家事」を制作。

編著書に『箪笥』『家具と室内意匠の文化史』（法政大学出版局）『船箪笥の研究』（思文閣出版）『別冊太陽　和家具』（平凡社）『日本の住宅という実験 ―― 風土をデザインした藤井厚二』（農文協）『西洋家具ものがたり』『和家具の世界』（河出書房新社）『TRADITIONAL JAPANESE FURNITURE』『TRADITIONAL JAPANESE CHESTS』（講談社インターナショナル）『イギリスの家具〈ジョン・ブライ〉』（訳・西村書店）『昭和のくらし博物館』『ちゃぶ台の昭和』『少女たちの昭和』『女中がいた昭和』『昭和の結婚』『昭和の家事』『昭和すぐれもの図鑑』『昭和なくらし方』『昭和のくらしと道具図鑑』（河出書房新社）『洋裁の時代 ― 日本人の衣服革命』『家で病気を治した時代』（農文協）『昭和台所なつかし図鑑』『和食の力』（平凡社）『くらしの昭和史』（朝日新聞出版）ほか。

執筆者（執筆順）

小泉和子（昭和のくらし博物館 館長）

李相祚（小川コリア文化交流会）

前潟由美子（生活史研究所 研究員・文化学園大学非常勤講師）

金淑子（フリーライター）

長井亜弓（編集者・ライター）

門松由紀子（編集者・ライター）

里村洋子（フリーライター）

木下真理（生活史研究所 研究員）

渡辺由美子（編集者・ライター）

■装幀 — 谷元将泰
■本文組版 — GALLAP

ポッタリ(風呂敷包)ひとつで海を越えて
——在日コリアンの生活誌

2024年9月30日　第1刷発行

編著者　小泉和子

発行者　坂上美樹

発行所　合同出版株式会社

東京都小金井市関野町1-6-10
郵便番号　184-0001
電話　042(401)2930
振替　00180-9-65422
ホームページ　https://www.godo-shuppan.co.jp

印刷・製本　恵友印刷株式会社

■刊行図書リストを無料進呈いたします。
■落丁・乱丁の際はお取り換えいたします。

ISBN978-4-7726-1566-2　NDC 382　210 × 148